GERD NEUHAUS

KEIN WELTFRIEDEN OHNE CHRISTLICHEN ABSOLUTHEITSANSPRUCH

QUAESTIONES DISPUTATAE

Begründet von
KARL RAHNER UND HEINRICH SCHLIER

Herausgegeben von
PETER HÜNERMANN UND THOMAS SÖDING

175

KEIN WELTFRIEDEN
OHNE CHRISTLICHEN ABSOLUTHEITSANSPRUCH

GERD NEUHAUS

KEIN WELTFRIEDEN OHNE CHRISTLICHEN ABSOLUTHEITS-ANSPRUCH

EINE RELIGIONSTHEOLOGISCHE AUSEINANDERSETZUNG MIT HANS KÜNGS „PROJEKT WELTETHOS“

HERDER

FREIBURG · BASEL · WIEN

Die Deutsche Bibliothek – CIP-Einheitsaufnahme

Neuhaus, Gerd :
Kein Weltfrieden ohne christlichen Absolutheitsanspruch : eine religionstheologische Auseinandersetzung mit Hans Küngs „Projekt Weltethos" / Gerd Neuhaus. – Freiburg im Breisgau ; Basel ; Wien : Herder, 1999
(Quaestiones disputatae ; 175)
ISBN 3-451-02175-7

Druckvorlage durch den Autor

Druck und Bindung: Difo-Druck Bamberg 1999
Gedruckt auf umweltfreundlichem, chlorfrei gebleichtem Papier
ISBN 3-451-02175-7

Vorwort

Die vorliegende Studie ist hervorgegangen aus einer Reihe von Vorträgen, die ich teilweise in der theologischen Lehrerfortbildung, teilweise aber auch in Form von Gastvorträgen an mehreren theologischen Fakultäten bzw. Instituten habe halten dürfen. Sie fanden zugleich ihre Weiterentwicklung und Vertiefung in den Lehrveranstaltungen, die ich seit der Aufnahme meiner Lehrtätigkeit an der Katholisch-Theologischen Fakultät in Bochum im Jahre 1993 angeboten habe. Was dabei ursprünglich als Auseinandersetzung mit Küngs „Projekt Weltethos" begann, hat sich bald zu einer eigenständigen Auseinandersetzung mit dem christlichen „Absolutheitsanspruch" entwickelt. Die Überzeugung, die dabei für mich immer stärkere Konturen gewann, ist eine zweifache, und sie lautet:

- Der Absolutheitsanspruch des Christentums dispensiert nicht von einem offenen und lernfähigen Dialog mit anderen Religionen, sondern fordert zu ihm heraus.
- Dieser Absolutheitsanspruch mündet nicht in die religiöse Stimulierung politischer und gesellschaftlicher Gewalt, sondern legt die Mechanismen offen, kraft derer religiöse Wahrheitsansprüche zum ideologischen „Überbau" menschlicher Gewalt werden.

Es ist ein glücklicher Umstand, daß die redaktionellen Abschlußarbeiten am Manuskript der vorliegenden Studie zu einem Zeitpunkt erfolgen, an dem ich vertretungsweise an der Rheinisch-Westfälischen Technischen Hochschule in Aachen eine Professur für Systematische Theologie wahrnehme. So stehen mir in dieser Phase fleißige Hände zur Seite, die mir nicht allein in computertechnischer Hinsicht sehr geholfen haben. Frau Stefanie Kall-Clemens hat das Manuskript in den letzten Fassungen mehrfach studiert und dabei nicht nur Korrektur gelesen, sondern auch im Blick auf die Entwicklung des Gedankengangs mir wichtige Rückmeldungen gegeben. Herr Klaus Böhme hat selbständig das Layout erstellt und ebenfalls durch Anmerkungen und Gespräche mich zu mancher Verdeutlichung veranlaßt. Im Rückblick darf ich sagen: Beide Mitarbeiter hätte ich gerne schon zu einem früheren Zeitpunkt in meine Überlegungen einbezogen. Ihnen sei herzlich gedankt.

Aachen, den 30.1.99 Gerd Neuhaus

Inhalt

1. Das Projekt Weltethos und seine Probleme

1.1. Eine historische Parallele und ihre Grenze. - Der aufklärungskritische Zug des Projektes Weltethos

Mit seinen Arbeiten zum „Projekt Weltethos“[1], die Hans Küng seit 1990 vorgelegt hat, bezieht er sich auf eine Situation, die im Ansatz zunächst einmal keineswegs neu ist, sondern bereits mit dem Beginn der Neuzeit begegnet. Während sie seinerzeit jedoch zunächst nur im regionalen Rahmen Westeuropas auftrat, hat ihre Problematik heute globale Ausmaße angenommen. Das Problem aber ist das gleiche geblieben: Die Vielfalt der sich religiös definierenden Lebens- und Sozialformen droht immer wieder zu einer Bedrohung des öffentlichen Friedens zu werden. Dies gilt in der besagten regionalen Hinsicht etwa für das 17. Jahrhundert, das man deshalb auch das „Jahrhundert der Religionskriege“ nennt, auch wenn hier strenggenommen nicht einmal ein Konflikt der *Religionen*, sondern lediglich einer der christlichen *Konfessionen* begegnet. Denn es gehörte zu den politisch ungewollten Folgen der Reformation, daß sie das sogenannte Abendland in einen blutigen Strudel politischer Neuorientierung gestürzt hatte. So war das Christentum im Zustand konfessioneller Spaltung zu einer Bedrohung jenes öffentlichen Friedens geworden, den es im Mittelalter noch garantiert hatte, als die Einheit der Kirche zugleich auch die Einheit von Staat und Gesellschaft als eines „corpus christianum“ verbürgte. Denn die Konkurrenz der Konfessionen in ihrem Anspruch, das wahre Christentum zu verkörpern, hatte zu Konsequenzen geführt, die Michel de l'Hôpital, den Kanzler des französischen Königs, am Vorabend der Hugenottenkriege zu der verbitterten Bemerkung veranlaßten, es komme nicht darauf an, was die wahre Religion sei, sondern wie man miteinander leben könne.[2] Nachdem nämlich die religiösen Grundlagen,

---

[1] An Monographien dazu liegen bis jetzt vor: *H. Küng*, Projekt Weltethos, München-Zürich 1990, unveränderte Neuauflage als Taschenbuch 1992 (Serie Piper); *ders.*, Weltethos für Weltpolitik und Weltwirtschaft, München-Zürich 1997; vgl. auch die entsprechenden Diskussionsbände: *H. Küng / K.J. Kuschel* (Hrsg.), Weltfrieden durch Religionsfrieden. Antworten aus den Weltreligionen, München-Zürich 1993; *J. Rehm* (Hrsg.), Verantwortlich leben in der Weltgemeinschaft. Zur Auseinandersetzung um das „Projekt Weltethos“, Gütersloh 1994; *H. Küng* (Hrsg.), Ja zum Weltethos. Perspektiven für die Suche nach Orientierung, Tübingen 1995; *H. Küng / K.J. Kuschel* (Hrsg.), Wissenschaft und Weltethos, München-Zürich 1998. Zur Sache selbst vgl. vor allem *H. Küng / K.J. Kuschel* (Hrsg.), Erklärung zum Weltethos. Die Deklaration des Parlamentes der Weltreligionen, München 1993.

[2] Vgl. *L. v. Ranke*, Französische Geschichte Bd. 1, Wiesbaden 1957, 157.

die die Einheit der Gesellschaft verbürgten, strittig geworden waren, verlangte das so entstehende politische Desaster nach einer Grundlegung der für das öffentliche Leben geltenden Wertvorstellungen, die von der Konkurrenz konfessioneller Wahrheitsansprüche nicht angetastet wurden. Diese Situation wurde zur Geburtsstunde des neuzeitlichen Naturrechtsdenkens, das auf der Ebene einer jedermann zugänglichen Vernunft sich um die Begründung von sittlichen Werthaltungen bemühte, die da Geltung haben, „auch wenn es Gott nicht gäbe“ („etsi deus non daretur“).[3] Die Religion mußte deshalb um des öffentlichen Friedens willen zur Privatsache erklärt werden.

So wurde seinerzeit schon ein Ethos formulierbar, das Menschen über religiöse Grenzen hinweg zu verbinden beanspruchte und das wir darum in einem Akt sprachlicher Rückprojektion durchaus als „Weltethos“ bezeichnen können. Denn schon hier gilt, was Küng heute für jene sittlichen Maximen betont, die den verschiedenen Weltreligionen ungeachtet der Konkurrenz ihrer Wahrheitsansprüche gemeinsam sind: Dieses Ethos ist seinem Geltungsanspruch nach universal, hinsichtlich seiner jeweiligen Begründung aber offen für die partikularen Traditionen, in die der einzelne jeweils hineingeboren wird. Dies wird schlaglichtartig in einem Dokument der Aufklärung, nämlich in Lessings Toleranzdrama „Nathan der Weise“, deutlich: Als Nathan hier erzählt, wie er sogleich das christliche Waisenkind Recha als eigenes Kind angenommen hat, nachdem doch soeben Christen seine ganze Familie ermordet hatten, da stellt der christliche Klosterbruder - gerührt von solcher Vergebungsbereitschaft - fest: „Ihr seid ein Christ! - Bei Gott, ihr seid ein Christ! Ein beßrer Christ war nie.“[4] Nathan weiß hingegen, daß allein die Zufälligkeit der Geburt darüber entscheidet, ob ich einem - in sich evidenten - sittlichen Imperativ als Jude, als Christ oder als Muslim folge.[5] Und so antwortet er dem Klosterbruder: „Wohl uns! Denn was mich Euch zum Christen macht, das macht Euch mir zum Juden.“[6]

Hier findet die aufgezeigte historische Parallele freilich auch ihre Grenze. Denn wie wir soeben noch festgestellt haben, hat die Aufklärung ihrem eigenen Selbstverständnis folgend den universalen Anspruch sittlicher Prinzipien auf der Ebene einer jedem Menschen prinzipiell zugänglichen Vernunft zu begründen versucht. Aus Gründen, die wir im Folgenden noch untersuchen

---

[3] Zu dieser Formulierung vgl. *H. Grotius*, De iure belli ac pacis, Prolegomena 11 (hrsg. von P.C. Molhuysen, Lugduni Batavorum 1919, 7).

[4] *G.E. Lessing*, Nathan der Weise, zit. nach: Stuttgart 1987 (= Reclam UB 3), VV 3067 f.

[5] Vgl. Nathan in der Ringparabel (VV 1985 f): „Wie kann ich meinen Vätern weniger als du den deinen glauben?“

[6] Ebd., 3068-70. Entsprechend verweist Küng im Blick auf die „Vertreter der großen Religionen“ auf „die Möglichkeit, *Humanität aus der je eigenen Tradition zu begründen*“ (Projekt Weltethos, 121 f). Zum religionstheologischen Hintergrund von Lessings „Nathan“ vgl. *K.J. Kuschel*, Vom Streit zum Wettstreit der Religionen, Lessing und die Herausforderung des Islam, Düsseldorf 1998.

werden, war dieser Weg für Küng von Anfang an zum Scheitern verurteilt. Aus heutiger Sicht mag es darum verwunderlich erscheinen, daß die Aufklärung angesichts der konfessionellen Spaltung des Christentums nicht jenen Weg beschritt, den Küng heute den Religionen empfiehlt. Statt sich um eine nicht-religiöse Begründung der für das öffentliche Leben verbindlichen Werthaltungen zu bemühen, wäre es nämlich zumindest in der Retrospektive denkbar gewesen, den gesellschaftlichen Frieden auf diejenigen sittlichen Prinzipien aufzubauen, die von den verschiedenen Konfessionen ungeachtet ihrer Differenzen bejaht werden. Denn weder die Bergpredigt noch der Dekalog waren in ihrer Geltung unmittelbar von denjenigen Fragen betroffen, die nach der Reformation zwischen den Konfessionen strittig wurden. Andererseits muß zu denken geben, daß das von kontroverstheologischen Fragen nun wirklich nicht betroffene biblische Tötungsverbot die sogenannten Religionskriege des 17. Jahrhunderts nicht hat verhindern können. So ist es wiederum verständlich, wenn die Aufklärung den Geltungsanspruch von *Religion überhaupt* privatisierte und das öffentliche Miteinander auf den Boden von sittlichen Prinzipien zu stellen versuchte, die ihrerseits nicht erst im Lichte eines bestimmten Glaubens, sondern im Horizont der dem Menschen angeborenen Vernunft einsehbar waren.

Vor dieser historischen Parallele tritt nun die Eigenart von Küngs „Projekt Weltethos" hervor. Denn die im heutigen Globalisierungsprozeß auftretenden Probleme, die durch das Zusammenleben von Menschen verschiedenster Kulturen aufgeworfen werden, sind nicht mehr regional begrenzt. Die Menschheit braucht darum kein Ethos, das nur die christlichen Konfessionen zu verbinden vermöchte, sondern in einem ganz wörtlichen Sinne ein globales *Welt*ethos, das das friedliche Zusammenleben von Menschen aus den verschiedensten Kulturen zu sichern vermag. Und insofern diese Kulturen allemal religiös geprägt sind, darf die Geltung dieses Weltethos nicht von den konkurrierenden Wahrheitsansprüchen der Weltreligionen tangiert werden.

Angesichts dieser globalen Herausforderung verzichtet Küng darauf, jene - zumindest ihrem Anspruch nach - universalen Prinzipien einer sittlichen Vernunft zu reformulieren, die durch die Aufklärung als eine partikulare Tradition hervorgebracht worden sind. Denn ganz offensichtlich können für ihn sittliche Maximen, deren Formulierung die Leistung einer ganz bestimmten Kultur ist, keine Universalitätsansprüche anmelden, die es erlaubten, ihre Geltung auf andere Kulturen zu übertragen. Nun ließe sich die Frage, mit welchem Recht Begründungsverfahren, die einer partikularen Tradition entstammen, universale Geltung beanspruchen, einstweilen durch die Unterscheidung von *Genese* und *Geltung* beantworten. Denn eine Erkenntnis kann durchaus im Rahmen einer spezifischen Kultur gewonnen werden und doch eine darüber hinausgehende Gültigkeit besitzen. Wenn Küng nun von dieser Unterscheidungsmöglichkeit gar nicht erst jenen Gebrauch macht, der die *kulturexterne* Bedeutung der Aufklärung zu sichern möchte, dann deshalb, weil ihm der Prozeß der Aufklärung schon *kulturimmanent* obsolet geworden ist. Er verweist dazu auf jene geschichtliche Erfahrung, die seit Horkheimer und Adorno „Dialektik der Aufklärung“[7] heißt und angesichts derer der Vernunftoptimismus der Aufklärung am Ende des 20. Jahrhunderts nicht mehr nachvollziehbar erscheint. Denn die Vernunft hat in Ausübung jener Autonomie, mit der sie sich aus der Rolle einer „Magd der Theologie“ befreit hat, zu nicht minder verheerenden Wirkungen gefunden als jener religiöse Wahrheitsfanatismus, dessen Inhumanität sie einst hat überwinden wollen. Dieses Jahrhundert hat mit seinen Weltkriegen, seinen atomaren Katastrophen, den Todeslagern nicht nur stalinistischer und hitlerscher Prägung, seinen Völkermorden und der ökologischen Plünderung unserer Lebensressourcen gründlich den Glauben erschüttert, daß ein Vernunftgebrauch, der sich an keine religiöse Instanz mehr gebunden weiß und in diesem Sinne autonom geworden ist, die Welt vor den Abgründen der Barbarei zu schützen vermag. Ganz im Gegenteil hat er Dimensionen der Barbarei aufgerissen, die es in dieser Form in der Menschheitsgeschichte noch nicht gegeben hat. Und so verwundert es nicht, daß gegen Ende dieses Jahrhunderts die Religionen wieder als mögliche Anwälte jenes *Humanums* in den Blick geraten, das in der „Dialektik der Aufklärung“ weitaus mehr geschändet worden ist, als ein religiöser Wahrheitsfanatismus dies bis dahin vermocht hätte.

Dies ist noch nicht der Ort, die vorliegende Einschätzung zu diskutieren, die der Prozeß der Aufklärung bei Küng erfährt. Festgehalten werden muß jedoch eine unausweichliche Konsequenz, zu der diese Bewertung der Aufklärung nötigt. Denn wenn die autonome Vernunft keine universal gültigen Werte zu garantieren vermag, sondern sich sogar umgekehrt zerstörerisch gegen den Menschen selbst wendet, dann müssen die auf der Welt gegebenen Kulturen dieses universal gültige Ethos im Umgang miteinander selbst erst einmal finden. Insofern diese Kulturen aber allemal religiös geprägt sind, fällt darum den Religionen nun selbst die Aufgabe zu, ein solches Ethos zu formulieren, das sie über ihre Grenzen hinweg miteinander verbindet. Auf diese Weise hat sich das Programm der Aufklärung genau umgekehrt: Wo seinerzeit der Universalitätsanspruch der Vernunft die Geltungsansprüche der Religion relativierte, schickt sich hier nun die geforderte Koalition der Religionen an, den Universalitätsanspruch der Vernunft entsprechend zu relativieren.

[7] Vgl. *M. Horkheimer / Th.W. Adorno*, Dialektik der Aufklärung. Amsterdam 1947, im Folgenden zitiert nach der Neuauflage Frankfurt 1971.

1.2. Vier Fragen an das Projekt Weltethos

1.2.1. Warum wirken Gemeinsamkeiten nicht notwendig verbindend?

Mit der Herstellung einer solchen Koalition der Religionen ist nun eine Aufgabe formuliert, deren Realisierung auf den ersten Blick mit den Händen greifbar zu sein scheint. Denn Küng wird nicht müde zu betonen, daß ein ethischer Grundkonsens der Religionen gar nicht erst *entwickelt*, sondern in einem ganz wörtlichen Sinne nur *gefunden* werden muß. Die gesuchten ethischen Maximen, deren gemeinsame Anerkennung die Menschheitsfamilie zu einem friedlichen Umgang miteinander verpflichtete, liegen nämlich in den Religionen schon vor, ohne daß die Religionsgemeinschaften dies bis heute angemessen gewürdigt hätten. Darum versteht sich das Projekt Weltethos als Aufgabe, jene globalen Lernprozesse zu fördern, die das Bewußtsein dafür entwickeln, was die Religionen in ethischer Hinsicht de facto längst verbindet: „Nicht um die Herausarbeitung der Unterschiede und Widersprüche, der Unvereinbarkeiten und Exklusivitäten der großen Weltreligionen [...] geht es, sondern um das, was sie trotz allem verbindet."[8] Insofern ist das Projekt Weltethos von einem religionspädagogischen Interesse bestimmt, das jenen Mangel an Einsicht überwinden will, der die Vertreter der verschiedenen Religionen immer wieder dazu veranlaßt hat, sich im Umgang miteinander nicht über die Besinnung auf das Gemeinsame, sondern über die Hervorhebung des Trennenden zu definieren. Denn „leider haben die Menschen bis heute weniger im Gedächtnis behalten, was sie verbindet, als was sie trennt".[9]

Freilich wirft eine so einfach anmutende Problemlösung die Frage auf, warum man sie jahrhundertelang nicht gefunden hat. Was Küng mit einem bedauernden „leider" versieht, bedarf darum einer genaueren Überprüfung. Sollte es also wirklich nur mangelnde Aufklärung über gegebene Gemeinsamkeiten sein, die dazu führen, daß so häufig das faktisch Gemeinsame vergleichgültigt und das Trennende überproportional hervorgestrichen wird? Darum sei noch einmal gefragt: Ist es womöglich deshalb zum Dreißigjährigen Krieg gekommen, weil Katholiken und Protestanten nicht bewußt war, daß die Geltung des Dekalogs und der Bergpredigt gar nicht zwischen ihnen kontrovers war? Hätte das Bewußtsein, daß die Geltung der jesuanischen Ethik zwischen ihnen unstrittig ist, in diesem Jahrzehnt die Blutbäder zwischen orthodoxen Serben und katholischen Kroaten verhindern können? Ohne diesen Fragen jetzt schon im einzelnen nachzugehen, muß an dieser Stelle doch schon so viel festgestellt werden: Gerade wenn man das hinter dem Projekt Weltethos stehende Anliegen einer die Menschheit auf die Idee des

---

[8] Projekt Weltethos (im folgenden als „PWE" im laufenden Text unter Angabe der Seitenzahl zitiert), 80.

[9] Weltethos für Politik und Weltwirtschaft (zit „WWW"), 199.

Friedens hin verpflichtende Ökumene bejaht, muß nach dem Grund dessen gefragt werden, was Küng lediglich mit einem bedauernden „leider" feststellt: *Warum also fällt es Menschen ganz offensichtlich so schwer, sich im Umgang miteinander weniger über das Trennende als vielmehr über das sie faktisch Verbindende zu definieren?* Damit ist eine *erste Frage* formuliert, die in der vorliegenden Untersuchung behandelt werden soll.

1.2.2. Ist das religiöse Bewußtsein von sich aus in der Lage, um des öffentlichen Friedens willen seinen Wahrheitsanspruch zu relativieren?

Eine vorläufige Antwort auf die zuletzt entwickelte Frage ergibt sich aus der geschilderten Situationsbestimmung, mit der sich Küng seinerseits auf das Problem bezieht, auf das auch die Aufklärung sich schon bezogen weiß, deren Lösungsansatz er aber für gescheitert erklärt. Die Aufklärung vollzog eine Trennung von öffentlichem und privatem Vernunftgebrauch, die den Geltungsanspruch religiöser Überzeugungen *insgesamt* privatisierte, aber dabei keinerlei Eingriffe in das religiöse Bewußtsein selbst unternahm. Küng muß nun die Trennung von „öffentlich" und „privat" in das religiöse Bewußtsein selbst einführen: Von öffentlichem - und das heißt nun: von globalem - Interesse ist das *Ethos* einer Religion, und auch das nur insoweit, wie es sich mit dem Ethos anderer Religionen überschneidet. Denn „im Ethos sind sich die Religionen nun einmal näher als im ‚Dogma'" (PWE 16). Insofern ist der Geltungsanspruch des „Dogmas" zu privatisieren bzw. zu regionalisieren auf die jeweils eigene Tradition, innerhalb derer ich mich vorfinde.

Entsprechend unterscheidet Küng zwischen der Außen- und der Innenperspektive einer Religion. Aus der Außenperspektive darf ich von keinem Vertreter einer anderen Religionsgemeinschaft erwarten, daß er sich dem Wahrheitsanspruch derjenigen Religion unterwirft, zu der ich mich bekenne. In diesem Sinne ist dann der Satz zu verstehen: „Von *außen gesehen* [...] gibt es selbstverständlich *verschiedene wahre Religionen*" (PWE 129). In der Innenperspektive darf und muß ich jedoch *für mich* an jenem Wahrheitsanspruch festhalten, der in der Außenperspektive gleichwohl nur einer unter vielen bleibt. Das bedeutet für den Christen: „Von *innen* her gesehen, also vom Standpunkt des am Neuen Testament orientierten gläubigen Christen [...], gibt es nur *die eine wahre Religion*" (ebd.). Freilich verbleibt diese Unterscheidung selbst noch einmal in der Außenperspektive, denn sie ist von einem nicht-religiösen und insofern *externen* Interesse an der entsprechenden Relativierung religiöser Wahrheitsansprüche geleitet. Eine ganz andere und damit *zweite Frage* an das Projekt Weltethos muß jedoch lauten: *Ist das religiöse Bewußtsein auch von sich aus zu der besagten Relativierung seines Wahrheitsanspruches fähig?* Oder noch einmal anders gefragt: Kann es von sich aus jene Trennung von privatem Wahrheitsanspruch und öffentlich verbindlichem Ethos hervorbringen, die die externe Herausforderung des Weltfriedens von ihm verlangt? Wenn nämlich „leider" Menschen dazu neigen, einander stärker im Bewußtsein des Trennenden als des sie Verbindenden zu begegnen, dann kann dies auch daran liegen, daß es zwischen dem Verbindenden und dem Trennenden wiederum Zusammenhänge gibt, in der auch das augenscheinlich Verbindende Anlaß zur Trennung gibt. Schon die Evangelien berichten davon, daß derjenige, der in isolierter sittlicher Hinsicht das Richtige tut, dabei in der Gefahr steht, im Zusammenhang des religiösen Bekenntnisses genau das Falsche zu tun. So kommen die Jünger mit den Worten zu Jesus: „Wir haben gesehen, wie jemand in deinem Namen Dämonen austrieb; und wir versuchten ihn daran zu hindern, weil er uns [!] nicht nachfolgt" (Mk 9,38).[10] Auch wenn Jesus das Verhalten seiner Jünger tadelt, so gibt doch zu denken, daß in diesem Beispiel einstweilen nicht einmal die gemeinsame Berufung auf Jesus ausreicht, um die sittlich gute Tat des anonym bleibenden Wundertäters als solche zu würdigen. Insofern gehören die konkurrierenden Wahrheitsansprüche der Religionen nicht nur in den Bereich des „Trennenden", sondern sie scheinen die Wahrnehmung des Gemeinsamen in jener Weise zu erschweren, die Gegenstand unserer ersten Frage war. Vertreter einer pluralistischen Religionstheologie ziehen daraus mit Recht die Konsequenz, sich der Konkurrenz religiöser Wahrheitsansprüche selbst zu stellen, anstatt auf die besagte Weise die Wahrheitsfrage zu privatisieren und sie im Rahmen der interreligiösen Begegnung erst einmal zu archivieren.[11]

---

[10] Das Lukasevangelium mildert diese anstößige Formulierung, mit der sich die Jünger an die Stelle Jesu setzen, etwas ab, da dort die Jünger sagen: „Wir versuchten ihn daran zu hindern, weil er nicht *mit uns zusammen* dir nachfolgt" (Lk 9,49. Hervorhebung von mir).

[11] „Die Auseinandersetzung um die Wahrheit muß zwangsläufig um so härter ausfallen, je mehr Gewicht dem Besitz der rechten Wahrheit zugemessen wird. [...] Verbindet sich die Frage nach dem rechten Wahrheitsbesitz überdies noch mit der *Heilsfrage*, dann kann es unter Umständen dem Gläubigen als eine ethische Verpflichtung erscheinen, den falschen Glauben, der die Menschen vermeintlich in Unheil und Verderben führt, intensiv zu bekämpfen - und sei es mit Gewalt" (*P. Schmidt-Leukel*, Theologie der Religionen. Probleme, Optionen, Argumente, Neuried 1997, 24). Mit Recht stellt Schmidt-Leukel darum fest, „daß es einen genuin religiösen Kern des interreligiösen Konfliktpotentials gibt, das keineswegs nur auf eine mißbräuchliche Verzweckung der Religionen zurückgeführt werden kann" (ebd., 31 f) Vgl. dazu schon die Argumentation des Patriarchen in Lessings „Nathan", als er erfährt, daß der Jude Nathan die getaufte Recha nicht als Christin erzogen hat: „Besser, / Es wäre hier im Elend umgekommen, / Als daß zu seinem ewigen Verderben / Es so gerettet ward" (ebd., VV 2546-49).

1.2.3. Ist der Prozeß der Aufklärung gescheitert?

Die bis hierhin entwickelten Fragen ergeben sich daraus, daß wir einstweilen jene Weichenstellung mitvollzogen haben, mit der Küng jenen Autonomieanspruch zurückweist, den die Vernunft im Prozeß der Aufklärung anmeldet. Eine *dritte Frage* ergibt sich freilich im Blick auf diese Weichenstellung selbst. Angesichts der geschichtlich nicht zu bestreitenden Dialektik, mit der das Humanitätspathos der Aufklärung in neue Formen der Inhumanität mündet, vertritt Küng nämlich die Meinung, das Projekt der Aufklärung sei von seinen eigenen Voraussetzungen her von Anfang an zum Scheitern verurteilt gewesen. Denn für ihn liegt es „in der Natur der rationalen Aufklärung selbst, daß ihre Vernunft leicht in Unvernunft umschlägt" (PWE 63). Dieser Umschlag ist für ihn darin angelegt, daß ich durch die Vernunft - jedenfalls nach seiner Auffassung - zu keinem Begriff unbedingter sittlicher Verpflichtung gelangen kann, so daß sich mit Hilfe der Vernunft im schlimmsten Sinne des Wortes *alles* begründen läßt: „Mit Vernunftgründen ließe sich wohl ebenso begründen, daß die Menschheit, wie sie sich nun faktisch entwickelt hat, keine Zukunft mehr hat, sondern aus moralischen Gründen reif zum Untergang ist" (PWE 76). Und so lautet die *dritte Frage*, die wir an das Projekt Weltethos richten müssen: *Stimmt diese Voraussetzung? Wird - um es in Anlehnung an ein berühmtes Wort Luthers zu sagen - die Vernunft notwendig zu einer jedem beliebigen Zweck dienstbaren „Hure", sobald ihr Gebrauch nicht mehr durch das sittliche Gewissen der Religion kontrolliert wird?* Immerhin gibt zu denken, daß die zitierte Feststellung einer Aufklärung, deren „Vernunft leicht in Unvernunft umschlägt", einen normativen Begriff der Vernunft voraussetzt, der als Maßstab zunächst einmal gegeben sein muß, um einen „Umschlag in Unvernunft" überhaupt feststellen zu können.

Dabei kann zweifellos nicht bestritten werden, daß die menschliche Vernunft *de facto* die schlimmsten Auswüchse der Inhumanität nicht nur theoretisch begründet, sondern in ihrer Durchführung auch praktisch perfektioniert hat. Nicht zufällig mündet darum auch die von Horkheimer und Adorno festgestellte Dialektik der Aufklärung in eine „Kritik der instrumentellen Vernunft".[12] Freilich handelt es sich dabei um eine Selbstkritik der Vernunft, die ihren Autonomieanspruch keineswegs demontiert, sondern ihn gerade in der Befähigung zur Kritik an ihrem instrumentalisierenden Gebrauch behauptet. Insofern werden wir eine für das Projekt Weltethos leitende Voraussetzung einer Überprüfung unterziehen müssen. Diese besteht in der Annahme, daß der Umschlag von Aufklärung in Barbarei nicht nur *de facto* geschehen *ist*, sondern *de iure* hat geschehen *müssen*, sobald die Vernunft sich nicht mehr an einem ihr übergeordneten und in diesem Sinne transzendenten Maßstab orientiert.

---

[12] Vgl. *M. Horkheimer*, Zur Kritik der instrumentellen Vernunft, Frankfurt/M. 1971.

1.2.4. Kann nur Gott unbedingt verpflichten?

Die zuletzt genannte Frage gewinnt eine besondere Dringlichkeit, wenn man sich noch einmal des genannten religionspädagogischen Anliegens vergewissert, das dem Projekt Weltethos eigen ist. Denn Küng fragt nicht nur nach denjenigen universalen Wertorientierungen, die das friedliche Zusammenleben von Menschen aus verschiedensten Kulturen sichern; er bezieht sich vor allem auch in innergesellschaftlicher Hinsicht auf jenen sittlichen „Orientierungsdschungel"[13], den die säkularisierten Gesellschaften des Westens hervorgebracht haben und in denen eine Form des Vernunftgebrauchs begegnet, die mit der Pose des „anything goes" immer das zu legitimieren sich anschickt, was gerade beliebt.

Von diesem Vernunftgebrauch wissen nicht zuletzt Eltern und Lehrer ein Lied zu singen. Kennen sie doch aus Diskussionen mit Jugendlichen oft hinreichend die Erörterung von Fragen wie: Warum soll ich nicht schwarzfahren, wenn ich bei dem - wenn überhaupt - ohnehin nur gelegentlich anfallenden „erhöhten Beförderungsentgelt" immer noch billiger fahre als beim regelmäßigen Kauf einer Fahrkarte? Warum soll ich nicht andere belügen, wenn bekanntlich ohnehin der Ehrliche meist der Dumme ist? Warum soll ich im Supermarkt den Begriff der Selbstbedienung nicht ganz wörtlich nehmen, wenn mein Diebstahl doch im voraus schon in die Preiskalkulation eingegangen ist?

Man kann den Einstellungen, die sich in solchen Fragen bekunden, gewiß nicht den Vernunftgebrauch absprechen. Zeugen sie doch von der Fähigkeit, das eigene Handeln und seine Konsequenzen in deren jeweilige Rahmenbedingungen einzuordnen. Sie dokumentieren aber nicht minder deutlich eine sittliche Orientierungslosigkeit, kraft derer ein solcher Vernunftgebrauch genauso wenig zur Basis gesellschaftlichen Zusammenlebens taugt wie seinerzeit das Christentum im Zustand konfessioneller Spaltung. Denn eines muß auch dann nachdrücklich mit Küng festgehalten werden, wenn man sein Projekt Weltethos mit den hier entwickelten Fragezeichen versieht: Gerade wenn wir auf dem gesellschaftlichen Markt der Meinungen und Lebensformen alles Mögliche zur Disposition stellen, ist die friedliche Koexistenz der solcherart wählbaren Lebensweisen nur dann gewährleistet, wenn sie von der gleichzeitigen Anerkennung bestimmter Basiswerte begleitet ist, die als Grundlage von Pluralität und Toleranz gerade nicht zur beliebigen Disposition stehen, sondern unbedingte Anerkennung fordern. So verfolgt Küng mit seinem Projekt Weltethos auch in innergesellschaftlicher Hinsicht die Sicherung derjenigen unverrückbaren gemeinsamen Werthaltungen, ohne die eine friedliche

---

[13] Zu diesem Begriff, den er einer „Coverstory" des „Spiegel" (9/1993) entnommen hat, vgl. *H. Küng*, Das Christentum. Wesen und Geschichte, München-Zürich 1994, 894, sowie PWE 28 f.

Koexistenz der unterschiedlichen Lebensformen einschließlich ihrer divergierenden Wertorientierungen nicht möglich ist.[14]

Gerade wenn man sich in dieser Absicht Küng verbunden weiß, stellt sich aber eine vierte Frage, die an die zuletzt entwickelte dritte Frage anschließt. Denn wie Küng selbst betont, taucht die Schwierigkeit, im innergesellschaftlichen „Orientierungsdschungel" zu einer verbindlichen Wertorientierung zu gelangen, gerade in den säkularisierten Gesellschaften des Westens auf, die sich hinsichtlich etwaiger Wertorientierungen gerade nicht mehr einer bestimmten religiösen Tradition verpflichtet wissen. Nun mag man in Anlehnung an Küng sagen, gerade diese Orientierungskrise, die sich im Prozeß der Säkularisierung eingestellt habe, dokumentiere darin doch eben, was passiere, wenn Menschen nicht mehr in religiösen Traditionen leben. Insofern begegne uns gerade darin die besagte Dialektik der Aufklärung. Dennoch stellt sich auch dann, wenn man dieser Bewertung folgt, eine *vierte Frage*: *Wie kann ich einem nicht-gläubigen oder religiös gleichgültigen Menschen klarmachen, daß ein Gebot deshalb unbedingte Geltung beanspruche, weil es in jenem Gott begründet sei, an den er doch gar nicht glaubt?* Der sich selbst nicht als Atheist, sondern als Agnostiker bezeichnende Gerhard Streminger dürfte mit seiner Skepsis das Lebensgefühl vieler Zeitgenossen treffen, wenn er angesichts der von Küng angesprochenen Katastrophen dieses Jahrhunderts umgekehrt eine religiöse Begründung sittlicher Verpflichtung für nicht länger vertretbar hält. Die Berufung auf einen Gott, der untätig zusieht, wie seine angeblich geliebten Geschöpfe unsäglich leiden, macht es für ihn unmöglich, sittliche Gebote zu befolgen, deren Geltung in einem solchen Gott begründet sein soll.[15] Und in der Tat: Schon das bloße Faktum der Theodizeefrage, die sich im Namen des gequälten Lebens gegen Gott wendet, zeugt von einem sittlichen Bewußtsein, das mit seiner religiösen Begründung nicht einfach steht und fällt. Denn ohne eine - und sei es noch so rudimentäre - Selbständigkeit dieses Bewußtseins könnte es sich gar nicht gegen Gott wenden und würde mit der Erschütterung des Gottesglaubens seinerseits genauso erschüttert. Bezeichnenderweise legt Küngs Klage über die innergesellschaftlichen und globalen Orientierungskrisen in einer bestimmten Hinsicht sogar Zeugnis von jener autonomen Begründung sittlicher

[14] „Eine Demokratie ohne vorrechtlichen Konsens gerät in Legitimationsnot. Zwar muß der freiheitlich demokratische Staat weltanschaulich neutral sein, und doch ist er auf einen minimalen Grundkonsens bezüglich bestimmter Werte, Normen und Haltungen angewiesen, weil ohne diesen moralischen Grundkonsens ein menschenwürdiges Zusammenleben nicht möglich ist" (PWE 61).

[15] Vgl. *G. Streminger*, Gottes Güte und die Übel der Welt, Tübingen 1992, 155: „Solange das Theodizeeproblem ungelöst ist, ist es unmoralisch, Seinen Willen zu tun." Vgl. dazu *G. Neuhaus*, Menschliche Identität angesichts des Leidens. Wonach fragt die Theodizeefrage?, in: G. Fuchs (Hrsg.), Angesichts des Leids an Gott glauben? Zur Theologie der Klage, Frankfurt 1996, 17-52.

Verpflichtung ab, deren Möglichkeit er ansonsten mit einem Fragezeichen versieht. Denn solange sich Menschen finden, die einen solchen Orientierungsnotstand als Übel empfinden und deshalb die religiöse Fundierung sittlicher Gebote fordern, gibt es eine Form des sittlichen Bewußtseins, die der geforderten theonomen Fundierung zumindest genetisch vorausliegt. Denn schon in der Forderung nach einem Weltethos, das von einer gesuchten Koalition der Religionen getragen wird, dokumentiert sich eine noch näher zu bestimmende Autonomie des sittlichen Bewußtseins. Wenn Küng also etwa die Ermordung eines zweijährigen Kindes durch zwei Zehnjährige in Liverpool als Beispiel für jene gegenwärtige sittliche Orientierungskrise anspricht[16], die nach einem verbindlichen Weltethos verlangt, dann ist schon eine solche Wahrnehmung dieses Mordes nicht sittlich indifferent. Dieser Mord wird nicht erst im Licht des Glaubens als Untat bestimmbar, sondern die sittliche Qualifikation seiner Wahrnehmung ist schon vorausgesetzt, wenn sie die Forderung nach einem Wertekanon auslöst, der dann seine Begründung im Glauben an Gott finden soll.

Damit schließt sich wiederum der Kreis unserer Fragen. Denn gerade weil die Erfahrung sittlicher Verpflichtung und schon die Forderung nach einem „Projekt Weltethos“ von einem sittlichen Bewußtsein zeugen, das der Religion vorausliegt, mußten wir das sittliche Bedürfnis nach einem vom Konsens der Religionen getragenen Weltethos als *externe* Herausforderung des religiösen Bewußtseins begreifen. Darum führt die zuletzt entwickelte vierte Frage zu den ersten beiden Fragen zurück, von denen die zweite lautete: Ist das religiöse Bewußtsein auch von seinen *internen* Voraussetzungen her zu der besagten Selbstrelativierung seines Wahrheitsanspruchs fähig, die ihm hier aus einem externen Interesse abverlangt wird.

Insofern die spezifischen Wahrheitsansprüche der Religionen in den Bereich jener Differenzen fallen, über die sich Menschen unter Vergleichgültigung ihrer Gemeinsamkeiten so oft definieren, führt diese Frage wiederum zur ersten zurück, die in grundsätzlicher Hinsicht lautet: Warum fällt es so schwer, sich im Umgang miteinander weniger auf das Trennende als vielmehr auf das Verbindende zu besinnen? Ihre religionstheologische Präzisierung lautet: Ist es den Religionen von innen her möglich, im Umgang miteinander die Konkurrenz ihrer Wahrheitsansprüche zurückzunehmen und sich vom Bewußtsein dessen leiten zu lassen, was ihnen jetzt schon gemeinsam ist?

[16] Vgl. Das Christentum, 894.

2. Über die Schwierigkeit, konkurrierende Wahrheitsansprüche zu relativieren - eine Weiterführung der einleitenden Fragestellungen

Wir haben im vorausgegangenen Kapitel den *religionsphänomenologischen* Zugang hervorgehoben, den Küng für sein Projekt Weltethos wählt. Ein solches Verfahren geht von einer Annahme aus, die zunächst einmal empirisch nicht bestritten werden kann und die da lautet: Die gesuchten Gemeinsamkeiten zwischen den Religionen sind *an sich* schon vorhanden und müssen nur noch *für uns* - d.h. für die in verschiedenen Traditionen lebenden Menschen - bewußt gemacht werden. Daraus ergibt sich nicht nur in innertheologischer Hinsicht eine interdisziplinäre Ausrichtung des Projektes Weltethos, weil es die Ebene didaktisch-methodischer Vermittlung ethischer Gemeinsamkeiten ganz wesentlich miteinschließt. Ein solches phänomenologisches Verfahren hat methodisch zunächst den Vorteil, daß es auf den Anspruch verzichtet, von außen einen normativen Begriff dessen zu entwickeln, was das allen Religionen gemeinsame „Wesen" sei. Weil jeder Theologe und jeder Religionswissenschaftler hermeneutisch zwangsläufig in einer ganz bestimmten Tradition verwurzelt ist, lieferte sich nämlich ein solches Verfahren zwangsläufig dem Vorwurf aus, ein System „hierarchischer Superiorität" zu konstruieren.[17] Denn es zöge den Verdacht auf sich, mit seinem Begriff eines allen Religionen gemeinsamen „Wesens" Gehalte der jeweils eigenen Tradition zum Maß dessen zu machen, was in anderen Religionen das Wesentliche sei. Dies jedoch bedeutete eine Bevormundung der einzelnen Religionen aus der Pose des Wissenden, der sich anmaßte, gegebenenfalls auch wider das Selbstverständnis der jeweiligen Gläubigen wesentliche Gehalte ihrer Religion von deren unwesentlichen Erscheinungsformen zu unterscheiden.

Dies ist unter anderem deshalb so deutlich hervorzuheben, weil nichts so wenig das Projekt Weltethos trifft wie der Vorwurf, daß hier im modischen Gewand der Weltökumene ein verstecktes katholisches Einheitsdenken mitsamt seinen Superioritätsansprüchen daherkomme.[18] Denn Küng *postuliert* nicht religions*philosophisch* eine ideale Gemeinsamkeit, sondern *konstatiert*

---

[17] Vgl. dazu *R. Bernhardt*, Der Absolutheitsanspruch des Christentums. Von der Aufklärung bis zur Pluralistischen Religionstheologie, Gütersloh ^{2}1993, 71-94.

[18] So jedenfalls der Einwand in: W. Huber, Ohne Konflikte kein Heil, in: Publik-Forum 22 (1993) Nr. 5, 18-20. Vgl. auch die sich daran entzündende - und in vielen Belangen überflüssige - Diskussion: *K.J. Kuschel*, Die große Chance der Religionen, ebd., Heft 8, 20-22; *W. Huber*, Schnelle Einheit nicht möglich, ebd., Nr. 9. 22-23; *K.J. Kuschel*, Keine falschen Fronten bilden, ebd., Nr. 10, 19-20.

religions*phänomenologisch* faktische Gemeinsamkeiten zwischen den Religionen.

Hier setzt aber nun die eingangs angesprochene Schwierigkeit ein. Denn wir haben festgestellt: Küng mutet dem religiösen Bewußtsein zu, sich selbst zu halbieren, indem er die in der Tradition der Aufklärung entwickelte Unterscheidung von „öffentlich" und „privat" nun in das religiöse Bewußtsein selbst einträgt: Während das Ethos der Religionen insoweit öffentlichen Charakter gewinnt, wie es von deren Konsens gedeckt ist, werden die demgegenüber störenden Wahrheitsansprüche privatisiert. Dabei meint freilich der Begriff der Privatisierung nicht die Relativierung der besagten Ansprüche zu einem etwaigen Gegenstand individueller Beliebigkeit, sondern die Regionalisierung ihrer jeweiligen Geltungsansprüche auf den Bereich der je eigenen Tradition.

Wenn Küng diese Trennung solcherart in das religiöse Bewußtsein einträgt, dann ist seine Argumentation von einer Grundannahme geleitet, deren Berechtigung ihm offensichtlich derart selbstverständlich erscheint, daß er sie keiner weiteren Überprüfung unterzieht. Sie lautet, daß die Wahrnehmung von Gemeinsamkeit immer auch Gemeinschaft stiftet. Denn nur wenn diese Voraussetzung zutrifft, läßt sich die für das Projekt Weltethos entscheidende Schlußfolgerung ziehen, daß die Aufklärung über bestehende Gemeinsamkeiten einen Schritt zum Frieden bedeutet. Schon sehr einfache Beispiele machen aber deutlich, daß die Wahrnehmung von Gemeinsamkeit Anlaß zu Streit und Gewalt sein kann, so daß der Dissens nicht nur das logische Gegenteil von Konsens, sondern dessen noch näher zu bestimmende Folge sein kann.

Ein erstes Beispiel entnehme ich der Diskussion um die pluralistische Religionstheologie. Diese will bekanntlich die exklusivistischen Wahrheitsbehauptungen, die die biblische und die kirchliche Tradition hervorgebracht haben, dadurch entschärfen, daß sie sie als poetische Begeisterungssprache entschlüsselt.[19] Ein Satz wie „Außerhalb der Kirche kein Heil", der nur eine wahre Religion kennt, gewinnt auf diesem Wege in sprachtheoretischer Hinsicht den gleichen Stellenwert wie etwa liebessprachliche Einzigkeitsbehauptungen. Denn wenn z.B. ein Mann seiner Frau sagt: „Du bist die schönste Frau der Welt", dann will er damit ja nicht allen Ernstes sagen, daß im Vergleich zu der solcherart gepriesenen Geliebten alle anderen Frauen mehr oder weniger Scheusale seien. Vielmehr ist ein solcher Satz zu dechiffrieren als eine expressive Sprachhandlung, deren propositionale Transformation etwas ganz Wichtiges hinzufügen muß: „Du bist *für mich* die schönste Frau der Welt", während andere Männer - hoffentlich! - auch anderen Frauen dieses

---

[19] Dazu und zum Folgenden vgl. *P.F. Knitter*, Ein Gott - viele Religionen. Gegen den Absolutheitsanspruch des Christentums, München 1988, 123 f.

Prädikat zuerkennen.[20] Gewiß beseitigt eine solche poetologische Hermeneutik exklusiver religiöser Wahrheitsansprüche den Ansatz jenes Wahrheitsfanatismus, der in Geschichte und Gegenwart immer wieder als Wurzel politischer Gewalt nachgewiesen werden kann. Denn „das Weibliche" erschöpft sich nicht in einer einzigen Frau, sondern läßt tendenziell unendliche viele „Inkarnationen" zu, so daß im Prinzip jeder Mann *seine* Frau finden kann. Genauso ist eine pluralistische Religionstheologie von der Annahme geleitet, daß das Göttliche sich in keiner einzigen Inkarnation erschöpft. Darum schaue der eine in der Gestalt des Buddha dieselbe Wirklichkeit an, die der andere in Jesus Christus gefunden hat. Doch macht gerade eine solche Ästhetisierung der Wahrheitsfrage auf eine ganz andere Wurzel möglicher Gewalt aufmerksam, die dort wirksam wird, wo gerade auf der genannten poetischen Ebene ein zweiter Mann im Blick auf dieselbe Frau in meinen Satz einstimmt. Die solcherart entstehende Form der Gemeinsamkeit mündet unweigerlich in Rivalität und wird darin zur möglichen Quelle von Haß und Gewalt.

Um die gleiche Schwierigkeit anhand eines ganz anderen Beispiels einzukreisen: Ein Verein der Fußballbundesliga ist für seinen wirklichen Fan gerade in dem angedeuteten ästhetischen Sinne des Wortes der *wahre* Verein. Dieser Fan spricht das besagte Prädikat seinem Verein nicht deshalb zu, weil er der ernsthaften Auffassung wäre, daß in anderen Bundesligaclubs kein Fußball gespielt würde. Insofern wissen die Anhänger verschiedener Vereine durchaus, daß sie unter anderem durch das Interesse an ein- und derselben Sportart verbunden sind. Andererseits hat aber noch nie ein Polizeiaufgebot Gewalteskalationen verhindern müssen, weil sich die Wege von Fangruppen eines Fußballvereins mit denen eines Basketballclubs kreuzten, wohl aber wenn sich die Fangruppen verschiedener Vereine der Fußballbundesliga in die Quere kamen. Im erstgenannten Beispiel sind die Interessen *zu verschieden*, als daß ernsthafte Konflikte entstehen könnte. Denn wer sich nichts zu sagen hat, kann sich auch nicht gegenseitig provozieren. Im zuletzt angesprochenen Fall gibt jedoch das gemeinsame Interesse an derselben Sportart den Boden ab, auf dem die Präferenz für den falschen Verein nun zum umso heftigeren Ärgernis wird.

Man mag hier einwenden, nicht jede Gemeinsamkeit laufe auf Konkurrenz und Rivalität hinaus. Bekanntlich kann der Metzger mit dem Obsthändler gegenüber durchaus Gemeinschaft pflegen, aber eben nicht in der gleichen Weise mit dem Metzger nebenan.[21] Dieses Beispiel macht zugleich schon in einer

---

[20] So schon der Hinweis von *H. Kessler*, Pluralistische Religionstheologie und Christologie. Thesen und Fragen, in: R. Schwager (Hrsg.), Christus allein? Der Streit um die pluralistische Religionstheologie, Freiburg-Basel-Wien 1996, 158-173, 161.

[21] Von diesem Beispiel aus entwickelt der jüngst verstorbene *P. Kondylis* seine Sorge darum, daß gerade die Gemeinsamkeit einer „planetarischen" politischen Verantwortung zur

ersten Hinsicht deutlich, von welchen Bedingungen es abhängt, ob Gemeinsamkeit in Konkurrenz und Konflikt oder in die Herausbildung einer kollektiven Identität mündet. Solange die erfahrene Gemeinsamkeit sich in der Verschiedenheit von Funktionen ausdifferenziert, die einander wechselseitig bedürfen, ist diese Gemeinsamkeit nicht konfliktträchtig. Sie wird aber konfliktanfällig, sobald sie sich einem gemeinsamen Objekt zuwendet und dieses Objekt nur in begrenzten Ressourcen zur Verfügung steht. Dies ist etwa im Rahmen einer Fußballmeisterschaft der Fall, da der Meistertitel nur von einem Verein erworben werden kann. Es gilt zugleich auch vom Beispiel der konkurrierenden Metzger, deren Angebot sich auf eine immer nur begrenzte Nachfrage nach Fleisch bezieht. Hier wird es dann um so ärgerlicher, wenn jemand die richtige Ware bei der „falschen" Adresse kauft.

Dieses Problem verschärft sich noch einmal, wenn man sich einem dritten Beispiel zuwendet, das jedem Lehrer und - mehr noch - jedem Schüler bekannt ist, sofern dieser dieselbe Schule wie seine Geschwister besucht. Der Lehrer, der beim Betreten einer neuen Klasse Gesichtszüge und Familiennamen vorfindet, die er aus anderen Klassen schon kennt, erliegt in dieser Situation nämlich normalerweise der Versuchung, die Frage zu stellen „Bist du nicht der Bruder / die Schwester von...?" Und er ist häufig verwundert, daß seine freudige Bereitschaft, jemanden aufgrund gegebener Gemeinsamkeiten sofort entsprechend zu identifizieren, in der Regel auf wenig Gegenliebe stößt. Nicht selten führt nämlich die Wahrnehmung von objektiv feststellbarer Ähnlichkeit und Nähe zu energischen Gegenreaktionen, mit denen der solcherart Identifizierte zum Ausdruck bringt, daß er gerade nicht das Double des Bruders oder der Schwester, sondern eine eigenständige Persönlichkeit ist. Und wir müssen im Blick auf die oben genannte Grundannahme Küngs hinzufügen: Ein solcher „Narzißmus der Differenzen" realisiert sich

Quelle neuer Konflikte und neuer Gewalt werden kann: „Mancher Beobachter könnte meinen, die nach dem Ende des Kalten Krieges erzielte Übereinstimmung über die Überlegenheit des westlichen Systems und die darin gründende Gemeinsamkeit der Zielsetzungen würde zum Konsens und zur Zusammenarbeit führen. Die friedliche Koexistenz im gegenseitigen Einvernehmen ergibt sich aber keineswegs aus der Gemeinsamkeit der Zielsetzung an sich, sondern aus der Übereinkunft darüber, welchen Rang jede Seite bei der Verfolgung des gemeinsamen Zieles einnehmen und welche Vorteile sie aus seiner eventuellen Realisierung ziehen werden. Gehen über diese praktisch ausschlaggebende Frage die Meinungen auseinander, so trägt die Gemeinsamkeit des Zieles nicht etwa zur Milderung, sondern geradezu zur Intensivierung von Konflikten bei, und zwar aus demselben Grunde, aus dem der Metzger nicht mit dem Obsthändler gegenüber, sondern mit dem Metzger nebenan verfeindet ist" (*P. Kondylis*, Planetarische Politik nach dem Kalten Krieg, Berlin 1992, 18). Zur gemeinsamen Gegenstandsorientierung eines „Begehrens" als Quelle von Gewalt vgl. den Begriff der „Aneignungsmimesis" bei *R. Girard* in: ders., Das Ende der Gewalt. Analyse des Menschheitsverhängnisses, Freiburg/Br. 1983, 37 f.

nicht etwa in Unkenntnis der bestehenden Gemeinsamkeiten, sondern in ihrer nur zu guten Kenntnis.[22]

Darin dokumentiert sich zugleich die Schwierigkeit, eine Außen- und eine Innenperspektive miteinander zu versöhnen. Denn die religionstheologische Unterscheidung dieser Perspektiven hat Küng zu der zitierten Feststellung geführt, daß es von außen gesehen natürlich „verschiedene wahre Religionen" gebe, während die Innenperspektive immer „nur die eine wahre Religion" kenne (vgl. PWE 129). In der Anwendung auf das Lehrer-Schüler-Beispiel zeigt sich jedoch, daß Außen- und Innenperspektive nicht zwangsläufig zwei unabhängig voneinander zu beziehende Perspektiven sein müssen, sondern daß die Wahrnehmung der Außenperspektive in einer ganz bestimmten Weise auf die Binnenperspektive einwirkt. Für den Lehrer, der in der Außenperspektive augenfällige Gemeinsamkeiten feststellt, die ihn an die Schwester oder an den Bruder des Betreffenden erinnern, gewinnen diese Gemeinsamkeiten im Moment eine solch substantielles Gewicht, daß demgegenüber die individuellen Besonderheiten einen nur akzidentellen Rang einnehmen. In der Binnenperspektive des solcherart angesprochenen Schülers wird aber die darin erfahrene Vergleichgültigung seiner unterscheidenden Individualmerkmale als Bedrohung des eigenen Persönlichkeitsprofils erfahren. Darum ist es kein Wunder, wenn der betreffende Schüler durch eine solche - und sei es noch so berechtigte - Fremdidentifikation zu einer Weise der Selbstidentifikation provoziert wird, die man in einem ganz wörtlichen Sinne als einen Vorgang der „Trans-Substantiation" bezeichnen kann. Denn die aus der Außenperspektive als substantiell erlebten Gemeinsamkeiten gewinnen nun bestenfalls einen akzidentellen Rang, während umgekehrt die aus der Außenperspektive als akzidentell wahrgenommenen Individualmerkmale sich nun in substantielle Gehalte verwandeln. Wo also die Binnenperspektive mit denjenigen Wahrnehmungen konfrontiert wird, die aus der Außenperspektive gewonnen werden, gelangt sie zu einer Selbstdefinition - und „De-finition" bedeutet in einem ganz wörtlichen Sinne Abgrenzung - , welche die gegebenen Gemeinsamkeiten nur noch als dunklen Kontrastgrund zuläßt, vor dem dann das unverwechselbar Eigene und Besondere umso nachdrücklicher herausgestellt wird.

---

[22] Vgl. dazu auch den Einwand von *H. von Hentig*, der gegenüber den ethischen Maximen eines Weltethos seine „Zweifel" anmeldet, „ob die vier Grundforderungen, in denen die großen Religionen miteinander übereinstimmen, auch für die Welt und sie selber die wichtigsten sind" (*ders.*, Polis und Kosmopolis. „Weltethos" aus der Sicht eines Pädagogen, in: H. Küng / K.J. Kuschel [Hrsg.], Wissenschaft und Weltethos, 262-294, 288). Zur Begründung seiner Skepsis stellt er fest: „Das Gemeinsame gibt nicht immer den Ausschlag, und der Ärger und der Schmerz über die kleine Differenz sind oft ungleich größer als die Zufriedenheit über den großen Konsens: Das Kopftuch der islamischen Mitschülerin ‚stört', auch wenn diese nicht lügt, nicht schlägt, sich solidarisch verhält und sich sogar gleichberechtigt fühlt" (288).

Insofern liegt hier nicht nur ein drittes Beispiel dafür vor, daß Gemeinsamkeit Abgrenzung statt Gemeinschaft stiften kann, sondern es zeigt sich dabei etwas Neues: In dem Moment, wo das objektiv Gemeinsame als solches ausgesprochen wird, kann eine Binnenperspektive sich dazu veranlaßt fühlen, vor diesem Hintergrund nun um so heftiger das Trennende und Unterscheidende als das Wesentliche und Entscheidende zu betonen. Weil nun die spezifischen Wahrheitsansprüche der Religionen in den Bereich des Unterscheidenden und Trennenden gehören, stehen sie in der Gefahr, zu Momenten der besagten Selbstdefinition zu geraten, die damit unweigerlich von den Mechanismen partikularer Selbstbehauptung beherrscht werden. Verhaltensformen, die gegenwärtig gerne als Ausdruck von Fundamentalismus und Wahrheitsfanatismus kritisiert werden, müssen darum keineswegs immer erst darüber aufgeklärt werden, was den Religionen jetzt schon gemeinsam ist. Ein solcher Wahrheitsfanatismus kann vielmehr aus der nur zu guten Kenntnis dessen hervorgehen, was die Außenperspektive an Gemeinsamkeiten vorgefunden hat. Darum handelt es sich hier um ein weiteres Beispiel dafür, wie schnell die aus der Außenperspektive sich einstellende Bereitschaft, ein allen Religionen gemeinsamen „Wesen" festzustellen, das sich in deren Pluralität nur nachträglich ausdifferenziert, zum „Fundamentalismusverstärker" werden kann.[23]

Dieser Gefahr kann nicht durch die Relativierung der Wahrheitsfrage begegnet werden, sondern nur durch deren Radikalisierung. Während der fundamentalistische Wahrheitsfanatismus gerade auf diesen Wahrheitsrelativismus reagiert, bedeutet die *Radikalisierung* der Wahrheitsfrage deren Schutz vor Instrumentalisierung im Dienst jener menschlichen Abgrenzungs- und Selbstbehauptungsmechanismen, die das *Unter*scheidende zum *Ent*scheidenden zu stilisieren drohen. Genau an dieser Stelle steht nämlich das Projekt Weltethos in der Gefahr, ungewollt die Abgrenzungsbedürfnisse religiöser Bekenntnisgemeinschaften dadurch zu mobilisieren, daß es das ihnen gemeinsame Ethos als das für die Welt Entscheidende herausstellt. Darum kann es nicht verwundern, daß in der Vielzahl der Stimmen, die ein „Ja zum Weltethos" sprechen, sich auch Äußerungen des Befremdens darüber finden, ein gemeinsames Weltethos zusammen mit denen formulieren zu sollen, die im Namen des falschen Gottes oder womöglich ganz ohne den Glauben an einen Gott dieses Projekt mittragen.[24]

---

[23] Vgl. *H. Verweyen*, Pluralismus als Fundamentalismusverstärker?, in: R. Schwager (Hrsg.), Christus allein?, 132-139.

[24] Vgl. *Muhammad El-Ghazali*, Streben nach einem höheren Weltethos, in: H. Küng (Hrsg.), Ja zum Weltethos. Perspektiven für die Suche nach Orientierung, München 1995, 240-247: „Offen gesagt, verspürte ich jedoch ein gewisses Unbehagen, als ich erfuhr, daß das Parlament der Religionen allen offensteht, sowohl Gläubigen wie Nichtgläubigen, Monotheisten wie Polytheisten, jenen, die an die Unsterblichkeit des Geistes glauben, wie jenen, nach deren Ansicht die Existenz mit dem Tode ein Ende hat. [...] Den Glauben an

Damit haben wir in einem ersten Schritt schon eine Antwort auf die ersten beiden Fragen gefunden, die wir in unserem ersten Kapitel formuliert haben. So können wir im Rückblick auf die erste Frage feststellen, daß bereits deren Formulierungsgestalt den Ansatz zu ihrer Beantwortung enthält: Menschen kann es deshalb schwerfallen, sich im Umgang miteinander über das sie faktisch Verbindende zu definieren, weil schon das Bedürfnis nach „De-finition" in einem ganz wörtlichen Sinne ein Verlangen nach Abgrenzung bedeutet, das in eine Überakzentuierung des Trennenden und damit in eine Vergleichgültigung des faktisch Verbindenden münden kann. Damit ist noch nicht die *weiterführende Frage* beantwortet, *von welchen Bedingungen es abhängt, ob die Erfahrung von Gemeinsamkeit in ausdrücklichen Konsens oder in einen nicht minder ausdrücklichen Dissens mündet*. Wir werden im weiteren Verlauf unserer Überlegungen auf diese Frage noch eingehen müssen. Wohl aber können wir an dieser Stelle - und zwar wiederum in einem ersten Schritt - die zweite Frage beantworten, die wir einleitend entwickelt haben: Insofern nämlich die spezifischen Wahrheitsansprüche der Religionen dem Bereich des Unterscheidenden zugehören, stehen sie in besonderer Weise in der Gefahr, vom Sog menschlicher Abgrenzungsbedürfnisse erfaßt zu werden. Deshalb gibt es einen Dienst am öffentlichen Frieden, der nicht von vorneherein auf eine Relativierung religiöser Wahrheitsansprüche hinausläuft, sondern auf die Aufdeckung jener Mechanismen, in deren immanenter Logik religiöse Wahrheitsansprüche ein zunächst einmal ganz und gar nicht religiöses Bedürfnis nach Abgrenzung von „den anderen" erfüllen.

Angewandt auf das Projekt Weltethos bedeutet das: Es bedarf vielleicht weniger der Aufklärung darüber, was den Religionen in ethischer Hinsicht jetzt schon gemeinsam ist, als der weiterführenden Aufklärung über diejenigen Bedingungen, unter denen Gemeinsamkeit in jenen Dissens umschlägt, der wiederum Wahrheitsansprüche zu Momenten partikularer Selbstbehauptung umfunktioniert.

Die beiden zuerstgenannten Beispiele enthielten bereits die Perspektive einer Antwort auf das zuletzt genannte Problem. Wir haben hier nämlich festgestellt: Solange ein von mehreren erstrebtes Gut in einer demgegenüber nur begrenzten Gestalt zur Verfügung steht, droht Gemeinsamkeit in Dissens und Rivalität umzuschlagen. Umgekehrt bedeutet Gemeinsamkeit ausdrücklichen Konsens, wenn die gemeinsame Fixierung auf denselben Gegenstand zur Ausdifferenzierung von Funktionen führt, die einander wechselseitig bedürfen. So ist in einer Fußballmannschaft das Verhältnis der beiden Torhüter ge-

---

Gott als zweitrangiges, untergeordnetes Thema zu betrachten oder als ein Thema, das mit einem Weltethos in keinerlei Zusammenhang steht, kann von uns Muslimen nicht gutgeheißen werden. Vielmehr ruft es ein Gefühl der Abscheu und unseren Protest hervor. Wenn Gott der Schöpfer ist, warum sollten andere an seiner Stelle gepriesen werden?" (ebd., 241 f).

rade dann, wenn sie über die gleichen Fähigkeiten verfügen, überaus konfliktträchtig. Die erklärte Ebenbürtigkeit ihrer Fähigkeiten hat gerade nicht zur Folge, daß der auf der Reservebank Plazierte in dem Applaus, der seinem als die Nummer Eins aufgestellten Rivalen zuteil wird, auch jene Leistungsmöglichkeiten anerkannt findet, über die er als Auswechselspieler genauso verfügt. Umgekehrt dürfte es ihm schwerfallen, ein ähnlich konfliktträchtiges Verhältnis zu den Sturmspitzen seiner Mannschaft zu entwickeln, die nach vorne hin jene Tore schießen sollen, die er selbst hinten zu verhindern hat.

Dieser sozialpsychologische Befund hat seine religionstheologische Entsprechung etwa dort, wo für das religiöse Bewußtsein die *Grenzenlosigkeit* des göttlichen Heilswillens in einer *begrenzten* geschichtlichen Gestalt begegnet - für den Christen in Jesus von Nazareth -, so daß wiederum das *Bekenntnis zu* diesem Jesus als der Inkarnation der grenzenlosen Liebe Gottes neue Grenzen errichtet, und zwar denen gegenüber, die die Unendlichkeit göttlicher Liebe in anderer Gestalt und damit „unter der falschen Adresse“ gefunden zu haben meinen.

Die verschiedenen Ansätze zu einer pluralistischen Religionstheologie kommen hier in einem Vorschlag überein, der im Bekenntnis zu Jesus Christus dessen Einzigartigkeit und Unersetzbarkeit anerkennt, zugleich aber zu anderen Religionen jenes Verhältnis wechselseitiger Abhängigkeit herstellt, in der sie einander gerade in ihrer Verschiedenheit als Momente einer organischen Einheit bedürfen: Wenn nämlich der unendliche Gott in der endlichen Gestalt des Menschen Jesus von Nazareth erscheint, dann - so lautet die pluralistische Schlußfolgerung - kann dieser Mensch durchaus von der Gegenwart Gottes erfüllt sein; die unendliche Fülle des Göttlichen übersteigt aber die nur endlichen Darstellungsmöglichkeiten seiner Person. Der Mensch Jesus kann in diesem Sinne durchaus „totus deus“ sein, nicht aber das „totum dei“ in seiner ganzen Fülle zur Darstellung bringen.[25] Insofern sind angesichts der Unendlichkeit Gottes stets neue Inkarnationen denkbar, die niemals isoliert, sondern stets nur miteinander und kraft immer neuer „Horizontüberschreitungen“[26] uns dahin führen, daß wir am Ende aller Tage einst „Gott von Angesicht zu Angesicht“ schauen werden (vgl. 1 Kor 13,12). Insofern stellt sich auch von einer möglichen religiösen Binnenperspektive her die Frage: Müssen Christen „christologisch abrüsten“[27], um ein Projekt Welt-

---

[25] Zu dieser Unterscheidung vgl. *J. Hick*, God and the Universe of Faiths. Essays in the Philosophy of Religion, London/Basingstoke 1975, 159.

[26] Vgl. dazu die programmatische Überschrift des Sammelbandes: *R. Bernhardt* (Hrsg.), Horizontüberschreitung. Die pluralistische Theologie der Religion, Gütersloh 1991.

[27] Zur ursprünglichen Gestalt dieser Frage vgl. deren Formulierung bei *R. Bernhardt*: „Müssen wir christologisch abrüsten, um interreligiös dialogfähig zu werden?“ (*ders.*, Deabsolutierung der Christologie, in: M. von Brück / J. Werbick, Der einzige Weg zum Heil? Die Herausforderung des christlichen Absolutheitsanspruchs durch pluralistische Religionstheologien, Freiburg-Basel-Wien 1993, 144-200, 144).

ethos theologisch so mittragen zu können, daß sie damit nicht nur eine äußerliche Konzession an ein Bedürfnis nach öffentlichem Frieden leisten, sondern sich zugleich zum „deus semper maior“ bekennen?

Damit hat sich in der Durchführung unserer Studie das Programm noch einmal verkompliziert. Die einstweilige Behandlung der ersten beiden Fragen hat uns zu neuen Fragestellungen geführt, die da lauten:

- Von welchen Bedingungen hängt es ab, ob Gemeinsamkeit in Konsens oder Dissens mündet?
- Müssen wir Christen die Christologie „deabsolutieren“, um uns so zum „je größeren Gott“ zu bekennen, daß wir darin zugleich einen Beitrag zum öffentlichen Frieden leisten?

Bevor wir zur Behandlung dieser Fragen gelangen, steht aber noch die Auseinandersetzung mit der dritten und vierten Frage an, vor die uns das Projekt Weltethos stellt. Sie lauten:

- Wird die Vernunft notwendig zu einer jedem beliebigen Zweck dienstbaren „Hure“, sobald der menschliche Vernunftgebrauch nicht mehr durch das sittliche Gewissen der Religion kontrolliert wird?
- Wie kann ich einem nicht-gläubigen oder religiös gleichgültigen Menschen klarmachen, daß ein Gebot unbedingte Geltung beansprucht, wenn ich diese Geltung in einem Gott begründet sehe, an den er gar nicht zu glauben vermag?

Beide Fragen konvergieren in der Aufgabe, Küngs Verständnis von der „Dialektik der Aufklärung“ zu überprüfen.

3. Das Projekt Weltethos und der Prozeß der Aufklärung

3.1. Der Autonomieanspruch der Vernunft und die „Dialektik der Aufklärung"

Wir haben bereits festgestellt: Es kann nicht bestritten werden, daß der Prozeß der Aufklärung *de facto* zu einer zerstörerischen Entfesselung des menschlichen Vernunftgebrauchs geführt hat. Allerdings muß die für Küng leitende Annahme überprüft werden, daß diese Dialektik, mit der das Vernunftpathos der Aufklärung in Barbarei umschlägt, eine *de iure* notwendige und unausweichliche Folge darstelle, die in der „Natur der rationalen Aufklärung selbst" angelegt sei.[28] Denn diese Auffassung hat für sein Projekt Weltethos insofern grundlegenden Charakter, als sie seine zentrale These stützt, die da lautet, nicht die Vernunft, sondern allein die Religion könne die Erfahrung unbedingter Verpflichtung begründen.[29] Dieses Verständnis der „Dialektik der Aufklärung" muß aber aus zwei Gründen mit einem Fragezeichen versehen werden.

Mit seiner Deutung jenes Prozesses, der seit Horkheimer und Adorno „Dialektik der Aufklärung" heißt, beruft sich Küng nun auf deren gleichnamige Studie.[30] Für Horkheimer und Adorno dokumentierte sich nun der Umschlag von Aufklärung in Barbarei vor allem in den Massenvernichtungslagern des Dritten Reiches. Anders als in gegenwärtigen Analysen, die die Wurzeln des „Holocaust" in einer spezifisch deutschen Tradition des Antise-

[28] „Es liegt in der Natur der rationalen Aufklärung selbst, daß ihre Vernunft leicht in Unvernunft umschlägt" (PWE 63). Daß ein solcher Umschlag „leicht" geschieht, läßt noch die Deutungsmöglichkeit offen, daß er - obwohl in der „Natur" der Aufklärung angelegt - nicht *notwendig* eintritt. Für diese Deutung spricht zunächst auch die Fortsetzung des Zitates, in der Küng feststellt, daß die „eingeschränkte partikulare Rationalität von Naturwissenschaft und Technik [..] nun einmal nicht die ganze ungeteilte Vernünftigkeit, die wahrhaft vernünftige Rationalität" sei (PWE 63 f.). Zu dem, was hier die „wahrhaft vernünftige Rationalität" heißt, ist nach Küngs Auffassung aber die Vernunftkritik der Aufklärung nicht fähig, denn „eine radikale, also an die Wurzel gehende Vernunftkritik greift *notwendigerweise* gerade die Wurzeln dieser Vernunft an und zersetzt so leicht jede vernünftige Legitimation von Wahrheit und Gerechtigkeit" (PWE 64. Hervorhebung von mir).

[29] „Auch der Mensch ohne Religion kann ein echt menschliches, also humanes und in diesem Sinne moralisches Leben führen; eben dies ist Ausdruck der innerweltlichen Autonomie des Menschen. Doch eines kann der Mensch ohne Religion nicht, selbst wenn er faktisch für sich unbedingte sittliche Normen annehmen sollte: die *Unbedingtheit und Universalität* ethischer Verpflichtung *begründen*" (PWE 75).

[30] S.o. Anm. 7.

mitismus sehen[31], war für sie „Auschwitz" das Werk einer auf bloße Administration reduzierten Rationalität. Denn „mit dem Mord an Millionen durch Verwaltung ist der Tod zu etwas geworden, was so noch nie zu fürchten war."[32] Und weil im maschinellen Vollzug des Massenmords der einzelne im wahrsten Sinne des Wortes sein Gesicht verlor - die Opfer gingen kahlgeschoren, nackt und zusammengepfercht in die Gaskammern - kann Adorno später hinzufügen: „Daß in den Lagern nicht mehr das Individuum starb, sondern das Exemplar, muß das Sterben auch derer affizieren, die der Maßnahme entgingen."[33] Insofern offenbart „Auschwitz" für Horkheimer und Adorno in praktischer Hinsicht jene Gleichgültigkeit des empirischen Individuums, die es in theoretischer Hinsicht schon dort gewinnt, wo es bei Kant zum bloßen „Anhängsel" des „Ich denke" geworden ist.[34] Freilich kann die Vernunft diese Liquidation des Individuums nur deshalb vollstrecken, weil sie sich zuvor zur Logik von Herrschaft hat pervertieren lassen. Insofern ist es kein Zufall, daß Max Horkheimer die kritische Rekonstruktion der Dialektik der Aufklärung als Kritik an der Instrumentalisierung der Vernunft im Dienste menschlicher Herrschaft weiterentwickelt hat.[35]

Nun sah freilich der von Horkheimer und Adorno arg gescholtene Kant schon sehr genau, daß die „reine Vernunft" nirgendwo in einem gewissermaßen chemisch reinen Zustand wirksam ist. Er wußte nur zu gut, daß die Vernunft in ihrem realen Gebrauch an den Menschen als ein Wesen gebunden ist, das kraft seiner empirischen Natur niemals nur vernünftig ist, sondern in seinem Erkennen und Handeln stets unter dem Antrieb emotionaler Bestimmungen steht. Insofern erkennt er den menschlichen Vernunftgebrauch als

---

[31] Vgl. dazu insbesondere die 1996 im Siedler-Verlag erschienene Studie: *D.J. Goldberg*, Hitlers willige Vollstrecker. Ganz gewöhnliche Deutsche und der Holocaust (ohne Orts- und Jahresangabe).

[32] *Th. W. Adorno*, Negative Dialektik, Frankfurt 1975 (= stw 113), 355.

[33] Ebd.

[34] „Auf das Neue zielt nach Kant das philosophische Urteil ab, und doch erkennt es nichts Neues, da es stets bloß wiederholt, was Vernunft immer schon in den Gegenstand gelegt. Diesem in den Sparten eines Geistersehers gesicherten Denken aber wird die Rechnung präsentiert: die Weltherrschaft über die Natur wendet sich gegen das denkende Subjekt selbst, nichts wird von ihm übriggelassen, als eben jenes ewig gleiche Ich denke, das alle meine Vorstellungen muß begleiten können" (Dialektik der Aufklärung, 27). Insofern ist Auschwitz für Horkheimer und Adorno – anders als in gegenwärtigen christologischen Debatten – auch nicht die Folge eines religiösen Antijudaismus oder eines christologisch genährten Wahrheitsfanatismus, sondern hat für sie die gleichen Wurzeln wie die ökologische Plünderung der Erde: „Die Abstraktion, das Werkzeug der Aufklärung, verhält sich zu ihren Objekten wie das Schicksal, dessen Begriff sie ausmerzt: als Liquidation" (ebd., 15). Vgl. dazu das Kapitel „Auschwitz als Nerv Adornoscher Philosophie" in: *G. Neuhaus*, Transzendentale Erfahrung als Geschichtsverlust? Der Vorwurf der Subjektlosigkeit an Rahners Begriff geschichtlicher Existenz und eine weiterführende Perspektive transzendentaler Theologie, Düsseldorf 1982, 187-232.

[35] Zur „Kritik der instrumentellen Vernunft" s.o. Anm. 12.

stets „pathologisch affiziert"[36]. Darum ist die Existenz des Menschen als eines sinnlich affizierten Vernunftwesens zwangsläufig eine „Existenz [..] unter empirisch bedingten Gesetzen" (KpV 156), und dies bedeutet „mithin für die Vernunft *Heteronomie*" (ebd.).

Die Idee der Vernunftautonomie, die bei Küng für einen entfesselten Vernunftgebrauch steht, der keinerlei sittliche Orientierung kennt, meint also bei Kant nicht jenen Zustand, den der Vernunftgebrauch dort erreicht, wo er seine religiöse Bevormundung abgeschüttelt hat. Sie bedeutet vielmehr eine *Aufgabe*, der sich die Vernunft in ihrem realen Gebrauch zu unterwerfen hat und die dazu auffordert, dabei *jegliche* Heteronomie aufzudecken und zu überwinden. Der Begriff der „Dialektik der Aufklärung", mit der Küng den Prozeß der Aufklärung im nachhinein für gescheitert erklärt, findet seine Grundlegung sogar bei Kant selbst, wenn dieser vor einer „natürlichen Dialektik" warnt, in die sich der reale Vernunftgebrauch aufgrund der genannten „pathologischen Affizierung" allzuleicht verstrickt.[37] Wo Horkheimer im Rückblick auf die Perversion des menschlichen Vernunftgebrauchs zu Zwekken der Herrschaft und Unterdrückung den Begriff der „instrumentellen Vernunft" geprägt hat, da hat schon Kant diese Perversion als eine mögliche Gefahr im Blick. Ohne seinerseits über diejenigen Erfahrungen verfügen zu können, angesichts derer im 20. Jahrhundert nun die Idee der Aufklärung für gescheitert erklärt wird, weiß er nämlich um die affektiv bedingte menschliche Neigung, im Dienste eigennütziger Interessen zu „vernünfteln" (GMS 32). Mit diesem Terminus bezeichnet er nämlich jene Instrumentalisierung, die die Vernunft dadurch erfährt, daß wir sie in ihrem Gebrauch „unsern Wünschen und Neigungen angemessener [..] machen" (ebd.). Es liest sich sogar wie eine vorweggenommene „Kritik der instrumentellen Vernunft", wenn Kant von einem solchen Vernunftgebrauch feststellt, daß dabei „das Interesse der Neigungen [...] *verwaltend*" tätig sei (vgl. KpV 251. Hervorhebung von mir). Er fügt ganz im Sinne der späteren Kritik an der Dialektik der Aufklärung hinzu, daß dabei „gar nicht erst die Frage" gestellt wird, „ob der

---

[36] Zum Begriff des „pathologisch affizierten Willens" vgl. *I. Kant*, Kritik der praktischen Vernunft (= KpV), in: ders., Werke in zehn Bänden, hrsg. von W. Weischedel, Sonderausgabe Darmstadt 1983, Bd. 6, 105-302, 125.
Ich zitiere die Schriften Kants nach ihrer ersten Nennung jeweils im laufenden Text unter Angabe der jeweiligen Abkürzung und der Seitenzahl.

[37] „Hieraus [d.h. aus der affektiven Fremdbestimmung des menschlichen Vernunftgebrauchs] entspringt aber eine *natürliche Dialektik*, d.i. ein Hang, wider jene strenge Gesetze der Pflicht zu vernünfteln, und ihre Gültigkeit, wenigstens ihre Reinigkeit und Strenge in Zweifel zu ziehen, und sie, wo möglich, unsern Wünschen und Neigungen angemessener zu machen, d.i. sie im Grunde zu verderben und um ihre ganze Würde zu bringen, welches denn doch selbst die gemeine praktische Vernunft am Ende nicht gutheißen kann" (*I. Kant*, Grundlegung zur Metaphysik der Sitten [= GMS], in: Werke 6, 7-102, 32).

Zweck vernünftig sei, [...] sondern nur, was man tun müsse, um ihn zu erreichen" (GMS 41). So macht er darauf aufmerksam, daß je nach Interessenorientierung ein- und dieselbe medizinische Kenntnis dazu gebraucht werden kann, Leben zu retten, aber auch Leben zu vernichten.[38]

Die Idee einer „Kritik der reinen Vernunft" bedeutet darum nicht, daß die „reine Vernunft" das Objekt einer etwaigen Kritik wäre. Die reine Vernunft gibt vielmehr den Maßstab ab, der die affektiven Fremdbestimmungen des menschlichen Vernunftgebrauchs aufzudecken fordert. Darum legt Kant in seiner Schrift „Was ist Aufklärung?" großen Wert auf die Feststellung, daß er eben nicht in einem „aufgeklärten Zeitalter" lebe, sondern lediglich in einem „Zeitalter der Aufklärung".[39] Während ersteres den Vernunftgebrauch von allen nicht-vernünftigen Determinanten befreit hätte, ist letzteres durch die Selbstverpflichtung gekennzeichnet, mit der sich der menschliche Vernunftgebrauch der genannten Aufgabe unterwirft.

Nun erhebt Kant die programmatische Forderung nach Aufklärung „vorzüglich in Religionssachen" (WiA 60). Liest man diese Feststellung aus seiner Aufklärungsschrift in Unkenntnis seiner Analysen zum stets „pathologisch affizierten" Vernunftgebrauch, dann legt sich derjenige Eindruck nahe, den auch Küng durch seine These vom Scheitern der Aufklärung vermittelt: daß nämlich das Projekt der Aufklärung vollendet sei, wenn wir den Vernunftgebrauch aus allen religiösen Determinationen befreit haben. Doch bedeutet für Kant die religiöse Determination unseres Vernunftgebrauchs keineswegs den Inbegriff von Heteronomie schlechthin, sondern eine für ihn selbst epochenspezifische Erfahrung solcher Heteronomie, von der er feststellt, daß „unsere Beherrscher" bei ihr ein ganz besonderes „Interesse haben, den Vormund über ihre Untertanen zu spielen" (ebd.).

Wer also das zerstörerische Werk menschlicher Vernunft in den Katastrophen und Bedrohungen dieses Jahrhunderts wahrnimmt - den beiden Weltkriegen, den verschiedenen Gestalten des technisch perfektionierten Völkermords, der ökologischen Krise, der durch keine menschliche Phantasie auszumalenden Zerstörungsgewalt moderner Waffenpotentiale -, der hat in dieser „Logik des Schreckens" eben nicht das wahre Gesicht der Aufklärung und der von ihr geforderten Vernunftautonomie gefunden. Denn die Vernunft realisiert ihren Autonomieanspruch nicht allein dadurch, daß sie eine vorausgegangene Gestalt der Heteronomie abschüttelt, sondern indem sie zugleich darüber wacht, daß nicht eine neue Gestalt der Heteronomie an die Stelle der alten tritt. In ihrer Instrumentalisierung als Mittel menschlichen

---

[38] Vgl. GMS 41: „Die Vorschriften für den Arzt, um seinen Mann auf gründliche Art gesund zu machen, und für einen Giftmischer, um ihn sicher zu töten, sind in sofern von gleichem Wert, als eine jede dazu dient, ihre Absicht vollkommen zu bewirken."

[39] Vgl. *I. Kant*, Beantwortung der Frage „Was ist Aufklärung?" [WiA], in: Werke 9, 51-61, 60.

Herrschaftswillens hat die Vernunft zwar nach rückwärts die Bevormundung durch religiöse Instanzen abgeschüttelt, ist nach vorne hin aber unbemerkt in den Dienst eines irrationalen „Willens zur Macht" geraten, der dann in den Greueln des Nationalsozialismus die Gestalt eines rassenideologischen Größenwahns angenommen hat. Indem Adorno und Horkheimer diese Mechanismen aufdecken, wollen sie darum gerade nicht das Projekt der Aufklärung verabschieden, sondern setzen den Aufklärungsprozeß in dem von Kant geforderten Sinne fort.[40] Insofern ist der Prozeß der Aufklärung nicht als solcher gescheitert, sondern allenfalls stehengeblieben, und die von Luther als solche kritisierte „Hure Vernunft" hat mit ihrer Pervertierung zur Logik von Herrschaft und Ausbeutung nicht etwa ihr unsittliches Gewerbe aufgegeben, sondern hat sich allenfalls anderen Freiern zugewandt. Es ist also nicht - wie Küng meint[41] - die Radikalität der Aufklärung, sondern ihr Mangel an Radikalität, der sich in ihrem Umschlag in Barbarei dokumentiert.

Auf diese Weise haben wir zugleich schon eine Antwort auf unsere *dritte Frage* gefunden: Die Vernunft wird keineswegs von sich aus zu einer jedem beliebigen Interesse dienstbaren „Hure", wenn sie sich aus überlieferten Bindungen an die Religion befreit. Diese Situation tritt erst dann ein, wenn wir die Befreiung unseres Vernunftgebrauchs aus einer *bestimmten Form von Heteronomie* mit der Überwindung von *Heteronomie schlechthin* verwechseln. Insofern droht der als Dialektik der Aufklärung bezeichnete Umschlag in Barbarei immer dann, wenn im genannten Sinne das „Zeitalter der Aufklärung" mit einem „aufgeklärten Zeitalter" verwechselt wird. Freilich ist von hier aus an Kant - und zugleich mit Kant - die Gegenfrage zu richten, ob „Aufklärung" sich überhaupt als Epochenbegriff eignet oder vielmehr eine

---

40 „Erheischt negative Dialektik die Selbstreflexion des Denkens, so impliziert das handgreiflich, Denken müsse, um wahr zu sein, heute jedenfalls auch gegen sich selbst denken" (*Th. W. Adorno*, Negative Dialektik, 358). Die Fortsetzung dieses Satzes bringt zum Ausdruck, daß gerade das Fehlen dieser Selbstreflexion zu Auschwitz führt: „Mißt es sich nicht an dem Äußersten, das dem Begriff entflieht, so ist es vorweg vom Schlag der Begleitmusik, mit welcher die SS die Schreie ihrer Opfer zu übertönen liebte" (ebd.).
Nachdrücklich muß darum auch gegenüber Küngs Kritik an Kants „kategorischem Imperativ" der „ins Unendliche gehende Progressus" festgehalten werden, den es bedeutet, dem Autonomieanspruch sittlicher Vernunft sich zu unterwerfen. Denn von jener „Heiligkeit des Willens", in der unsere empirische Persönlichkeit ganz vom Anspruch des kategorischen Imperativs durchformt wäre, stellt Kant fest: „Diese Heiligkeit des Willens ist gleichwohl eine praktische Idee, welche notwendig zum *Urbilde* dienen muß, welchem sich ins Unendliche zu nähern das einzige ist, was allen endlichen vernünftigen Wesen zusteht" und das zu realisieren für den einzelnen einen „ins Unendliche gehenden Progressus seiner Maximen" bedeutet (KpV 143).

41 Vgl. noch einmal PWE 64: „Und eine radikale, also an die Wurzel gehende Vernunftkritik greift notwendigerweise gerade die Wurzeln dieser Vernunft an und zersetzt so leicht jede vernünftige Legitimation von Wahrheit und Gerechtigkeit" (siehe auch Anm. 28).

menschlich unabschließbare Aufgabe bedeutet, die jeder geschichtlichen Epoche stets von neuem gestellt bleibt.[42]

Darüber hinaus kann Küng jedoch seine Kritik an der angeblichen Orientierungslosigkeit einer Vernunft, die sich von den religiösen Wurzeln ihres Gebrauchs gelöst hat und in der von ihr beanspruchten Autonomie keiner sittlichen Orientierung fähig ist, auch immanent nicht durchhalten. Einerseits stellt er zwar kategorisch fest, nur ein im religiösen Sinne des Wortes „Unbedingtes" könne „unbedingt verpflichten" (PWE 77). Und in diesem Sinne muß eine religiöse Grundorientierung also zuallererst gegeben sein, um eine unbedingte sittliche Verpflichtung erfahren zu können. Andererseits haben wir jedoch festgestellt, daß bereits die Forderung nach einem religiös zu begründenden Weltethos sittlich qualifiziert ist, denn sie ergibt sich für Küng aus der dabei schon vorausgegangenen Wahrnehmung innergesellschaftlicher Orientierungskrisen und globaler Bedrohungen. Wenn diese „katastrophalen ökonomischen, sozialen, politischen und ökologischen Entwicklungen [...] ein Weltethos *um des Überlebens der Menschheit auf dieser Erde willen* nötig" (PWE 46)[43] machen, dann geht die autonome Erfahrung sittlicher Verpflichtung der Forderung nach einem *dann von den Religionen zu begründenden* Weltethos voraus. Insofern ist schon die Forderung nach einem Weltethos, das in einem Unbedingten zu begründen sei, selbst sittlicher Natur und erhebt für sich bereits denjenigen Anspruch unbedingter Verpflichtung, den sie *dann erst* der Religion zuweist.[44]

Damit ist zugleich schon der Ansatz einer Antwort auf die *vierte Frage* entwickelt, die da lautet, ob nur Gott unbedingt verpflichten könne: Schon die Forderung nach einem religiös zu begründenden Weltethos steht für die Möglichkeit einer autonomen Erfahrung sittlicher Beanspruchung. Damit ist noch nichts darüber gesagt, welcher Art eine solche Erfahrung ist und von welchen Bedingungen ihre Möglichkeit abhängt. Wohl aber legt Küngs Forderung nach einem Weltethos implizit Zeugnis für eine ursprüngliche Erfahrung sittlicher Verpflichtung ab, die nicht erst in einem Akt der Verdolmetschung aus dem Verstehensrahmen einer bestimmten religiösen Tradition in

---

[42] Vgl. *W. Oelmüller*, Die unbefriedigte Aufklärung. Beiträge zu einer Theorie der Moderne von Lessing, Kant und Hegel. Mit einer neuen Einleitung, Frankfurt/M. 1979; *ders.*, Philosophische Aufklärung. Ein Orientierungsversuch, München 1994.

[43] Hervorhebung von mir. Noch deutlicher wird diese Instrumentalisierung der Religion im Dienste eines sittlichen Imperativs, der sich seinen eigenen Unbedingtheitsanspruch über die Religion gleichsam nur „besorgt", in der verräterischen Formulierung von der „Mobilisierung" der Religionen für ein Weltethos: „Wer aber wäre heute besser geeignet als **die Weltreligionen**, Millionen Menschen **für ein Weltethos zu mobilisieren**? (PWE 87. Hervorhebung durch Fettdruck im Original).

[44] Vgl. die entsprechende Kritik an der solcherart sich vollziehenden Instrumentalisierung der Religion in: *R. Spaemann*, Weltethos als „Projekt", in: Merkur 50 (Sept/Okt 1996), Sonderheft „Moral und Macht", München 1996, 893-904.

den einer anderen übersetzt werden muß, sondern ihren traditionsspezifischen Ausdifferenzierungsgestalten vorausliegt.

3.2. Zwischen unbedingter Verpflichtung und ethischem Konventionalismus

Eine für das Projekt Weltethos tragende Grundüberzeugung lautet: „Nur Unbedingtes kann unbedingt verpflichten" (PWE 77). Mit dem „Unbedingten" ist dabei erklärtermaßen eine göttliche Wirklichkeit gemeint, denn nach Küngs Auffassung gilt:

> „Auch der Mensch ohne Religion kann ein echt menschliches, also humanes und in diesem Sinne moralisches Leben führen; eben dies ist Ausdruck der innerweltlichen Autonomie des Menschen. Doch eines kann der Mensch ohne Religion nicht, selbst wenn er faktisch für sich unbedingte sittliche Normen annehmen sollte: die *Unbedingtheit und Universalität* ethischer Verpflichtung *begründen*" (PWE 75).

Wenn also „der Mensch ohne Religion ein [...] moralisches Leben führen" kann, dann kann seine Moralität etwa Ausdruck eines *Dezisionismus* sein, in dem z.B. das Verbot der Lüge keine andere Verpflichtungskraft gewinnt als die, die ich in einem Akt der Selbstverpflichtung in dieses Gebot hineinlege. Ich soll dann nicht lügen, weil ich mich - aus welchen subjektiven Motiven auch immer - dazu verpflichtet habe, es nicht zu tun. Meine Moralität kann aber auch einem ethischen *Konventionalismus* entspringen, in dem ein Gebot deshalb zur Verpflichtung wird, weil „man" z.B. nicht lügt. In beiden Fällen kann aber weder von einer unbedingten noch von einer universalen Geltung die Rede sein, weil die für den Geltungsanspruch eines Gebotes maßgeblichen Gründe jederzeit revidierbar sind.

Auffallend ist dabei, daß Küng der Vernunft, auf die die Tradition der Aufklärung noch setzte, keinerlei sittliche Begründungsfunktion mehr zutraut. Der Grund für diese Zurückweisung liegt in jenem Mißverständnis vom Autonomieanspruch der Vernunft, das wir im vorangegangenen Abschnitt herausgestellt haben und mit dem er die Tradition der Aufklärung bereits im Ansatz als zum Scheitern verurteilt erklärt. Wie sehr er Vernunftautonomie mit jener neuen Gestalt der Heteronomie verwechselt, in die der menschliche Vernunftgebrauch durch die Abschüttelung religiöser Determination geraten ist, zeigt das Argument, mit dem er der Vernunft jegliche sittliche Orientierungsfunktion abspricht: Es besteht im Hinweis darauf, daß man „mit deren Hilfe [..] so oft das eine wie dessen Gegenteil begründen kann" (PWE 76). Deutlicher läßt sich kaum zeigen, daß Küng in Wirklichkeit vom „pathologisch affizierten" Vernunftgebrauch spricht, durch den doch das Programm der Aufklärung sich herausgefordert sieht, wenn er vorgibt, von der „autonomen Vernunft“ zu reden.

Gerade das genannte Verbot der Lüge läßt sich nämlich auf der Ebene autonomer Vernunft überzeugender begründen als durch die Berufung auf eine in empirischer Hinsicht so strittige Wirklichkeit wie Gott.[45] Wer nämlich lügt, bejaht darin implizit das Verbot jener Lüge, derer er sich gleichwohl bedient. Denn er will doch, daß der andere ihm Glauben schenkt und seine Lüge nicht als solche durchschaut. Das ist aber nur möglich in einer Welt, in der es in einem ganz wörtlichen Sinne die *Regel* ist, daß man einander die Wahrheit sagt. Insofern setzt schon das Vorhaben, jemanden zu täuschen, als Bedingung seiner Möglichkeit die Regel voraus, daß man nicht lügen soll. Kant stellt genau in diesem Sinne fest, „daß ich zwar die Lüge, aber ein allgemeines Gesetz zu lügen gar nicht wollen könne“ (GMS 30). Aus dieser Implikation ergibt sich dann, was Kant den „kategorischen Imperativ“ nennt: die Forderung, „nur nach derjenigen Maxime zu handeln, durch die du zugleich wollen kannst, daß sie ein allgemeines Gesetz werde“ (GMS 51). Darum ist es unverständlich, wie Küng dazu gelangt, diesen kategorischen Imperativ als etwas zufällig „Angeborenes“ zu relativieren und damit jenem Bereich zuzuordnen, den Kant wiederum das „Pathologische“ nennt.[46] Er gehört gerade nicht in den Bereich angeborener Neigungen, sondern stellt umgekehrt ein Strukturprinzip reiner Vernunft dar, das unsere angeborenen Neigungen unter sein kritisches Maß stellt. Ja, er benennt die Bedingung, die es erlaubt, ei-

---

[45] Vgl. dazu *I. Kant*, GMS 29 ff.

[46] Diesen Eindruck legt Küng nämlich nahe, wenn er feststellt: „Mit einem allen Menschen *quasi-eingeborenen* ‚kategorischen Imperativ‘, sich das Wohl **aller** Menschen zum Maßstab des **eigenen Handelns zu machen**, kann man heute - nach Nietzsches Verherrlichung des ‚Jenseits von Gut und Böse‘ - nicht mehr rechnen“ (PWE 77. Hervorhebung im Fettdruck im Original, im Kursivdruck von mir). Mit der dann folgenden Begründung verwischt er die für Kant so wichtige Unterscheidung zwischen der Selbstgesetzgebung der reinen Vernunft und dem „pathologisch affizierten Willen eines vernünftigen Wesens“ (vgl. KpV 125): „Nein, das Kategorische des ethischen Anspruchs, die Unbedingtheit des Sollens, läßt sich nicht vom Menschen, vom *vielfach bedingten Menschen* her, sondern nur von einem **Unbedingten** her begründen“ (ebd. Kursive Hervorhebung wiederum von mir). Vgl. dazu in der „Grundlegung zur Metaphysik der Sitten“ die so wichtige - und von Küng leider nicht berücksichtigte - Unterscheidung zwischen der „Autonomie des Willens als oberste[m] Prinzip der Sittlichkeit“ und der „Heteronomie des Willens als Quell aller unechten Prinzipien der Sittlichkeit“ (GMS 74-76). Weil er diese Unterscheidung nicht vollzieht, ist Küng dann genötigt, das „Unbedingte“ sogleich als jene religiöse Wirklichkeit zu identifizieren, „die zwar nicht rational bewiesen, aber in einem **vernünftigen Vertrauen** angenommen werden kann“ (ebd.). Damit schließt sich der logische Zirkel seiner Argumentation, und er gelangt bei der religiösen Begründung eines Grundvertrauens an. Dieses ist dem Verdacht pathologischer Fremdbestimmung der Vernunft durch das angeborene Bedürfnis nach tröstenden Lebenslügen aber weitaus schutzloser ausgeliefert als der kategorische Imperativ (vgl. *G. Neuhaus*, Urvertrauen - eine notwendige Lebenslüge?, in: Katechetische Blätter 118 [1993], 8-13).

ne praktische Maxime, die sich dem Autonomieanspruch der Vernunft unterworfen hat, von solchen Maximen zu unterscheiden, die einer etwaigen „pathologischen Affizierung" des Vernunftgebrauchs entstammen: „Kannst du auch wollen, daß deine Maxime ein allgemeines Gesetz werde?" (GMS 30). Insofern ist es durchaus möglich, die sittlichen Forderungen, die sich aus der Struktur reiner Vernunft ergeben, von jenen praktischen Maximen zu unterscheiden, die durch das zustandekommen, was Kant die „Vernünftelei" nennt: den in der affektgeladenen Natur des Menschen gegebenen „Hang, [...] jene strenge[n] Gesetze der Pflicht [...] unsern Wünschen und Neigungen angenehmer zu machen" (GMS 32). Wenn also Küng gegen den kategorischen Imperativ einwendet, er könne in seiner allzu formalen Struktur nicht deutlich machen, „warum gerade ich" ein sittliches Gebot verfolgen solle (vgl. PWE 65), dann liegt in dieser vermeintlichen Schwäche gerade die Stärke dieses Imperativs. Denn gerade er erlaubt es, jene „Vernünftelei" überhaupt erst aufzudecken, die dort geschieht, wo ich meinen Vernunftgebrauch meinen egoistischen Neigungen unterworfen habe.

Insofern ist insbesondere das Verbot der Lüge, das ich implizit bejahe, wenn ich einen anderen täusche, ein signifikantes Beispiel dafür, daß es keineswegs immer erst der Berufung auf Gott bedarf, um eine sittliche Verpflichtung zur Geltung zu bringen. Es zeigt vielmehr, daß entgegen der anderslautenden Auffassung Küngs auch der Atheist nicht nur „ein moralisches Leben führen", sondern durchaus auch „die Unbedingtheit und Universalität ethischer Verpflichtung begründen" kann. Das gleiche gilt für die im ersten Kapitel angesprochenen Beispiele, mit denen wir versucht haben, jenen von Küng so genannten innergesellschaftlichen „Orientierungsdschungel" zu verdeutlichen, in denen - zumal in den westlichen Gesellschaften - Jugendliche heute groß werden. So bedarf es keiner religiösen Bindung, um einsichtig zu machen, daß ich bei der Benutzung öffentlicher Verkehrsmittel nicht schwarzfahren darf. Denn der Schwarzfahrer fährt faktisch zu Lasten derer, die ihr Fahrgeld entrichten, und setzt insofern durch sein Verhalten den Regelfall voraus, daß man den fälligen Fahrpreis auch bezahlt. So bejaht auch er *implizit* jene Regel, gegen die er *explizit* verstößt. Das gleiche gilt für denjenigen, der im Supermarkt den Begriff der „Selbstbedienung" allzu wörtlich nimmt: Gerade weil sein Diebstahl im voraus in die Preiskalkulation eingegangen ist, setzt auch er den Regelfall voraus, daß „man" die Waren bezahlt, die man benötigt.

Mit allem Nachdruck ist also festzustellen: Gerade auf der Ebene autonomer Vernunft läßt sich die Geltung sittlicher Gebote sehr wohl begründen.[47]

---

[47] Bezeichnenderweise hat Küng in dem jüngst erschienenen Diskussionsband „Wissenschaft und Weltethos" (s.o. Anm. 1) gerade in diesem Punkt Widerspruch erfahren. Vgl. dazu die Beiträge: *P. Ulrich*, Weltethos und Weltwirtschaft, 40-60, bes. 43-45; *D. Mieth*, Interkulturelle Ethik. Auf der Suche nach einer ethischen Ökumene, 359-382, bes. 376;

Dazu bedarf es aber der für Kant leitenden Unterscheidung von „reiner Vernunft“ und „empirischem Charakter“. Diese Unterscheidung wird jedoch bei Küng verwischt, wenn er in dem soeben aufgezeigten Sinne den kategorischen Imperativ als etwas „Angeborenes“ dem empirischem Charakter zuordnet und die „Autonomie der Vernunft“ nicht mehr von jener „Autonomie des Menschen“ unterscheidet, der sich der Vernunft zur Verfolgung willkürlicher Zwecke nur instrumentell bedient.

Nun wäre ein von den Religionen zu tragendes Projekt Weltethos auch dann gerechtfertigt, wenn es nicht darum ginge, sittliche Maximen *zu begründen*, sondern darum, sie praktisch *zu vermitteln* und *durchzusetzen*. Denn wie wir gesehen haben, geschieht das Böse nur zu oft in impliziter Kenntnis des gebotenen Gegenteils. Darum wäre für das menschliche Zusammenleben eine Menge gewonnen, wenn es gelänge, jene sittlichen Maximen auch praktisch durchzusetzen, deren theoretische Unkenntnis keineswegs so groß ist, wie die Anzahl der jeweiligen Verstöße suggerieren mag. Deshalb wäre ein Projekt Weltethos auch als ein Unternehmen denkbar, das sich ausschließlich an Menschen richtet, die in einem wie auch immer gearteten religiösen Bezugsrahmen leben. Dann bestünde seine Aufgabe darin, von den jeweiligen Voraussetzungen einer Religion her die Verpflichtungskraft derjenigen Gebote zu entwickeln, die für sich genommen auf der Ebene autonomer Vernunft einsehbar sind. Dies liegt jedoch erklärtermaßen nicht in Küngs Absicht. Er will vielmehr die sittlichen Gebote *begründen*. Indem er aber die Unterscheidungsmöglichkeit von autonomer Vernunft und empirischem Charakter nicht wahrnimmt, entgehen ihm gerade die aufgezeigten Begründungsmöglichkeiten. So gelangt er in einen zirkulären und auch in sich selbst nicht widerspruchsfreien Begründungsregreß, der im Folgenden aufgezeigt sei. Weil er nämlich auf der Ebene autonomer Vernunft keine unbedingte Verpflichtung erkennt, kann er die Erfahrung sittlicher Verpflichtung nur auf zweierlei Weise voraussetzen. Entweder lebe ich in einem religiösen Deutungsrahmen der Wirklichkeit. Dann gibt es für mich die Erfahrung unbedingter Verpflichtung, weil ich mein Leben an Gott als einen unbedingten Sinngrund gebunden habe, und in diesem Sinne gilt dann: „Nur Unbedingtes kann unbedingt verpflichten“ (PWE 77). Oder ich mache die Erfahrung sittlicher Verpflichtung außerhalb eines solchen Bezugsrahmens. Von dieser faktisch möglichen und gerade auch bei Atheisten oder Agnostikern gegebenen Erfahrung spricht Küng zunächst einmal in der dargestellten Haltung der Hochachtung, mit der er weiß, daß auch der Atheist faktisch ein Leben auf höherem moralischen Niveau führen kann als der Gläubige. Doch entscheidend ist dabei für ihn die dargestellte Überzeugung, daß nur der

---

H. Fahrenbach, Die Notwendigkeit des Projektes Weltethos - aber ohne „theonome Begründung“. Beiträge zu einer Philosophie kommunikativer Vernunft - atheistisch, sozialistisch und diskursethisch akzentuiert, 383-414.

Glaube die Unbedingtheit und Universalität jener Maximen zu begründen vermag, an die sich auch ein Atheist halten kann. Damit gewinnt die sittliche Qualität, die dem Leben des Atheisten gegebenenfalls eigen ist, eine entweder dezisionistische oder konventionalistische Qualität. Insofern führt für Küng erst ein im religiösen Sinne „Unbedingtes" über die zuletzt genannten Alternativen hinaus, in denen die Idee eines sittlich verpflichtenden Guten jeweils zu einem Produkt willkürlicher menschlicher Setzung wird. Doch bleibt unter diesen Voraussetzungen die Entscheidung für Gott von dem gleichen Konventionalismus bzw. Dezisionismus geprägt wie die „autonome" Entscheidung, ein moralisches Leben zu führen.

Das Dilemma, das Küng auf diese Weise überwinden will, gewinnt seine nachdrücklichste Gestalt vielleicht in den jüngsten Diskussionen um die verfassungsrechtliche Begründung der Menschenrechtsforderungen wie auch im gleichen Zusammenhang in der Auseinandersetzung um die „advocatio dei" in der Präambel des Grundgesetzes. Der entsprechende Artikel 1 Abs. 2 lautet nämlich: „Das Deutsche Volk bekennt sich [...] zu unverletzlichen und unveräußerlichen Menschenrechten als Grundlage jeder menschlichen Gemeinschaft, des Friedens und der Gerechtigkeit in der Welt." Daß es sich bei diesem Artikel nicht um einen empirisch-deskriptiven, sondern um einen sittlich-präskriptiven Satz handelt, zeigt bereits ein ganz schlichter Sachverhalt: Jeder Blick in die Zeitung oder ins Fernsehen belehrt darüber, daß die *de iure* unverletzlichen Menschenrechte *de facto* höchst verletzbar sind und auch regelmäßig verletzt werden. Insofern benennt die Unverletzlichkeit der Menschenrechte den Gegenstand einer sittlichen Verpflichtung, nicht aber einen empirischen Sachverhalt. Wenn in diesem Sinne also das Recht auf Gewissensfreiheit verletzt wird, dann widerlegt dieser Sachverhalt nicht die Unverletzlichkeit des besagten Grundrechtes, sondern streicht gerade seine sittliche Berechtigung hervor.
Während man also den Widerspruch zwischen Unverletzlichkeit und Verletzbarkeit der Menschenrechte auf diesem sprachanalytischen Wege auflösen kann, wird es schon schwieriger, das logische Subjekt des zitierten Grundgesetzartikels zu bestimmen. Denn daß „das deutsche Volk" auch de facto zu jenem Bekenntnis findet, zu dem es hier aufgefordert wird, ist keineswegs a priori sichergestellt. Allenfalls läßt dieser Satz bis hierhin die Deutungsmöglichkeit zu, daß derjenige, der in dieses Bekenntnis nicht einstimmt, deshalb auch nicht zur Rechtsgemeinschaft des deutschen Volkes gehört. Dann hätte dieses Bekenntnis konventionalistische Züge und würde die Anerkennung durch einen jeden verlangen, der sich als Glied des deutschen Volkes weiß. Die Schwierigkeiten steigern sich noch einmal, wenn man auf das Prädikat der besagten Aussage blickt. Denn das deutsche Volk „beschließt" nicht etwa die genannten Menschenrechte, sondern „bekennt" sich „zu" diesen Rechten. In der Logik dieses Satzes kommen die Menschenrechte dann nicht etwa durch den demokratischen Konsens des deutschen Volkes zustande und gelten darum als mehr denn nur als Konventionen. Denn wären die Menschenrechte im genannten Sinne *beschlossen* worden, dann hätten sie nur so lange Geltung, wie ein - prinzipiell vorläufiger und wandelbarer - demokratischer Konsens sie trägt. Sie hätten in diesem Sinne eine nur höchst bedingte Geltung. Indem jedoch das deutsche Volk sich zu den Menschenrechten *bekennt*, wird ihnen eine eigene Wirklichkeit und eine eigene Geltung zuerkannt, die durch den Wandel demokratischer Mehrheitsverhält-

nisse gerade nicht tangiert wird. Das Grundgesetz formuliert in diesem Sinne einen Konsens darüber, daß die Menschenrechte mehr und anderes sind als das nachträgliche Produkt einer demokratischen Konsensbildung. An dieser Stelle gewinnt nun die Berufung auf die „Verantwortung vor Gott" die logische Funktion, die Geltung der Menschenrechte in einem „Unbedingten" zu verankern, das vom Wandel demokratischer Mehrheitsverhältnisse nicht tangiert wird. Sie ist in dieser Hinsicht - nicht nur nach Auffassung des SPD-Abgeordneten Jochen Vogel - „Ausdruck der Selbstbegrenzung des politischen Systems" und der „Anerkennung von Sachverhalten, über die die Politik nicht verfügen könne".[48] Insofern stellt auch Küng sehr zu Recht fest: „Eine Demokratie ohne vorrechtlichen Konsens gerät in Legitimationsnot" (PWE 61). Damit ist freilich das Problem der Konsensabhängigkeit von Menschenrechten nicht gelöst, sondern nur von der rechtlichen auf die vorrechtliche Ebene verlagert.

Denn auch die unbedingte Instanz „Gott" kann nur so lange für die Begründung von unverletzlichen Menschenrechten in Anspruch genommen werden, wie der Glaube an diesen Gott von einem gesellschaftlichen Konsens getragen wird. Die Existenz eines Gottes, der sittlichen Prinzipien ihre unbedingte Geltung zuteil werden läßt, ist nämlich weder empirisch noch auf der Ebene autonomer Vernunft leichter nachzuweisen als die Geltung sittlicher Verpflichtung. Auf beiden Ebenen ist die Existenz Gottes zunächst einmal genauso strittig wie eine etwaige bewußtseinsunabhängige Realität der Menschenrechte, und in einer ganz bestimmten Hinsicht spricht sogar einiges da-

---

[48] Zitiert nach *R. Schieder*, Über Zivilreligion, politische Religionskompetenz und die Zivilisierung der Religion, in: H.J. Höhn (Hrsg.), Krise der Immanenz. Religion an den Grenzen der Moderne. Frankfurt/M. 1996, 72-90, 77. Vgl. in diesem Zusammenhang auch das spätestens über den Kruzifix-Streit bekannt gewordene Zitat von *E.W. Böckenforde*: „Der freiheitliche, säkularisierte Staat lebt von Voraussetzungen, die er selbst nicht garantieren kann" (*ders.*, Die Entstehung des Staates als Vorgang der Säkularisation, in: H.H. Schrey [Hrsg.], Säkularisierung, Darmstadt 1981, 67-89, 87). Vgl. auch *H J. Höhn*, Einleitung, in: ders (Hrsg.), Krise der Immanenz, 7-28. Hier liegen auch die eigentlichen Probleme, die das „Kruzifix-Urteil" von 1995 aufgeworfen hat (vgl. dazu *A. Hollerbach u.a.*, Das Kreuz im Widerspruch. Der Kruzifix-Beschluß des Bundesverfassungsgerichts in der Kontroverse, Freiburg-Basel-Wien 1996).
Angesichts des im sogenannten „Schleier-Streit" aufgebrochenen Konfliktes von Laizismus und Islam erkennt *D. Hervieu-Léger* auch in Frankreich ein wachsendes Bewußtsein dafür, daß die Toleranzforderung keineswegs religiös so neutral ist, wie wir oft meinen, sondern ihrerseits religiöse Wurzeln hat, die sie sich gerade heute wieder zu vergegenwärtigen muß (vgl. *ders.*, Die Vergangenheit in der Gegenwart: Die Neudefinition des „laizistischen Paktes" im multikulturellen Frankreich, in: P. Berger [Hrsg.], Die Grenzen der Gemeinschaft. Konflikt und Vermittlung in pluralistischen Gesellschaften, Gütersloh 1997, 85-153.
Zum jüdisch-christlichen Monotheismus als wirkungsgeschichtlicher Rahmenbedingung eines europäischen Multikulturalismus vgl. auch *E. Nordhofen*, Die Farbe Bunt. Europa wünschen wir uns vielfältig und tolerant. Seine christliche Tradition macht es möglich. Denn hier unten ist nichts so wichtig und nichts so großartig wie Gott, in: Die Zeit 29/1997; *R. Schaeffler*, Ent-Europäisierung des Christentums, in: Theologie und Glaube 86 (1996), 121-131.

für, daß das Bekenntnis zu unverletzlichen Menschenrechten stärker im menschlichen Bewußtsein verankert sein kann als das Bekenntnis zu Gott. Anders konnten wir uns jedenfalls nicht erklären, daß es einen Atheismus gibt, der sich gerade im Namen des Menschen und seiner verletzten Ehre gegen Gott wendet und die Frage „Warum leide ich?" zu seinem Fels erklärt hat.[49] Hätte nämlich das sittliche Gebot, keinen Menschen ohne Grund zu quälen, seine unbedingte Geltung allein durch Gott empfangen, dann müßte jede Erschütterung des Gottesglaubens sogleich auf das sittliche Bewußtsein durchschlagen. Und wir haben bereits angemerkt: Es stellt zumindest vor Schwierigkeiten anzunehmen, daß ein sowohl gütiger als auch allmächtiger Gott vom Menschen erwarten soll, jenem Unrecht und Leid Einhalt zu gebieten, dem er selbst offenbar tatenlos wenn nicht gar ungerührt zuschaut.

So bleibt festzuhalten: Weil für Küng die Erfahrung sittlicher Verpflichtung sozusagen in der Luft hängt, gewinnt der Gottesglaube für ihn die Funktion, „zu begründen, was rein empirisch kaum zu begründen ist" (PWE 93). Weil aber der Gottesglaube empirisch genauso in der Luft hängt, benötigt Küng eine weitere Begründungsinstanz, die die besagte Stellvertreterfunktion für den empirisch nicht einlösbaren Geltungsanspruch sittlicher Maximen einnimmt. Diese Stellvertreterfunktion übernimmt nun der Konsens aller Gläubigen, ganz gleich welcher Religion sie nun im einzelnen angehören. Damit hat sich freilich sein Begründungsgang im Kreise bewegt, denn er ist auf diese Weg wieder bei demjenigen ethischen Konventionalismus angelangt, den er durch eine religiöse Begründung sittlicher Verpflichtung hat vermeiden wollen, und man ist geneigt, auf seinen eigenen Argumentationsverlauf die gleiche Formulierung anzuwenden, mit der er eine diskursethische Begründung sittlicher Normen, wie sie Habermas und Apel vorlegen, zurückweist: „Wer auf ein transzendentes Prinzip verzichten will, muß einen weiten Weg horizontaler Kommunikation gehen, um am Ende möglicherweise festzustellen, er sei nur im Kreis herum gegangen" (PWE 65). Denn auf dem skizzierten Wege ist Küng selbst wieder auf der horizontalen Ebene bei einem Konsens angelangt, in dem die einstweilen freischwebenden religiösen Wahrheitsansprüche gleichsam geerdet werden müssen, wenn sie nicht Gegenstand eines willkürlichen und fundamentalistischen Behauptungswissens werden sollen.

Der einzige Unterschied jenes Konventionalismus, bei dem Küng auf diesem Wege wieder ankommt, zu demjenigen, den er vermeiden will und in dem seine Überlegungen ihren Ausgang nehmen, ist dessen globale Univer-

---

[49] Vgl. die entsprechende Formulierung in *G. Büchners* Revolutionsdrama „Dantons Tod": „Warum leide ich? Das ist der Fels des Atheismus" (in: ders., Werke und Briefe, München [7]1973, 5-63, 40). Zur Kritik an einer ausschließlich religiösen Begründung vgl. noch einmal den Einwand von *G. Streminger*: „Solange das Theodizeeproblem ungelöst ist, ist es unmoralisch, Seinen Willen zu tun" (s.o. Anm. 15).

salität. Freilich wissen wir, daß auch universale Konsensbildungen einem Wandel unterliegen und insofern nicht geeignet sind, einem Gebot einen unbedingten Geltungsanspruch zu verschaffen. Insofern ist ein globaler Konsens nicht von dem Verdacht frei, selbst in einem Makroparadigma befangen zu sein, das sich nach Küngs überzeugend entwickelter Auffassung zwar erheblich langsamer wandelt als ein Mikroparadigma, aber nichtsdestoweniger prinzipiell wandelbar ist (vgl. PWE 157 f) und für eine Begründung unbedingter sittlicher Verpflichtung wenig geeignet erscheint.

4. Konsens als Wurzel von Dissens - wider ein kurzschlüssiges Mißverständnis

Im zweiten Kapitel unserer Studie haben wir uns in einem ersten Schritt einer Beantwortung jener ersten Frage angenähert, die wir im ersten Kapitel entwickelt hatten. Sie lautete: Warum fällt es Menschen so schwer, sich im Umgang miteinander weniger über das Trennende als vielmehr über das sie faktisch Verbindende zu definieren? Als vorläufiges Ergebnis konnten wir feststellen, daß „Konsens" und „Dissens" zwar in logischer Hinsicht Gegensätze darstellen, in genetischer und in erkenntnistheoretischer Hinsicht jedoch ersterer die Voraussetzung von letzterem bedeuten kann. Denn mit dem schlechthin Fremden kann kein Streit entstehen, weil ein Dissens stets eine - und sei es noch so rudimentäre - Gemeinsamkeit in der Gegenstandsorientierung voraussetzt, die *dann erst* den Streit über die richtige Auslegung möglich macht. Von daher mußten wir eine weitere leitende Annahme in Frage stellen, mit der Küng das Projekt Weltethos verfolgt und die da lautet, die faktisch bestehenden Gemeinsamkeiten zwischen den Religionen müßten in einem Prozeß interreligiöser Aufklärung bewußt gemacht werden, um einander fortan nicht mehr im Bewußtsein des Trennenden, sondern im Bewußtsein des Gemeinsamen zu begegnen. Demgegenüber lautete unser Einwand: Es gibt Formen von Dissens, in dem die gemeinsame Gegenstandsorientierung nur zu bekannt ist und die auch nur deshalb möglich werden, weil diese Gemeinsamkeit bekannt ist.

Genau dieses Problem begegnet nun in der Wahrnehmung jener „Maximen elementarer Menschlichkeit", angesichts derer Küng auf jene Konvergenz aufmerksam macht, die unter den großen religiösen Traditionen der Welt im Bereich des Ethos jetzt schon gegeben ist. Diese Konvergenz besteht darin, daß in diesen Traditionen „fünf große Gebote der Menschlichkeit" nachweisbar sind, die da lauten: „(1) nicht töten; (2) nicht lügen; (3) nicht stehlen; (4) nicht Unzucht treiben; (5) die Eltern achten und die Kinder lieben" (PWE 82). Die Grundstruktur der in diesen fünf Maximen geforderten Sittlichkeit sieht Küng nochmals zusammengefaßt in der „goldenen Regel", die er nicht nur in Judentum und Christentum, sondern schon bei Konfuzius bezeugt findet (vgl. PWE 84), so daß er in Kants kategorischem Imperativ nur die „Modernisierung, Rationalisierung und Säkularisierung" (ebd.) eines sittlichen Prinzips erkennt, das längst schon von den verschiedenen religiösen Traditionen dieser Welt hervorgebracht worden war, bevor es zum Prinzip der Selbstgesetzgebung autonomer Vernunft werden konnte.

4.1. Anfragen an die „Maximen elementarer Menschlichkeit"

4.1.1. Das Diebstahlsverbot und seine Konkretisierungsvielfalt

Angesichts eines solchen Fundus an sittlicher Gemeinsamkeit stellt Küng nun fest: „Diese Gebote mögen für viele allgemein klingen. Aber wieviel müßte sich ändern und sollte sich auch ändern, wenn etwa nur das Gebot ‚Du sollst nicht stehlen' wieder mehr ins allgemeine Bewußtsein träte und angewandt würde auf das (leider immer mehr auch in früher diesbezüglich intakten Staaten grassierende) Übel der Korruption?" (PWE 82). Diese Kommentierung erweckt freilich wieder jenen Eindruck, den wir soeben noch kritisch untersucht haben: Küng scheint nämlich vorauszusetzen, daß die Nichtbeachtung eines Gebotes davon zeugt, daß seine Geltung den Menschen zu wenig eingeschärft worden sei. Die weltweite Erfahrung von Diebstahl und Korruption dokumentiert dann, daß das Diebstahlsverbot weithin vergessen oder verdrängt worden sei und nun als das sittliche Gemeingut verschiedener religiöser Orientierungssysteme wieder eingeschärft werden müsse. Die Erfahrung lehrt allerdings allzu oft eine ganz andere Sicht des Problems. Denn Korruption und Diebstahl geschehen in der Regel nicht in Unkenntnis des entsprechenden Verbots. Das zeigt sich schon in der schlichten Tatsache, daß der Dieb seine Tat zu verbergen und seine Spuren zu vertuschen sucht. Und daß gerade die weltweiten Formen der Wirtschaftskriminalität und der Korruption sich nicht als solche zu erkennen geben, sondern nach außen hin den Schein der Legalität zu wahren versuchen, zeigt zunächst einmal, daß gerade die universale Geltung des Diebstahlsverbotes durchaus als bekannt gelten darf.

Handelt es sich bei dem vertuschten Diebstahl und der versteckten Korruption noch um Beispiele einer *impliziten* Anerkennung des Diebstahlsverbotes, so gibt es darüber hinaus oftmals jene Form des Diebstahls, die sogar *explizit* die grundsätzliche Berechtigung des entsprechenden Verbots anerkennt, um dann jedoch für die gerade anstehende Situation einen Ausnahmezustand zu behaupten, der von der Geltung des besagten Verbots nicht erfaßt sei. So stellte noch im Herbst 1996 der niederländische Bischof Muskens fest, Gott habe „nichts dagegen, wenn einer, der so arm ist, daß er weder sich selbst noch seine Kinder ernähren kann, beim Bäcker ein Brot stiehlt".[50] Er mußte dann aber bald feststellen, daß im Gegensatz zu Gott die auf diese Weise angesprochenen Bäcker durchaus etwas dagegen hatten, daß man sie sollte bestehlen dürfen. Dieses Beispiel gibt im Blick auf unsere Thematik

[50] Zit. nach: *E. Wehrmann*, „Friede den Hütten!" Wie der Bischof von Breda eine Diskussion über die Armut in den Niederlanden erzwingt, in: Die Zeit 44/96, 12.

nicht nur deshalb zu denken, weil hier die Beanspruchung eines solchen Ausnahmezustandes bei gleichzeitiger Anerkennung einer Regel vorliegt, sondern weil diese Ausnahmesituation ausgerechnet unter Berufung auf Gott erfolgt. Man kann in der Tat mit guten Gründen dafür plädieren, daß eine solche aus purer Not geborene Aneignung fremden Eigentums nicht als jener Diebstahl gelten darf, den das entsprechende Verbot verhindern will. Doch zeigt bereits dieses Beispiel ein Problem an, auf dessen grundsätzliche Bedeutung wir im Folgenden noch gesondert werden eingehen müssen. Denn die Bemühungen um eine situationsadäquate Auslegungsvielfalt des Diebstahlsverbotes werden nicht etwa ermöglicht, sondern vielmehr stillgestellt, wenn Gott für eine ganz bestimmte Konkretisierung dieses Verbots in Anspruch genommen wird. Würde nämlich in dem angesprochenen Beispiel die Bäckerinnung für ihre eigene Auslegung des Diebstahlsverbots ebenfalls Gott in Anspruch nehmen, dann stünde unversehens der Gott der Armen gegen den Gott der Bäckerinnung, und wir hätten plötzlich einen „religiösen" Konflikt mehr in einer Welt, in der die Berufung auf Gott schon in reichlichem Maße die ideologische Verschleierung und Sanktionierung partikularer Interessen besorgt.

Da wir auf die politisch-soziale Funktion solcher Formen der Berufung auf Gott im weiteren Verlauf unserer Überlegungen noch eigens eingehen werden, bleibt an dieser Stelle einstweilen nur festzuhalten: Die Annahme, es bedürfte quer durch die Religionen und Kulturen einer universalen Koalition aller Menschen guten Willens, um ein angeblich vergessenes Diebstahlsverbot als gemeinsames ethisches Gut der Menschheit wieder bewußtzumachen, verdrängt ein Problem, das erst beginnt, wenn die besagte Koalition hergestellt ist: nämlich die Frage nach der angemessenen Konkretisierung dieses Verbots. Denn die mögliche Konkretisierungsvielfalt reicht von der augenzwinkernden Billigung des „Mundraubs" bis hin zur grundsätzlichen Auffassung, Eigentum sei überhaupt Diebstahl.

In diesem Zusammenhang hat es der Diskussion um das Projekt Weltethos überhaupt nicht gutgetan, daß W. Huber es eines „katholischen Einheitsdenkens" verdächtigt hat, das da im modischen Gewand der Weltökumene daherkomme. Dieser Einwand hat dann K.J. Kuschel dazu veranlaßt, gerade die Abstraktheit und mögliche Konkretisierungsvielfalt der besagten Maximen als ihren Vorzug herauszustellen, da doch auf diese Weise jeder Kultur die Möglichkeit gegeben sei, diese elementaren Maximen der Menschlichkeit auf ihre je spezifische Weise zu konkretisieren.[51] Vor dem hier entwickelten Problemhintergrund muß jedoch die Gefahr gerade in der besagten Konkretisierungsfähigkeit gesehen werden. Denn ganz offensichtlich vertreten Küng und Kuschel in diesem Punkt eine Auffassung, die auch Samuel P. Huntington

---

[51] Zu dieser Kontroverse vgl. oben Anm. 18.

mit seiner These von einem drohenden „clash of civilizations“[52] zunächst vorausgesetzt hat, in der er aber sehr zu Recht auf Widerspruch - unter anderem durch den bereits zitierten P. Kondylis – gestoßen ist.[53] Sie besteht in der Annahme, daß die verschiedenen Kulturen - jedenfalls hinsichtlich der sie prägenden moralischen und religiösen Bewußtseinsdispositionen - weitgehend geschlossene Systeme und in diesem Sinne „Kulturkreise“[54] sind, so daß die Konflikte zwischen den verschiedenen Kulturkreisen in der Gestalt von „Bruchlinienkonflikten“[55] gerade an ihren Schnittpunkten entstehen. Unter dieser Voraussetzung könnte dann in der Tat ein Dissens über die Auslegung einer sittlichen Maxime nur zwischen den Vertretern verschiedener Kulturkreise auftauchen. Die Religionen hätten also ihren Beitrag zum Weltfrieden geleistet, wenn sie sich damit begnügten, innerhalb ihres jeweiligen Kulturkreises einen Konsens über die gebotene Konkretisierung herzustellen, anderen Kulturkreisen aber das Recht auf ganz andere Konkretisierungsformen einräumten und in dieser Hinsicht die Andersartigkeiten jener „Applikationsgestalten“ tolerierten, mit denen andere Traditionen sich auf die gleichen sittliche Maximen beziehen.

Doch muß diese Voraussetzung auf zweierlei Weise in Frage gestellt werden:

1. Bereits das Diebstahlsverbot hat gezeigt, daß der Dissens über die situationsadäquate Auslegung eines ansonsten unstrittigen Gebotes in ein- und dieselbe Kultur fallen kann. In diesem Sinne sind Kulturen gerade nicht homogene Gebilde, die Menschen gleichen Sinnes gewissermaßen unter einem sie einenden und bergenden Dach zusammenfaßt. Der Dissens über die fällige Konkretisierung eines solchen Gebotes kann sich vielmehr aus unterschiedlichen erkenntnisleitenden Dispositionen ergeben, denen das jeweilige Bewußtsein unabhängig von seiner Kulturzugehörigkeit unterworfen ist und die sich im Einzelfall sogar quer durch die Kulturen ziehen können. Und in dieser Hinsicht ist darauf aufmerksam gemacht worden, daß z.B. ein türkischer Unternehmer trotz seiner anderen kulturellen Herkunft seinem deutschen Kollegen erheblich näher steht als einem türkischen Hilfsarbeiter.[56] Dabei er-

---

[52] Vgl. *S.P. Huntington*, The Clash of Civilizations?, in: Foreign Affairs 72 (1993), Nr. 3, 22-49; Huntington hat seine These dann weiterentwickelt und differenziert in: *ders.*, Kampf der Kulturen. Die Neugestaltung der Weltpolitik im 21. Jahrhundert, München-Wien 1996.

[53] Vgl. *P. Kondylis*, Globale Mobilmachung. Konflikt der Kulturen oder Konflikte ohne Kultur?, in: FAZ vom 13.7.96, 27.

[54] Vgl. Kampf der Kulturen, 53 ff.

[55] Vgl. ebd., 410 ff und 434 ff.

[56] Zu diesem Problem vgl. *W. Welsch*, Transkulturalität. Zur veränderten Verfassung heutiger Kulturen, in: Das Magazin. Wissenschaftszentrum Nordrhein-Westfalen 5 (1994), Heft 3. Vgl. auch die entsprechende Anfrage von *H. von Hentig* in: ders., Polis und Kosmopolis, 289: „Viele schwere Konflikte aber entstehen innerhalb der ‚Kulturen‘, ja, inner-

kennt Küng in anderen Zusammenhängen wiederum durchaus diejenigen Voraussetzungen an, auf die Kondylis seine Argumentation gegen die Huntington-These aufbaut. Denn in seiner religionsgeschichtlichen Paradigmenanalyse stellt Küng immer wieder fest, daß die Geschichte der einzelnen Religionen von der Abfolge verschiedener bewußtseinsbildender Paradigmen geprägt ist und daß im Rahmen der sogenannten „Paradigmenwechsel" lange Zeit verschiedene Paradigmen innerhalb einer Religion miteinander koexistieren können (vgl. PWE 157 f). Damit ist zugleich der zweite Einwand vorbereitet.

2. Der sittliche „Orientierungsdschungel", den Küng mit Recht innergesellschaftlich beklagt, kommt doch dadurch zustande, daß im „Zusammenprall" bzw. in der wechselseitigen Durchdringung der Kulturen diese ihre prägende Kraft und ihre Verbindlichkeit verlieren. Der in dieser Hinsicht vom Projekt Weltethos angesprochene Mensch ist gerade nicht derjenige, der fest in eine ihn prägende Tradition eingeborgen ist und nur noch lernen muß, daß die Fremden so fremd nicht sind, da es doch über alle Fremdheit hinweg grundlegende sittliche Gemeinsamkeiten gebe. Er ist vielmehr derjenige, dem nicht nur der Fremde fremd ist, sondern dem auch die Wurzeln der eigenen Tradition fremd geworden sind, so daß er sich zwischen verschiedenen Kulturen und ihren Lebensformen hin- und hergerissen fühlt. Diese Art von „Bruchlinienkonflikten" findet freilich nicht nur zwischen Menschen verschiedener Kulturkreise, sondern allzu oft im Bewußtsein des einzelnen selbst statt. Ein solcher Konflikt tritt immer dann ein, wenn der einzelne in der Begegnung mit anderen Lebensformen entdeckt, daß das ehedem für selbstverständlich Gehaltene so selbstverständlich gar nicht ist und die *unbedingten* Geltungsansprüche der eigenen Tradition, innerhalb derer man zunächst herangewachsen ist, in objektiver Hinsicht als höchst *bedingt* gelten müssen. Diese Problematik findet ihre vielleicht deutlichste Ausprägung in der möglichen Konkretisierungsvielfalt des Unzuchtsverbots, auf das wir noch gesondert eingehen werden.

An dieser Stelle bleibt darum einstweilen ein weiteres Mal festzuhalten, was bereits unsere Auseinandersetzung mit der geforderten Relativierung des Wahrheitsanspruchs und zuletzt die Konkretisierungsvielfalt des Diebstahlsverbots gezeigt haben: daß nämlich im Konsens über die Geltung eines Verbots ein um so konfliktträchtigerer Dissens verborgen sein kann.

---

halb der einzelnen Nationen und Religionen - zwischen Basken und Spaniern, Türken und Kurden, irischen Katholiken und irischen Protestanten, Punks und Skinheads, Homos und Heteros."

4.1.2. Die Wiederkehr des gleichen Problems im Verbot von Tötung und Lüge

Noch deutlicher werden die Probleme, die ein auf der Theorieebene erzielter Verbalkonsens in concreto aufwirft, in der Auslegung des Tötungsverbots. Denn auch diese Auslegungsprobleme treten nicht erst dort auf, wo Menschen aus diversen religiös geprägten Kulturen für sich das Tötungsverbot anders auslegen und z.B. buddhistische Mönche so weit gehen, Trinkwasser zu filtern, um keine Mikroben zu verschlucken. Sie begegnen bereits innerhalb der biblischen Tradition, wo das Tötungsverbot im Rahmen des Dekalogs ja nicht der Vernichtung von Leben überhaupt gilt, sondern dem Mord. Mit der Frage, unter welchen Voraussetzungen die Vernichtung von Leben zum Mord wird, ist freilich ein ganz breites Spektrum von möglichen Konkretisierungen und Auslegungen eröffnet, das gerade als solches erst jenen Frieden gefährdet, den das Tötungsverbot doch sichern will. Dies zeigt sich im Rahmen der innergesellschaftlichen Orientierungskrise, die uns umgibt, wenn einerseits Historiker über die Analogielosigkeit des Massenmords in den nationalsozialistischen Konzentrationslagern streiten, andererseits aber militante Vegetarier keine Probleme damit haben, bereits in der Massentierhaltung die genannte Analogie zum Holocaust zu erkennen, „Legebatterien" dann als „Konzentrationslager" bezeichnen und die Wände der von ihnen demolierten Metzgerläden - womöglich im Namen der zu bewahrenden „Schöpfung"[57] - mit „Mörder" besprühen. Es zeigt sich weiterhin darin, daß die Geschichte der menschlichen Kriege aus der Sicht der sie jeweils führenden Parteien stets als defensive Maßnahmen galten, die als Notwehrreaktionen nicht vom Tötungsverbot erfaßt waren.[58] Selbst die deutsche Aggressi-

[57] Es lohnte sich, einmal ausführlicher zu untersuchen, auf welche Weise solche Beschwörung der bedrohten „Schöpfung" oftmals bei denjenigen begegnet, die den religiösen Schöpfungsglauben gerade nicht teilen, den Schöpfungsbegriff aber brauchen, um ihren ethischen Appellen die Aura des Unbedingten zu verleihen (vgl. dazu *R. Schieder*, Über Zivilreligion, politische Religionskompetenz und die Zivilisierung der Religion, in: H.J. Höhn [Hrsg.], Krise der Immanenz, 72-90, 79 ff). Dieser Rückgriff auf den Schöpfungsgedanken muß sich gerade in seiner scheinbar so unverdächtigen Neutralität gegenüber denjenigen Religionen, die einen expliziten Schöpfungsglauben kennen, fragen lassen, inwieweit es sich bei ihm nicht um ein ideologisches Mittel zur gesellschaftlichen Machtsteigerung von „Ökodiktatoren" handelt (vgl. zu dieser grundsätzlichen Problematik: *K.H. Bohrer / K. Scheel* [Hrsg.], Moral und Macht, Merkur 50 [1996], Heft 9/10; zum Begriff der „Ökodiktatur" vgl. *O. Höffe*, Individuum und Gemeinsinn - Thesen zu einer Sozialethik des 21. Jahrhunderts, in: E. Teufel [Hrsg.], Was hält die moderne Gesellschaft zusammen? Frankfurt 1996, 15-37, 32).

[58] Charmant karikiert wird diese Erklärungslogik in Brechts „Mutter Courage", wo die gleichnamige Figur den Eroberungswillen des schwedischen Königs wie folgt beschreibt: „[...] und dann hat er die Deutschen noch einsperren und vierteilen lassen müssen, weil sie an ihrer Knechtschaft gegenüber dem Kaiser festgehalten haben. Freilich, wenn einer nicht hat frei werden wolln, hat der König keinen Spaß gekannt. Zuerst hat er nur Polen

on, mit der der Zweite Weltkrieg begann, wurde der deutschen Öffentlichkeit mit der Rundfunkmeldung bekanntgegeben, seit 5^{45} Uhr werde „zurückgeschossen“. Und unter unkritischer Berücksichtigung des sozialdarwinistischen und rassenideologischen Hintergrundes ließe sich der Zweite Weltkrieg in der Tat als defensive Maßnahme lesen, mit der eine menschliche „Rasse“ - einem empirisch nachweisbaren Naturgesetz gehorchend - sich den Lebensraum zu erwerben anschickt, den sie um des Überlebens willen braucht.

Genauso stellt auch das Verbot der Lüge vor die Frage, wann eine Falschaussage zur verbotenen Lüge wird. Im subjektiven Bewußtsein wird in der Regel die jeweilige Lüge als „Notlüge“ empfunden, zu denen die Verfolgung eines anderen Gutes nötigt, das gerade als höherwertiger empfunden wird. Auch hier taucht also wieder das Problem auf, das die grundsätzliche Achtung eines Ge- oder Verbots überhaupt nichts bedeutet, wenn die jeweils anstehende Situation als Ausnahme empfunden wird, die dann von der Befolgung des besagten Gebotes entbindet.

4.1.3. Zur Konkretisierungsvielfalt der wechselseitigen Verantwortung von Eltern und Kindern füreinander

Auf die Konkretisierungsprobleme, die das Gebot aufwirft, die Eltern - und umgekehrt auch die eigenen Kinder - zu achten, hat insbesondere W. Huber aufmerksam gemacht.[59] Ehre ich Vater und Mutter, wenn ich ihnen im Alter einen Platz im Alten- oder Pflegeheim sichere und sie dort regelmäßig besuche? Oder bestünde die Achtung vor den eigenen Eltern darin, ihnen die Begegnung mit solchen Einrichtungen möglichst zu ersparen? Umgekehrt gab es Eskimostämme, die das Gebot, die Eltern zu ehren, in der Weise konkretisierten, daß sie altgewordene Eltern töteten, um ihnen unnötiges Leid zu ersparen.[60] Ehren weiterhin Kinder ihre Eltern, wenn sie sich zu den Traditio-

---

schützen wolln vor böse Menschen, besonders dem Kaiser, aber dann ist mitn Essen der Appetit gekommen, und er hat ganz Deutschland geschützt. Es hat sich nicht schlecht widersetzt. So hat der gute König nix wie Ärger gehabt von seiner Güte und Auslagen, und die hat er natürlich durch Steuern reinbringen lassen müssen, was böses Blut erzeugt hat, aber er hat sichs nicht verdrießen lassen“ (*B. Brecht*, Mutter Courage und ihre Kinder, Frankfurt/M. [8]1967 [= edition suhrkamp 49], 35 f). Nachdem auf diese Weise die Inanspruchnahme eines sittlichen Prinzips als ideologischer Überbau puren Eroberungswillens demaskiert worden ist, zeigt die Fortsetzung des Zitats noch einmal die spezifische Rolle auf, die Brecht dabei der Religion zuweist: „Er hat eins für sich gehabt, da war Gottes Wort, das war noch gut. Denn sonst hätts noch geheißen, er tuts für sich und weil er Gewinst haben will. So hat er immer ein gutes Gewissen gehabt, das war ihm die Hauptsach“ (ebd., 36).

[59] Vgl. *W. Huber*, Ohne Konflikte kein Heil, 20.

[60] Vgl. den entsprechenden Hinweis in: *E. Schockenhoff*, Brauchen wir ein neues Weltethos? Universale Ethik in einer geschichtlichen Welt, in: Stimmen der Zeit 70 (1991), 224-244, 233.

nen bekennen, in die sie hineingeboren sind, und darum zum Beispiel der Verpflichtung nachgeben, den Familienbetrieb weiterzuführen, oder realisiert sich die elterliche Liebe umgekehrt darin, sie mit solchen Erwartungen gar nicht erst zu konfrontieren? Wo liegt die Grenze zwischen legitimer Verantwortung und Nötigung, wo die zwischen persönlichkeitsfördernder Versorgung und persönlichkeitsverstümmelnder Überversorgung?

Freilich läßt sich angesichts dieses Gebotes noch am ehesten einwenden, was K.J. Kuschel gegenüber W. Huber auch eingewandt hat: daß es nämlich jeder Tradition anheimgestellt sei, dieses Gebot auf ihre jeweils spezifische Weise zu realisieren.[61] Denn dieses Gebot drängt zunächst auf Realisierung im Familienverband und insofern nicht in den Reibungszonen verschiedener Traditionen. Anders verhält es sich freilich, wenn es z.B. zu Eheschließungen zwischen Menschen aus verschiedenen Kulturen kommt. Wenn etwa die Frau einer Tradition entstammt, die ein erklärtes Recht auf Selbstbestimmung der individuellen Persönlichkeit kennt, der Mann aber ganz in die Tradition des Familienverbandes eingebunden ist, dann heiratet die Frau eben nicht nur den betreffenden Mann, sondern damit zugleich die ganze Familie einschließlich der sie definierenden Rollenzuweisungen. Angesichts der hier auftretenden Probleme hilft das Gebot, das Eltern und Kinder einander wechselseitig zu achten haben, überhaupt nicht weiter. Seine zwischen den verschiedenen Traditionen unstrittige *verbale* Geltung suggeriert lediglich einen Konsens, unter dessen äußerlicher Fassade der Dissens um die fällige Konkretisierung des Gebots geradezu tragische Ausmaße annehmen kann. Gerade hier brechen die von Huntington so genannten „Bruchlinienkonflikte“ in ein- und derselben Lebensgemeinschaft auf, so daß gerade die Konkretisierungsbedürftigkeit eines in verbaler Hinsicht unstrittigen Gebotes den eigentlichen Konfliktpunkt markiert.

4.1.4. Zur kulturimmanenten Auslegungsbreite des Unzuchtsverbots

Gerade wenn man mit dem Begriff des „Ethos“ im Unterschied zu „Sittlichkeit“ und „Ethik“ sittliche Maximen gerade insoweit anspricht, wie sie von einem gesellschaftlichen Konsens getragen sind, kann man bereits innergesellschaftlich die gesamte Konkretisierungsbreite eines sittlichen Prinzips kaum irgendwo so deutlich studieren wie anhand des Unzuchtsverbots. So hat sich die Jugend derer, die heute älter als 40 Jahre sind, noch zu einer Zeit abgespielt, als der Kuppeleiparagraph galt, der zur Vermeidung von Unzucht schon unter Strafe stellte, wenn ein Hotelbesitzer einem Mann und einer Frau, die nicht miteinander verheiratet waren, ein gemeinsames Zimmer vermietete. Vollzieht man von den frühen 60-er Jahren dieses Jahrhunderts einen

[61] Vgl. die in Anm. 18 bereits erwähnte Replik von *K.J. Kuschel*: Die große Chance der Religionen.

rückwärtigen Zeitsprung in das beginnende 19. Jahrhundert, dann wird man auf den Tatbestand der Unzucht schon dort treffen, wo ein Mann eine fremde Frau in der Anwesenheit ihres Begleiters allzu lange mit Blicken musterte. Um diesen Sachverhalt in einer Weise zu formulieren, der den „Paradigmenwechsel“ in der jüngeren Geschichte der Sexualethik in aller Deutlichkeit kennzeichnet: Ein Blick, den ich als Mann auf eine Frau warf, war hier nicht nur im physikalischen Sinne ein auf die Netzhaut des Auges treffender Lichtreflex, sondern ein Akt personaler Intimität. Weil er im vorliegenden Fall in den Raum fremder Intimität eindrang, verletzte er nicht nur die Ehre der Frau, sondern auch die ihres Begleiters und räumte diesem unter Umständen sogar das Recht ein, das Subjekt unzüchtiger Blicke zum Duell zu fordern. Unternimmt man nun wieder einen noch größeren Zeitsprung in die andere Richtung, so trifft man in den langsam zu Ende gehenden 90-er Jahren wiederum auf eine ganz andere Einschätzung dessen, was einmal „Unzucht“ hieß. Denn schon seit dem Vierten Gesetz zur Reform des Strafrechts von 1973 spricht das Strafgesetzbuch nicht mehr von „Unzucht“, sondern von „Straftaten gegen die sexuelle Selbstbestimmung“. Damit trägt es der Tatsache Rechnung, daß etwa in dem angesprochenen Beispiel die solcherart „Verkuppelten“ sich keineswegs als Opfer einer an ihnen verübten Straftat fühlten, sondern als Subjekte von Handlungen, die sie ihrerseits keinem Dritten gegenüber zu verantworten hatten.

Standen also Begriffe wie Schuld und Sünde einst für bestimmte Formen dessen, was mittlerweile als „sexuelle Selbstbestimmung“ den Schutz des Gesetzgebers genießt, so steht der Begriff der Schuld heute nun umgekehrt für jene Handlungen, die dieses Recht auf sexuelle Selbstbestimmung verletzen. Der Begriff der Sünde ist demgegenüber sogar zum Gegenstand öffentlichen Klamauks geworden: Hatte Zarah Leander einst gefragt „Kann denn Liebe Sünde sein?“ und Willi Millowitsch uns in den 60-erJahren noch augenzwinkernd darüber aufgeklärt, daß wir „alle kleine Sünderlein“ seien, so hat das Privatfernsehen der 90-er Jahre nun die gründliche Domestizierung dessen besorgt, was einst Sünde hieß, und jeden Restbestand von sexualethischem Mief gründlich exorziert. „Öffnet eure Herzen, herzt eure Öffnungen!“[62] empfiehlt Lilo Wanders, die Moderatorin des von „VOX“ ausgestrahlten Sexualmagazins „Wa(h)re Liebe“, ihrem Publikum, und das von „Pro Sieben“ gesendete Pendant namens „liebe sünde“ wird nicht zufällig von einer Produktionsgesellschaft hergestellt, die den Namen „mea culpa“ trägt.

Selbst die „Straftaten gegen die sexuelle Selbstbestimmung“ lassen sich kaum noch mit angebbaren Gehalten verbinden, weil die ethische Bewertung menschlichen Sexualverhaltens nur noch unter eine formale Bedingung gestellt ist: daß sie von einem nicht erzwungenen Konsens der Beteiligten getragen ist.

---

[62] Vgl. den „Fragebogen“ im FAZ-Magazin Nr. 807 vom 18.7.97, 34.

Indessen darf dieser Befund nicht zu der Annahme verleiten, als sei heute jegliche Schamgrenze, jenseits derer das beginnt, was früher Unzucht hieß, nun endgültig verabschiedet. Dies lehrt schon eine oberflächliche Wahrnehmung jener Möglichkeiten sexueller Selbstbestimmung, um die wir heute dank „Peep" und „liebe sünde" nun alle wissen können. So konnte man etwa in der letzten Dezemberwoche des Jahres 1996 sich auf diese Weise über das Leben in einem „Club für tolerante Paare" informieren. Wer von einer solchen Sendung dann vor allem die tabulose Präsentation erotischer Begegnungen erwartete, mußte sich in einer entscheidenden Hinsicht enttäuscht sehen: Zumindest vor den laufenden Kameras trugen alle Personen immerhin Masken. Deutlicher läßt sich kaum dokumentieren, daß die sogenannte sexuelle Befreiung in Wahrheit das Feigenblatt nicht abgeschafft, sondern ihm nur das menschliche Gesicht als neuen Ort zugewiesen hat. Und man mag hinzufügen: Die menschliche Sexualität begegnet immer mehr als eine von verschiedenen Formen menschlicher „Grundbedürfnisse", die wie andere auch sowohl Lustgewinn verschaffen als auch mit der Absonderung körpereigener Flüssigkeit verbunden sind. Der sexualethische Gedanke der „Unzucht" fiele dann auf jene „altmodischen Typen" zurück, „die sich beim Bumsen immer gleich verlieben müssen"[63] und daraus womöglich noch Treueerwartungen an den gegenwärtigen Sexualpartner ableiten, die doch dessen Recht auf sexuelle Selbstbestimmung verletzen.

Diese Beispiele mögen ausreichen, um jene gewaltigen Traditionsbrüche zu verdeutlichen, die sich nicht etwa aus einem „Zusammenprall der Kulturen" ergeben, sondern sich als Ergebnis sexualethischer „Paradigmenwechsel" darstellen, die innerhalb weniger Jahrzehnte im Rahmen von ein- und derselben Kultur begegnen. Schon hier finden wir die Auslegungsbreite des sogenannten Unzuchtsverbots in einer unversöhnlichen Vielfalt vor. Um so größer müssen die Probleme werden, wenn dann Menschen aus anderen Traditionen, die eigene Vorstellungen von menschlicher Würde und ihrer Verletzung mitbringen, sich innerhalb dieser Kultur und ihrer sexualethischen Paradigmen zu orientieren versuchen. Bereits der muslimische Vater, der sich weigert, seine Tochter an einer Klassenfahrt teilnehmen zu lassen, weil er befürchtet, daß im Schlafbereich der Jugendherberge die Trennung zwischen Mädchen und Jungen nicht streng genug überwacht werde, läßt sich nicht durch den Hinweis beruhigen, daß das Verbot der Unzucht doch kulturenübergreifende Geltung habe. Und wo - analog zu dem im letzten Kapitel angesprochenen Beispiel - ein Deutscher sich in eine Türkin verliebt, kann unter bestimmten Umständen die Differenz in den Konkretisierungsgestalten des

---

[63] So lautete schon in einem Mitte der achtziger Jahre gesendeten Tatort-Krimi diejenige Charakterisierung, die das weibliche Opfer einem jungen Mann zuteil werden ließ, der auf diese Weise zu ihrem Mörder wurde.

gemeinsamen Unzuchtsverbots zu tragischen und zerstörerischen Konsequenzen führen.

4.1.5. Der gewonnene Problemstand und seine Weiterführung in Anwendung der „goldenen Regel"

Die bis hierhin untersuchten „Maximen elementarer Menschlichkeit" haben einstweilen Folgendes ergeben:

- Die Bedrohung des menschlichen Zusammenlebens ergibt sich weniger daraus, daß der Gemeinsamkeit dieser Maximen auf Weltebene noch keine entsprechende Wahrnehmung verschafft worden wäre. Sie ergibt sich vielmehr aus der jeweiligen Konkretisierungsvielfalt der einzelnen Prinzipien. Deren konfliktträchtiges Potential tritt wiederum dort in aller Schärfe hervor, wo Traditionen den einzelnen nicht mehr bergend einschließen, sondern in ihrer Vielfalt miteinander auf ein- und demselben Raum koexistieren. Denn in den solcherart entstehenden Reibungszonen und Zwischenräumen müssen Menschen im Interesse des Friedens um die Konkretisierung von Prinzipien ringen, deren Geltung nur auf verbaler Ebene unstrittig ist.
- Eine fatale Rolle der Religion wurde dort erkennbar, wo Gott nicht nur für die formale Geltung eines Gebots, sondern auch für dessen jeweilige Konkretisierung in Anspruch genommen wird. Hier steht die Berufung auf Gott in der Gefahr, unbemerkt zur Funktion menschlicher Selbstbehauptung zu werden. Insofern droht die Berufung auf Gott sogar jenen Dissens zu verschärfen, der dort entsteht, wo Menschen sich um die angemessene Konkretisierung eines Gebotes bemühen, in dessen formaler Anerkennung sie durchaus übereinkommen Dies ist uns insbesondere dort deutlich geworden, wo die Berufung auf Gott zu gegensätzlichen Konkretisierungen des Diebstahlsverbotes zu führen drohte.

Die aufgezeigten Probleme bündeln sich noch einmal in der Konkretisierung der „goldenen Regel", die Küng zu Recht in verschiedenen Traditionen nachweist. Denn die wie auch immer im einzelnen formulierte Forderung, den anderen so zu behandeln, wie ich auch an seiner Stelle behandelt werden möchte, setzt das Bewußtsein einer alle individuellen Unterschiede umgreifenden Menschennatur voraus. Und diese allgemeine Menschennatur ist auch in praktischer Hinsicht die Voraussetzung dafür, sich überhaupt in den anderen versetzen und ein positives Bewußtsein dessen gewinnen zu können, wie ich an seiner Stelle behandelt werden wollte.

Nun ist das Bewußtsein von „Menschlichkeit" zunächst mit jenen Gehalten aufgeladen, durch die die jeweils eigene Lebensform geprägt ist. Schon sprachgeschichtlich zeigt sich, „daß in älteren Gesellschaftsformen die Gruppe, der man sich zugehörig rechnete, mit der Qualität des Menschseins versehen wurde, während den anderen eine ontologisch unterschiedliche, zumeist minderwertige Qualität zugeschrieben wurde".[64] Insofern hat etwa der Begriff, mit dem die Eskimosprache die Angehörigen ihrer Sprachgemeinschaft im Unterschied zu anderen Menschengruppen bezeichnet, die gleichzeitige Wortbedeutung von „Mensch". Darin zeugt sie von einer Entwicklungsstufe des menschlichen Bewußtseins, auf welcher der Fremde zugleich als Nicht-Mensch empfunden wurde. Gleiches gilt u.a. für die Wortbedeutung von „Ägypter", „Apache" oder „Comanche".[65] Was man auf den ersten Blick im Sinne der „political correctness" als einen atavistischen Rassismus ächten mag, zeugt jedoch in erkenntnistheoretischer Hinsicht von der nur zu verständlichen Schwierigkeit, in der offenkundigen Andersartigkeit des anderen jemanden wie mich zu entdecken. Der zu diesem Ergebnis führende Lernprozeß muß nämlich erst einmal die Fähigkeit entwickeln, Individual- und Wesensmerkmale voneinander zu unterscheiden. Denn was an meinen Eigenschaften Wesensmerkmale oder Individualmerkmale sind, kann ich weder an mir selbst noch an meinem Spiegelbild erkennen. Zu dieser Unterscheidung werde ich im Ansatz frühestens dann befähigt, wenn ich einen zweiten Menschen neben mir entdecke, um dann Gemeinsamkeiten von individuellen Besonderheiten unterscheiden zu können. Daß nun das, was uns verbindet, jedoch noch längst nicht uns als Menschen definiert, bemerke ich erst dann, wenn ich Dritte kennenlerne, denen das fehlt, was uns beiden gemeinsam ist. Was zuvor als Wesensmerkmal erlebt wurde, wird nun als unterscheidendes Kennzeichen eines partikularen Kollektivs identifizierbar. Je mehr Menschen ich nun im Laufe meines Lebens kennenlerne und über alle Verschiedenheit hinweg als solche identifiziere, um so mehr reduziert sich für mich der Bereich der den Menschen definierenden Wesensmerkmale. Kurzum: Was Anti-Rassismus-Programme mit guten Absichten bekämpfen, zeugt von der erkenntnistheoretisch nur zu verständlichen menschlichen Neigung, sein Selbstverständnis als Mensch an die Merkmale des eigenen Kollektivs zu binden.

Vor diesem Hintergrund ist es dann nicht weiter erstaunlich, wenn die Geschichte der Menschenrechte auch als ein Prozeß gelesen werden muß, der das Prädikat der Menschlichkeit ganzen Menschengruppen verweigert. In dieser Hinsicht konnte ein Thomas Jefferson in der amerikanischen Verfassung einerseits programmatisch für angeborene und unveräußerliche Freiheitsrechte eintreten, sie andererseits aber den nahezu 200 Schwarzen, die ihn als Sklaven umgaben, vorenthalten.[66] Und selbst das hohe Humani-

---

[64] *J. Rüsen*, Kollektive Identität und ethnischer Konflikt im Prozeß der Modernisierung, in: W. Heitmeyer / R. Dollase (Hrsg.), Die bedrängte Toleranz, Frankfurt/M. 1996, 142-151, 142.

[65] Vgl. die entsprechenden Hinweise bei Rüsen, ebd.

[66] Vgl. dazu *K. Hilpert*, Die Menschenrechte. Geschichte - Theologie - Aktualität, Düsseldorf 1991, 57 f. Entsprechend bezog sich die Menschenrechtsdeklaration der Französischen Revolution nicht auf Frauen, und die Verfassung von 1791 räumte weder Frauen

tätspathos von Mozarts „Zauberflöte" kennt zwar „die Rache nicht" und fordert deshalb dazu auf, durch Liebe den gefallenen Menschen „zur Pflicht" zu führen, spricht dann aber erbarmungslos denjenigen ihre Menschlichkeit ab, die dieses Menschheitspathos nicht teilen: „Wen solche Lehren nicht erfreun, verdienet nicht, ein Mensch zu sein."[67] Insofern gefährdet weniger die Unkenntnis der goldenen Regel das menschliche Zusammenleben als die mangelnde Fähigkeit, im Fremden „jemanden wie mich" zu erkennen. In seinem schon zitierten Beitrag „Kollektive Identität und ethnischer Konflikt im Prozeß der Modernisierung"[68] macht J. Rüsen in diesem Zusammenhang deutlich, auf welche Weise der *universale* Anspruch der Menschenrechte im 19. Jahrhundert den *partikularen* Nationalstaat hervorgebracht hat: Denn während die Idee der Menschenrechte ihrem Anspruch nach universal ist, begegnet sie de facto doch nur in bestimmten Traditionen und Kulturen. Insofern führt das Bekenntnis zu den Menschenrechten zur Grenzziehung gegenüber denjenigen Traditionen, die dieses Bekenntnis - jedenfalls in der gegebenen Form - nicht teilen. Das Problem verschärft sich darum noch einmal, wenn

---

noch Lohnempfängern ein Stimmrecht ein (vgl. ebd.). Zu dieser Problematik vgl. auch *O. Höffe*, Transzendentale Interessen: Zur Anthropologie der Menschenrechte, in: W. Kerber (Hrsg.), Menschenrechte und kulturelle Identität, München 1991, 15-36, 17 f.

[67] Vgl. *W. A. Mozart*, Die Zauberflöte, zit nach Stuttgart 1965 (= Reclam UB 2620), 51 f. Das Opfer eines solchen Humanitätsbewußtsein ist nicht zufällig der schwarze Monostatos, über den der weise Sarastro in besagten „heil'gen Hallen", wo angeblich „man die Rache nicht" kennt, „siebenundsiebzig Sohlenstreich" verhängt (vgl. 37).
Indem Küng für das gemeinsame ethische Erbe der Religionen eintritt, liefert ausgerechnet nun er selbst ein trauriges Beispiel dafür, wie der universale sittliche Geltungsanspruch des „Humanum" in neue - und wiederum inhumane - Partikularisierungen mündet. Während er auf der einen Seite nicht müde wird, Grundregeln der Fairneß als universales ethisches Erbe der Religionen zu betonen, tritt ihm unter anderem nämlich der Philosoph *R. Spaemann* als jemand gegenüber, den - frei nach Mozart - „solche Lehren nicht erfreun" und der darum an das Projekt Weltethos entsprechend kritische Fragen richtet. Auf seine Einwände, die er gewiß in polemischer Gestalt äußert, deren sachlicher Gehalt aber nicht bestritten werden kann, sind wir an früherer Stelle eingegangen (vgl. oben Anm. 44). Dort haben wir die Berechtigung unterstrichen, mit der er die bei Küng sich vollziehende Instrumentalisierung der Religion für die Durchsetzung sittlicher Imperative kritisiert. Im vorliegenden Zusammenhang ist nun mit Bedauern festzustellen, daß Küng auf Spaemanns Kritik mit der Attitüde des weisen Sarastro reagiert, der zwar nicht seinem Kritiker das Recht abspricht, „ein Mensch zu sein", wohl aber „an seiner philosophischen Zurechnungsfähigkeit zweifeln" muß und „über seinen Geisteszustand Schlimmes" befürchtet (vgl. *H. Küng*, Weltethos für Weltpolitik und Weltwirtschaft, 381, Anm. 44).

[68] Vgl. *Rüsen* (s.o. Anm. 64), 147: „Indem sich die Menschheitlichkeit des modernen Subjekts politisch als Nation verfaßt, setzt sie ihre Allgemeinheit partikular, unterscheidet sie sich von anderen Partikularitäten. Damit treten zwei kollektive Identitäten einander gegenüber, die sich in ihrer Partikularität universalistisch begründen" (147). Wenn aber der universale Anspruch der Menschenrechte jeweils nur partikular realisiert ist, dann sind hier schon strukturell jene Konflikte angelegt, in denen Staaten gerade im gemeinsamen Bekenntnis zu den Menschenrechten sich wechselseitig deren Verletzung vorwerfen.

man bedenkt, daß die ihrem Geltungsanspruch nach universalen *Menschen*rechte juristisch nur in Form von partikularen *Bürger*rechten eingeklagt werden können. Denn nur wenn ich in einer Gesellschaft lebe, die sich in ihrer Verfassung zu den Menschenrechten bekennt, haben diese Rechte auch eine institutionalisierte Gestalt angenommen.[69]

4.2. Der Monotheismus als Lösungsperspektive und als Gefahr

An dieser Stelle darf vorwegnehmend auf eine mögliche Funktion des Monotheismus hingewiesen werden, auch wenn hier noch nicht die Bedingungen behandelt werden können, von denen es abhängt, ob diese mögliche Funktion auch realisiert ist. Jedenfalls kann der Monotheismus unter bestimmten Umständen dazu führen, über den Glauben an die universale Schöpfungswirklichkeit Gottes auch diejenigen als Brüder und Schwestern anzuerkennen, mit denen mich empirisch nichts zu verbinden scheint. Andererseits gibt im Blick auf die Geschichte der Menschenrechte wiederum zu denken, daß der religiös neutrale Versuch, die alle Individuen verbindende gemeinsame Menschennatur in der Vernunftbegabung aller Menschen zu finden, den Begriff des Menschen in sittlicher Hinsicht wiederum partikularisiert hat. Denn wer durch sein Verhalten zum Ausdruck bringt, daß er sich von anderen Prinzipien leiten läßt als denen der Vernunft, hat damit in einer bestimmten Hinsicht gegen seine eigene Würde verstoßen. So wird von hier aus verständlich, daß die Französische Revolution im Namen der Vernunft das Zerstörungswerk der Guillotine gegen diejenigen in Gang brachte, die auf die dargestellte Weise ihre Menschenwürde selbst negiert hatten. Wer „dem Menschen" als sittlicher Idee verbale Huldigungen entgegenbringt, dem bleibt in praktischer Hinsicht unter Umständen gar nichts anderes übrig, als sich voller Abscheu von den realen Menschen abzuwenden, die diese Idee immer nur in mehr oder weniger geschändeter Gestalt zur Geltung bringen.[70]

---

[69] Vgl. *P. Kondylis*, Planetarische Politik nach dem kalten Krieg, Berlin 1992, 112 ff.

[70] Schon bei Kant wird deutlich, daß aus dem „Verdammungsurteil der moralisch richtenden Vernunft" angesichts der in Röm 3,10 formulierten Erfahrung, daß da „keiner gerecht ist, auch nicht einer" (vgl. *ders.*, Die Religion innerhalb der Grenzen der bloßen Vernunft, in: Werke 7, 645-879, 688), eine „terroristische Vorstellungsart der Menschengeschichte" folgen kann (zu diesem Begriff vgl. *ders.*, Der Streit der Fakultäten, in: Werke 9, 261-393, 353). Vgl. dazu auch die - sicherlich von Nietzsche inspirierte - Kritik am Umschlag von Tugend in Terror in: *Th. Mann*, Betrachtungen eines Unpolitischen, zit. nach Frankfurt 1988, 380 ff. Thomas Mann konkretisiert seine Kritik am Terror der Tugend zunächst anhand des Dialogs von Danton und Robespierre in Büchners Revolutionsdrama „Dantons Tod" (vgl. ebd., 380), aber auch an seiner eigenen Erzählung „Königliche Hoheit": Dort

Von hier aus läßt sich dann in einem ersten Schritt sogar eine Bedingung formulieren, von der es abhängt, inwieweit der angesprochene Monotheismus in Terror und Gewalt mündet oder möglicherweise zu einer Kultur der Achtung und Toleranz führt, die den Menschen gerade in seiner Unvollkommenheit und Schuldbefangenheit noch einmal bejaht: Der Monotheismus produziert Terror und Gewalt unter anderem dann, wenn Gott *ausschließlich* als eine sittlich fordernde Instanz vorgestellt wird, so daß das Bekenntnis des Gerechten zu diesem Gott unweigerlich dessen Ächtung einer Welt nachvollzieht, die vor seinen Forderungen versagt. Er mündet jedoch in die Haltung des Erbarmens, wenn Gott selbst als eine Wirklichkeit gedacht wird, die sich gütig des unter der Last der Schuld entstellten Lebens annimmt und es wieder aufrichtet.[71]

4.3. Menschliche Selbstwahrnehmung im Kontext von Kontrasterfahrungen

So konfrontieren uns die genannten Maximen der Menschlichkeit noch einmal mit dem Problem, daß dort, wo Menschen zu einem elementaren Konsens gefunden haben, keineswegs automatisch der Frieden unter ihnen gesichert, sondern zugleich der Boden gewonnen ist, auf dem überhaupt erst ein Dissens sich entfalten kann. Zur Begründung dieses Phänomens haben wir im zweiten Kapitel bereits zweierlei festgestellt:

- Der Konsens kann in Dissens münden, wo das gemeinsam begehrte Gut in einem nur begrenzten Umfang zur Verfügung steht. R. Girard nennt ein solches konflikttreibendes gemeinsames Begehren „*Aneignungsmimesis*".[72] Sie ist Ursache von Konflikt und Gewalt, weil die Gemeinsamkeit hier jenen Boden abgibt, auf dem der andere primär als Rivale wahrgenommen wird. Wir sind allerdings auch zu dem Ergebnis gelangt, daß eine solche Aneignungsmimesis sich friedlich gestalten kann, wenn sie sich organisch in einer Vielfalt von Funktionen ausdifferenziert, die einander wechselseitig bedürfen. Und wir können nun hinzufügen: Das paulinische Bild der Gemeinde als eines Leibes, in dem auch die scheinbar höheren und die scheinbar geringeren

werde „bemerkt, Klaus Heinrich habe im Verkehr mit Menschen jedermann derart für voll, derartig ernst, wichtig, *gut* genommen, daß das arme, überschätzte, überanstrengte Menschenkind nur so geschwitzt habe" (439).

[71] Insofern muß ich nach Kant einen göttlichen „Urteilsspruch aus Gnaden" postulieren, wenn der sittliche Anspruch reiner Vernunft nicht in die Verdammung aller Vernunftwesen münden soll (vgl. Die Religion innerhalb der Grenzen der bloßen Vernunft, in: Werke 7, 645-879, 731).

[72] S.o. Anm. 21.

Glieder aufeinander angewiesen sind (vgl. 1 Kor 12,12-31a) stellt ein solches Beispiel friedlicher Aneignungsmimesis dar.
- Der Konsens wird auch dort konfliktträchtig, wo er in die Mechanismen menschlicher Identitätsbildung gerät, die sich in einem ganz wörtlichen Sinne als „Selbst-de-finition" - als Grenzziehung zum anderen - vollzieht.

Letzteres deutet sich zumindest als Gefahr in jener Auslegungsbreite an, auf die die zuletzt behandelten Maximen der Menschlichkeit hin offen sind. Denn die Art und Weise, wie ich ein Gebot in seiner praktischen Befolgung auslege, sagt immer auch etwas darüber aus, zu welcher Traditionsgemeinschaft ich mich mehr oder weniger ausdrücklich bekenne. Damit deutet sich ein Problem an, das sich ganz unabhängig davon stellt, ob man die Geltung universaler sittlicher Maximen religiös oder auf der Ebene autonomer Vernunft zu begründen versucht: Die jeweilige Gestalt, in der ich mich zu einem sittlichen Gebot bekenne, hat niemals eine nur sittliche Qualität, sondern bedeutet immer auch einen nicht-sittlichen Akt der Selbstdefinition, der als solcher Grenzen gegenüber anderen errichtet. Gerade wenn man mit Küng Sorge dafür tragen möchte, daß die Religionen dem Weltfrieden dienen, muß man sich diesen erkenntnistheoretischen Mechanismus vergegenwärtigen, in dem menschliche Identitätsbildung auch dort noch befangen ist, wo sie subjektiv sich nur von ganz unschuldigen sittlichen Absichten bestimmt weiß.

Wie sehr sittliche Kategorien in den Sog identitätsbildender Abgrenzungsmechanismen zu geraten drohen, zeigt sich noch einmal in der Vision einer „brüderlichen" bzw. - wie wir in der Wirkungsfolge antisexistischer Sprachbereinigungsmaßnahmen zu sagen gelernt haben - „geschwisterlichen" Menschheit. Sie muß unter bestimmten Voraussetzungen als ein Horrorszenario gelten, wenn man etwa bedenkt, zu welchem Umgang miteinander gerade Geschwister fähig sind. In dieser Hinsicht ist es kein Wunder, daß in der Mythologie von Kain und Abel bis hin zu Romulus und Remus Brüderlichkeit in der Gestalt des Brudermords begegnet. Und jeder, der Kenntnis davon hat, wie sich in Familien nicht nur Brüder, sondern gerade auch Brüder und Schwestern miteinander streiten können, wird angesichts des genannten Horrorszenarios wenig Trost darin finden, wenn die „brüderliche" Menschheitsfamilie verbal zur „geschwisterlichen" mutiert.

Den Ansatz zu dieser Konfliktanfälligkeit geschwisterlicher Verhältnisse haben wir bereits alltagssprachlich in jener Lehrerfrage kennengelernt, die da lautet. „Bist du nicht der Bruder / die Schwester von...?" Denn der solcherart Angesprochene wird in der Regel alles daransetzen zu zeigen, daß er gerade nicht das Double seiner Schwester oder seines Bruders ist. Gerade angesichts gegebener Gemeinsamkeiten kann er sein Persönlichkeitsprofil nicht über die Artikulation des Gemeinsamen, sondern nur über die demonstrative Herausstellung des Unterscheidenden gewinnen. Auch hier gilt wiederum: Die - möglicherweise breite - Ebene von Gemeinsamkeiten dient nicht nur als der entsprechende Kontrasthintergrund, sondern fordert als solcher gerade dazu auf, das Unterscheidende und Trennende um so deutlicher herauszustellen. So ist die genannte „Aneignungsmimesis“ nicht nur dort wirksam, wo wir uns gemeinsam auf äußere Güter beziehen, die nur in begrenztem Umfang zur Verfügung stehen. Sie ist nicht minder als ein identitätsbildender „Narzißmus der Differenzen“ nachweisbar, der das Gemeinsame so weit vergleichgültigt, daß es nur noch den dunklen Hintergrund einer umso schärferen Selbstdefinition abgibt.[73]

Was auf phänomenologischer Ebene noch als Kuriosität erscheinen mag, unterliegt in erkenntnistheoretischer Hinsicht einer tieferen Notwendigkeit, die uns bereits dort begegnet ist, wo uns die faktische Partikularität der ihrem Anspruch nach universalen Menschenrechtsforderungen beschäftigte. Daß z.B. die Eskimosprache keinen partikularen Begriff für den Angehörigen des eigenen Volkes kennt, sondern mit ihrer Selbstbezeichnung zugleich die Universalie „Mensch“ meint, zeugt von einer Entwicklungsstufe kollektiver Selbstwahrnehmung, auf der die eigene Lebensform noch nicht zum Gegenstand eine gesonderten Erfahrung geworden ist, sondern im wahrsten Sinne des Wortes etwas „Selbst-Verständliches“ und Nicht-Bewußtes darstellt. Sie ist selbst-verständlich, solange zu ihr noch keine Alternativen im Horizont der eigenen Erfahrung aufgetaucht sind. Das gleiche zeigt sich noch einmal darin, daß die Eskimosprache kein eigenes Wort für Schnee - etwa im Unterschied zu Regen oder Hagel - kennt, wohl aber nahezu 20 Worte für verschiedene Formen von Schnee. Umgekehrt sind diese unterschiedlichen Erscheinungsformen von Schnee kaum identifizierbar für denjenigen, der den Schneefall nur als Sonderfall eines Niederschlags kennt, der normalerweise als Regen fällt. Insofern weiß die Eskimosprache genausowenig, was Schnee ist, wie der Blindgeborene ein Bewußtsein jener Dunkelheit hat, die ihn gleichwohl von Geburt an ständig umgibt. Und man mag fortfahren: Was Gesundheit ist, weiß keineswegs derjenige automatisch, der mit diesem Gut reichlich gesegnet ist, sondern ihre Kenntnis setzt voraus, daß man an sich selbst oder an anderen zumindest einmal die Erfahrung der Krankheit gemacht hat. Ein positives Bewußtsein dessen, was Heimat bedeutet, kann nicht der gewinnen, der ein Leben lang ununterbrochen in ihr geborgen ist, sondern nur derjenige, der zumindest einmal die unterbrechende Erfahrung der Fremde gemacht hat. Entsprechend läßt sich auch umgekehrt sagen: Wer ein Leben lang nur in der Welt herumvagabundiert ist, kann - jedenfalls nicht an sich selbst - die Erfahrung der Heimatlosigkeit machen. Und wer ein Leben lang als Kranker unter Kranken zu leben gezwungen ist, kann keinen Be-

---

[73] „Menschliche Identität ist immer partikular. [...] Identität bildet sich im Schematismus der anthropologischen Universalie, daß menschliches Leben immer in Unterscheidungslinien zwischen Innen und Außen oder zwischen Zugehörigkeit und Abgrenzung erfolgt“ (Rüsen, 142).

griff von *Krankheit überhaupt* entwickeln, auch wenn er über ein viel differenziertes Bewußtsein der möglichen Krankheiten verfügt, von denen ein Mensch im einzelnen befallen sein kann. In diesem Sinne ist das „Selbstverständliche" etwas, was - wie der Begriff sagt - nicht noch einmal zum Gegenstand einer gesonderten Erfahrung wird und keiner eigenen Verstehensleistung bedarf. Es wird erst dann zum Gegenstand eines eigenen Erkenntnisaktes, wenn es seine Selbstverständlichkeit verliert. Und dies geschieht dort, wo sein Gegenteil ins Bewußtsein fällt und auf diese Weise kontrastierend die spezifische Eigenart und Bedeutung des ehedem Selbstverständlichen hervortreten läßt.

Wichtig ist dabei in unserem Zusammenhang, daß der kontrastierende Hintergrund der uns bergend umschließenden Gemeinsamkeiten dabei eine rein funktionale Bestimmung gewinnt. Er ist jenes oft dumpfe und unbestimmte „Andere", das im wahrsten Sinne des Wortes dazu *dient*, die solcherart kontrastierte Vordergrundwirklichkeit hervortreten zu lassen. Dieses Andere ist also seinerseits *zu anderem* - nämlich für sein Gegenteil - *gut*. Wir müssen uns diesen erkenntnistheoretischen Kontrastmechanismus deshalb so gründlich vergegenwärtigen, weil er weitreichende Konsequenzen für jene sozialen Prozesse impliziert, innerhalb derer Menschen ein bestimmtes Bewußtsein dessen entwickeln, wer und was sie sind. Insofern gilt auch für die menschliche Identitätsbildung: Ein positives Bewußtsein dessen, was sie über alle Differenzen hinweg eint, können Menschen erst dort entwickeln, wo das alle Differenzen übergreifende Gemeinsame noch einmal durch ein ihm gegenüber Anderes kontrastiert wird. Es bedarf dazu einer Horizontüberschreitung, in dessen Vollzug sich der kontrastierende Hintergrund nun in einen seinerseits kontrastierten Vordergrund verwandelt.

Nun will das Projekt Weltethos jene Menschennatur, die uns über alle religiösen, kulturellen und ethnischen Grenzen hinweg verbindet, nicht nur zum Gegenstand theoretischer Beschreibung, sondern vor allem zu dem einer sittlich-praktischen Sorge machen. Dies ist freilich nur dann möglich, wenn die Universalie „Mensch" durch dieses Andere nicht nur theoretisch kontrastiert, sondern vor allem praktisch bedroht wird. Solange jedoch eine solche Realität universaler Bedrohung nicht noch einmal universal wahrgenommen wird, muß ein Projekt Weltethos aus den genannten Gründen damit rechnen, daß Menschen das für ihre Identität *Ent*scheidende im *Unter*scheidenden erkennen.

In diesem praktischen Sinne kann etwa die Universalie „Mensch" in dem Maße zum Gegenstand einer die Menschheit einenden Sorge werden, wie zum Beispiel die uns vor ultravioletten Sonnenstrahlen schützende Ozonschicht weiter abnimmt, denn die mit dem „Ozonloch" gegebenen globalen Gefahren machen weder vor Staatsgrenzen noch vor den „Bruchlinien" etwaiger Kulturkreise halt.[74] Und angesichts der universalen Bedrohungen, die sich nicht nur auf die Spezies Mensch richten, sondern Menschen ihre „Mitgeschöpflichkeit" mit anderen Kreaturen entdecken lassen, findet die Forderung nach einem Weltethos ihre konsequente Weiterführung in der Entdekkung seiner ökologischen Dimension.[75] So gibt es eine Form der Weltökumene, die sich erst angesichts der Wahrnehmung globaler Bedrohungen einstellt.

Damit können wir nun näher die Voraussetzungen bestimmen, von denen es abhängt, ob menschliche Identitätsbildung in der Wahrnehmung von Gemeinsamkeit zum Streit oder zum Frieden gelangt: Wenn diese Gemeinsamkeit von außen bedroht wird, verwandelt sie sich zum Gegenstand einer „*Gegenspielermimesis*", die als solche die bis dahin wirksame „*Aneignungsmimesis*" überwindet. Die vormals trennende Gemeinsamkeit wird auf diese Weise nicht nur zum theoretischen Gegenstand eines identitätsbildenden Selbstbewußtseins, das Menschen über ihre Differenzen hinweg verbindet; ihre Erhaltung wird darin vor allem zum Ziel einer gemeinsamen praktischen Sorge.[76] Dieser Umschlag von Aneignungsmimesis in Gegenspielermimesis läßt sich wiederum anhand jener Beispiele verdeutlichen, mit denen wir uns im zweiten Kapitel das Konfliktpotential vergegenwärtigt haben, das in der Wahrnehmung von Gemeinsamkeiten liegt. Als etwa das „Bosman-Urteil" die wirtschaftlichen Grundlagen des Bundesligafußballs zeitweilig dadurch erschütterte, daß es die bisherige Praxis der Spielerverkäufe unmöglich machte, hat es die Vertreter von sonst rivalisierenden Vereinen in einem ganz realen Sinne „an einen Tisch" gebracht. Entsprechend können wir in Anlehnung an das von P. Kondylis angesprochene Beispiel[77] feststellen, daß es im

---

[74] In diesem Sinne spricht *H.J. Höhn* von der „egalisierenden Wirkung" globaler Risiken (vgl. *ders.*, GegenMythen. Religionsproduktive Tendenzen der Gegenwart, Freiburg-Basel-Wien 1994, 23): „Not in der klassischen Industriegesellschaft kannte Klassen - es hungerten zuerst die Armen; Smog in der Risikogesellschaft ist klassenlos - es husten auch die Reichen. Waren bisher angeblich nur vor dem Gesetz und vor Gott alle Menschen gleich, so sind sie es nun auch vor dem Ozonloch" (ebd., 24).

[75] Vgl. *H. Kessler*, Ökologisches Weltethos im Dialog der Kulturen und Religionen, Darmstadt 1996. Vgl. zu diesem Thema auch die Beiträge in: *W. Lütterfelds / Th. Moors* (Hrsg.), Eine Welt - eine Moral? Eine kontroverse Debatte, Darmstadt 1997.

[76] „Während die *Aneignungsmimesis* trennt, indem sie zwei oder mehrere Individuen auf ein- und dasselbe Objekt ausrichtet, das alle sich aneignen wollen, führt die *Gegenspielermimesis* zwangsläufig zusammen, indem sie zwei oder mehrere Individuen sich auf einen und denselben Gegner ausrichten läßt, den alle niedermachen wollen" (*R. Girard*, Das Ende der Gewalt. Analyse des Menschheitsverhängnisses, Freiburg/Br. 1983, 37 f). Insofern befreit der gemeinsame Feind von den inneren Bedrohungen eines Gemeinwesens, so daß dessen innere Stabilität sich immer auch der äußeren Gefährdung verdankt. Zu dieser Ambivalenz des Sündenbocks, der in einer Weise das „Unheil" verkörpert, daß er darin immer auch „Heil" stiftet, vgl. ebd., 39.

[77] S.o. Anm. 21.

Rahmen der Aneignungsmimesis für den Bäcker zunächst leichter ist, mit dem Metzger von gegenüber Frieden zu halten als mit dem Bäcker nebenan. Dem können wir nunmehr hinzufügen: Es braucht nur ein Bischof den Diebstahl beim Bäcker unter bestimmten Voraussetzungen für moralisch zulässig zu erklären, dann bedeutet die gemeinsame Lebensgrundlage der benachbarten Bäcker von diesem Moment an nicht mehr Rivalität und Konkurrenz, sondern mündet in ein wechselseitiges Verhältnis solidarischer Sorge und Verantwortung füreinander. Genauso geht es den sonst miteinander rivalisierenden Metzgern, sobald ihre Schaufenster von radikalen Tierschützern mit „Mörder"-Parolen besprüht werden.

Insofern ist in erkenntnistheoretischer Hinsicht nur zu verständlich, was Küng in sittlicher Hinsicht kopfschüttelnd bedauert: „*Leider* haben die Menschen bis heute weniger im Gedächtnis behalten, was sie verbindet, als *was sie trennt*."[78] Und es ist - wiederum in erkenntnistheoretischer Hinsicht - genauso verständlich, was Küng lediglich kopfschüttelnd als „Ausdruck einer erschreckenden Ungleichzeitigkeit des Bewußtseins in den verschiedensten Schichten der Kirchen und Religionen" (PWE 104) bewertet: Er berichtet nämlich davon, wie angesichts des Weltgebetstreffens in Assisi von 1987 und anläßlich einer Ehrung des Dalai Lama durch die Tübinger Evangelisch-Theologische Fakultät im gleichen Jahr sich „merkwürdige Interessenkoalitionen" plötzlich herausstellten zwischen „Gruppen, die ansonsten wenig gemeinsam haben": „katholische Traditionalisten um Erzbischof Lefebvre Arm in Arm mit fundamentalistischen Protestanten, die beide das Gespenst des Synkretismus und der Glaubensdiffusion beschwören, die beide den Verrat der christlichen Mission befürchten und sich zu selbsternannten Verteidigern der einen Wahrheit, der ‚christlichen' Wahrheit aufschwingen" (PWE 104). Anders als in der Deutung Küngs zeigt diese Begebenheit weniger, wie dringlich die Klärung der Wahrheitsfrage ist[79], sondern wie sehr sogar die Idee einer weltumspannenden Ökumene für bestimmte fundamentalistische Gruppen zu jenem bedrohlichen „Anderen" werden kann, das sie selbst nun zu einer ganz neuen und unvermuteten Form der Ökumene finden läßt, mit der sie noch tiefere Gräben zwischen sich überbrücken. Denn diese Art von Ökumene besteht nicht in der Vergleichgültigung von Differenz, sondern im *gemeinsamen Interesse an Differenz*. Und dieses Interesse an Differenz kann Menschen solange miteinander verbinden, wie es jene Gestalt der Ökumene gibt, die wir üblicherweise mit diesem Begriff verbinden: die Besinnung auf das Gemeinsame und Verbindende als das zugleich Wesentliche, die darin zugleich das Trennende als nicht-wesentlich marginalisiert. So zeigt gerade

---

[78] *H. Küng*, Weltethos für Weltpolitik und Weltwirtschaft, München 1997, 199. Hervorhebung in Kursivdruck von mir.

[79] So die Konsequenz, die Küng an der zitierten Stelle aus dem beschriebenen Befund zieht.

dieses Beispiel noch einmal, daß die konkurrierenden Wahrheitsansprüche, mit der sich religiös definierende Gruppen einander gegenübertreten, nie nur Wahrheit, sondern immer auch die Identität partikularer Kollektive behaupten.

Diese Überlegungen relativieren Küngs Projekt Weltethos in einem ganz bestimmten Sinne und stellen doch in einer anderen Hinsicht um so nachdrücklicher seine Bedeutung heraus. Sie *relativieren* es, insofern sie klarstellen, daß Ökumene - sei sie nun als innerchristliche Ökumene der Konfessionen oder als Weltökumene der Religionen verstanden - niemals nur das Ergebnis theologischer Arbeit ist. Dieses Mißverständnis müßte nämlich zu der hypothetischen Annahme führen, daß dieselben Theologen, die sich heute um Ökumene bemühen, z.B. nur hätten 500 Jahre früher geboren werden müssen, um jene Spaltungen im voraus zu verhindern, die sie heute im nachhinein zu überwinden versuchen. Vielmehr verdanken sich die ökumenischen Einsichten heutiger Theologie äußeren kontrastierenden Herausforderungen, die unbekannt waren, als das Christentum etwa im Mittelalter zunächst einen im genannten Sinne selbst-verständlichen Lebensrahmen bedeutete, der das individuelle und soziale Leben in der gleichen Weise umschloß wie der Schnee den Lebenshorizont in unserem Eskimobeispiel.

Dies wird etwa an der Geschichte jener Disziplin deutlich, die nicht zufällig erst seit dem 19. Jahrhundert „Fundamentaltheologie“ heißt und sich in drei Traktate gliedert, die aufeinander aufbauen.[80] Während die „demonstratio religiosa“ sich um den Nachweis bemüht, daß der Mensch von seinem Wesen her ein „homo religiosus“ ist und darum notwendig nach der Begegnung mit einer göttlichen Offenbarungswirklichkeit fragt, geht es in der „demonstratio christiana“ darum zu zeigen, daß diese Offenbarungswirklichkeit in Jesus Christus gegeben ist und insofern das menschliche Wesen in der Begegnung mit Jesus Christus seine Erfüllung findet. Der „demonstratio catholica“ obliegt dann der Nachweis, daß die genannte Offenbarungswirklichkeit in der katholischen Kirche authentisch bezeugt und vergegenwärtigt wird. Bezeichnenderweise sind jedoch diese Traktate geschichtlich in umgekehrter Reihenfolge entstanden. Die „demonstratio catholica“ antwortete auf die kontrastierende Herausforderung der Reformation und der konfessionellen Spaltungen. Die „demonstratio christiana“ reagierte auf die entsprechende Provokation durch die aufklärerische Konzeption eines Vernunftglaubens, der in der christlichen Offenbarung nur noch die pädagogische Vermittlung von Einsichten gegeben sah, die auf der Ebene autonomer Vernunft auch ohne religiöse Anleitung zu gewinnen waren. Entsprechend reagierte die „demonstratio religiosa“ im 19. Jahrhundert auf die beginnende Herausforderung des Atheismus, die weder speziell dem Christentum noch einer seiner konfessionellen Ausprägungen, sondern dem religiösen Bewußtsein überhaupt galt. Darum taucht bezeichnenderweise erst im 19. Jahrhundert der Name

---

[80] Zur Geschichte der Fundamentaltheologie vgl. den „Schlußteil: Reflexion auf Fundamentaltheologie“ in: *W. Kern / H.J. Pottmeyer / M. Seckler* (Hrsg.), Handbuch der Fundamentaltheologie 4: Traktat Theologische Erkenntnislehre, Freiburg-Basel-Wien 1988, 315-514.

„Fundamentaltheologie" für eine theologische Disziplin auf, die man bis dahin als „Apologie" bezeichnete. Denn dieser Terminus bezeichnet die Aufgabe dieser Disziplin zu einem Zeitpunkt, wo es mit dem modernen Atheismus dem Glauben sozusagen „ans Eingemachte" ging und seine *Fundamente* überhaupt in Frage gestellt wurden.
Insofern wird von hier aus die theologische Grundlagenforschung der Fundamentaltheologie bestimmbar als Antwort auf epochale Herausforderungen, über die sie selbst nicht verfügt, denen sie sich aber auf verschiedenerlei Weise stellen wie auch entziehen kann. Dies stellt die Vernunftautonomie freilich in ganz anderer Weise in Frage, als dies bei Küng der Fall ist. Denn hinsichtlich der Inhalte, die ins menschliche Bewußtsein fallen, verhält sich die Vernunft in den angesprochenen Situationen rezeptiv. Darum muß der menschliche Vernunftgebrauch im Blick auf die besagten Kontrastverhältnisse, die ihn in Bewegung bringen, als *heteronom* gelten. Er unterliegt dem An-spruch dessen, wie sich ihm die gegebene Wirklichkeit erschließt.[81] Seine *Autonomie* besteht hier einstweilen nur in der Art und Weise, wie er diesem Anspruch entspricht. Eine sehr viel grundsätzlichere Gestalt der Vernunftautonomie besteht freilich in der Fähigkeit, das genannte Verhältnis von Heteronomie und Autonomie noch einmal zu erfahren und als solches objektivieren zu können.

Angewandt auf die Wahrnehmung des Projektes Weltethos heißt das: Dieses Projekt ist nicht allein die Ausgeburt theologischer Reflexionen, sondern diese theologischen Reflexionen antworten ihrerseits auf eine ganz bestimmte epochale Herausforderung, die globale Ausmaße angenommen hat. Die Besinnung auf das, was allen Religionen über ihre Unterschiede hinweg gemeinsam ist, verdankt sich insofern jenen globalen Bedrohungen, denen sich die Menschheit als ganze ausgesetzt sieht. Um das gleiche noch einmal in Anknüpfung an eine zuvor bereits gebrauchte Formulierung zu sagen: Nur so stellt sich die Fähigkeit ein, das *Ent*scheidende nicht im *Unter*scheidenden, sondern im Gemeinsamen wahrzunehmen. Nur kraft dieser Herausforderung vermag sich Theologie auf ein in den Religionen der Welt zumindest latentes Fundament menschlichen Zusammenlebens zu besinnen, von dem gerade in dem Maße, in dem es bedroht und uns entzogen zu werden scheint, wir zu spüren beginnen, daß es vielleicht die Gemeinschaft aller Menschen, Völker und Kulturen zu tragen vermag. Darin gewinnt das Projekt Weltethos freilich auch die zuvor angesprochene Bedeutung, die in dieser Form erst angesichts der genannten Relativierung hervortritt.

Gerade deshalb steht das Projekt Weltethos aber auch in der Gefahr, in aneignungsmimetische Konfliktmuster zurückzufallen. Wie wir gesehen haben, werden diejenigen universalen Bedrohungen, durch die sich dieses Projekt herausgefordert weiß, keineswegs als solche auch universal wahrgenommen. Bedenkt man weiterhin, daß der Weltfriede, dem sich dieses Projekt verpflichtet weiß, ein stets gefährdetes Gut ist, dann ist im Umgang mit denjenigen, die sich - aus welchen Gründen auch immer - der Verfolgung

---

[81] Vgl. dazu ausführlich *R. Schaeffler*, Erfahrung als Dialog mit der Wirklichkeit. Eine Untersuchung zur Logik der Erfahrung, Freiburg-München 1995.

dieses Projektes verschließen, die Grundvoraussetzung des genannten Konfliktmusters gegeben: Weil die Idee des Weltfriedens keinen Aufschub duldet, stehen die Verfechter dieses Projektes zwangsläufig in der Gefahr, die Nicht-Verfechter zur Bedrohung des Weltfriedens zu erklären. Von hier aus ist es dann nicht mehr weit bis zu der besagten „Sarastro-Gebärde“[82], deren Humanitätspathos nur unter anderem Namen die für überwunden gehaltene Geste der Inquisitorik perpetuiert. Küngs gelegentlicher Umgang mit Kritikern, auf den wir auch im folgenden Abschnitt noch einmal eingehen werden, muß in dieser Hinsicht auch als Indiz dieser „aneignungsmimetischen Falle“ gelesen werden.

4.4. Die Konkurrenz religiöser Wahrheitsansprüche als Modus menschlicher Selbstbehauptung

4.4.1. Eine neue Lesart vom Überbau-Charakter des religiösen Bewußtseins

Bis hierhin haben wir eine erkenntnistheoretisch unausweichliche menschliche Neigung entdeckt, die eigene Identität über die Differenz zu anderen auszuprägen. Diese Eigenart menschlicher Selbstdefinition ergibt sich schon aus der logischen Struktur einer De-finition, die bereits als Wort den Tatbestand einer Grenzziehung anspricht. Wer ein begegnendes Phänomen definiert, benennt die Gemeinsamkeit mit verwandten Phänomenen nur als kontrastierenden Hintergrund, vor dem die unverwechselbare Differenz des solcherart Definierten ihre eigentlichen Konturen gewinnt. Und wir haben hinzugefügt: Gemeinsamkeit kann in diesem Sinne erst dort zum ausdrücklichen Gegenstand der Erfahrung werden, wo diese Gemeinsamkeit ihrerseits als Differenz zu anderem erfahrbar wird. Für das Projekt Weltethos heißt das ganz konkret: Alle Erfahrung faktischer Gemeinsamkeit hat erst dort eine Chance, zum Gegenstand menschlicher Selbstdefinition zu werden, wo es von der kontrastierenden Wahrnehmung globaler Gefährdungen begleitet ist, die deutlich machen, daß alle Menschen „in einem Boot“ sitzen. Solange diese Erfahrung nicht überzeugend vermittelt werden kann, verhallen alle Appelle an ein den Religionen gemeinsames Ethos im Leeren. Vielmehr weist die besagte Neigung, sich über Differenzen zu definieren, den Religionen immer auch eine nichtreligiöse Funktion zu. Ich nenne diese Funktion nichtreligiös, weil sie die jeweilige Religion in einer Weise für die soziale und individuelle Identitätsbildung in den Dienst nimmt, die auf der intentionalen Ebene des

[82] S.o. Anm. 67.

religiösen Bewußtseins gar nicht bewußt ist und zunächst auch gar nicht bewußt sein kann. Denn das religiöse Bewußtsein weiß sich als solches zunächst einmal in einer wie auch immer gearteten Gestalt auf eine als göttlich erfahrene Realität bezogen. Insofern diese Realität in unterschiedlichen Kulturen und in verschiedenen historischen Kontexten unterschiedlich wahrgenommen wird, fällt die Pluralität der Religionen unweigerlich in den Bereich jener Differenzen, über die sich menschliche Identität ausprägt. Damit gerät gerade dort, wo Religionen aufeinanderstoßen, die einzelne Religion zwangsläufig in den Sog menschlicher Selbstdefinition und Selbstbehauptung.

Gegenüber Huntingtons These eines drohenden „clash of civilizations" ist eingewandt worden, hier werde die Bedeutung der Religionen erheblich überschätzt. Nicht die Konkurrenz der Religionen oder gar der Konflikt ihrer Wahrheitsansprüche bedrohe den Frieden, sondern die Funktionalisierung religiöser Gefühle durch die Agitatoren politischer Macht.[83] In seiner bereits zitierten Arbeit „Kampf der Kulturen" hat Huntington unter anderem in diesem Punkt seine These präzisiert. Dort macht er deutlich, daß es eine Instrumentalisierung des religiösen Bewußtseins gibt, die nicht eine Folge bewußter Propaganda und Agitation ist, sondern geradezu von selbst geschieht, wenn ein psychologisches Bedürfnis nach Selbstdefinition mit jenen grenzziehenden Mechanismen korreliert, die dem religiösen Bewußtsein als solchem innewohnen. Dazu bezieht er sich auf die von uns mit dem Begriff der „Gegenspielermimesis" angesprochene Erfahrung, daß Individuen ein Bewußtsein dessen, was sie über ihre Unterschiede hinweg eint, gerade dadurch gewinnen, daß sie sich gemeinsam als bedroht erfahren: „Ohne wahre Feinde keine wahren Freunde! Wenn wir nicht hassen, was wir nicht sind, können wir nicht lieben, was wir sind."[84] Insofern folgert Huntington konsequent: „Für Menschen, die ihre Identität suchen und ihre Ethnizität neu erfinden, sind Feinde unabdingbar, und die potentiell gefährlichsten Feindschaften begegnen uns an den Bruchlinien zwischen den großen Kulturen der Welt."[85]
Religionen kommen diesem zunächst einmal ganz und gar nicht religiösen Abgrenzungsbedürfnis entgegen, sofern sie ihrerseits nun „eine grundlegende Unterscheidung zwischen Gläubigen und Ungläubigen, zwischen einer überlegenen In-Gruppe und einer anderen, unterlegenen Out-Gruppe" (147) kennen. In besonderer Weise sieht Huntington diese Instrumentalisierungsanfälligkeit in den monotheistischen Religionen Christentum und Islam gegeben, die einerseits einen die Menschheit umfassenden Universalitätsanspruch anmelden, andererseits aber mit dem Ärgernis leben müssen, daß sich der größere Teil der Menschheit diesem Anspruch verweigert. Noch mehr als das Christentum kommt freilich für ihn der Islam diesem Abgrenzungsbedürfnis entgegen, da er auch in politischer Hinsicht „einen klaren Trennungsstrich" ziehe „zwischen den Menschen im

---

[83] Vgl. dazu die Beiträge in der Nummer 4 von: Foreign Affairs 72 (1993).
[84] Kampf der Kulturen, 18. Es handelt sich dabei um ein Zitat aus dem Roman „Dead Lagoon" von Michael Dibdins, das Huntington ohne weitere Quellenangabe als Ausgang seiner eigenen Argumentation übernimmt
[85] Ebd. Ich zitiere den „Kampf der Kulturen" im Folgenden unter Angabe der Seitenzahl im Text.

Dar al-Islam und denen im *Dar al-harb*" (431). Darum gilt für diejenigen Individuen und Kollektive, die sich politisch, ökonomisch oder sozial als bedroht erfahren, daß ihnen die Religion genau jenes positive Gefühl, „wer" zu sein, vermittelt, das ihnen die umgebende Welt versagt. Die Religionen entsprechen auf diese Weise genau jenem Identitätsverlangen, das durch die Erfahrung gemeinsamer Bedrohung gestiftet wird. Insbesondere im Blick auf die identitätsstiftende Funktion des Islam stellt Huntington dabei fest, Religion bedeute hier gerade nicht „Opium für das Volk, sondern Vitamine für die Schwachen" (153).[86]

Daraus können wir nun jene Konsequenzen für die Konkurrenz religiöser Wahrheitsansprüche *ableiten*, die wir im zweiten Kapitel unserer Überlegungen einstweilen nur phänomenologisch zu *beschreiben* versucht haben. Denn auf diese Weise wird deutlich, wie leicht die Konkurrenz religiöser Wahrheitsansprüche ihre Energie aus der Dynamik eines ganz und gar nicht religiösen Abgrenzungs- und Selbstbehauptungsmechanismus bezieht.[87] Religion wird auf diese Weise in ganz anderer Weise zum „ideologischen Überbau", als es der Marxismus gelehrt hat. Sie ist nicht der Überbau einer ökonomischen Basis, in der die Verteilung der Produktionsmittel die Wurzel menschlicher Entfremdung darstellt, sondern der Überbau einer ganz anderen „Ent-Fremdung" geworden: jener Identitätsbildung, die das Andere und Fremde kontrastierend von sich absetzen muß, um zur Wahrnehmung und Artikulation des eigenen Selbst zu gelangen. Lessing hatte in seinem Drama „Nathan der Weise" auch diese Funktionalisierung des religiösen Bewußtseins im

---

[86] Es handelt sich hierbei um ein Zitat von *Régis Debray*. Zu diesem Funktionswandel der Religion im Dienste sozialer Identitätsbildung vgl. auch *G. Kepel*, Islam in Europa. Zwischen Gemeinschaft und Gesellschaft, in: W. Heitmeyer / R. Dollase, Die bedrängte Toleranz, 200-208.

[87] Ich stimme also *P. Schmidt-Leukel* zu, wenn er die Auffassung zurückweist, „daß interreligiöse Konflikte allein dem Mißbrauch von Religion zuzuschreiben sind" (Theologie der Religionen, 23), sofern man darunter „eine mißbräuchliche Verzweckung der Religionen" (31 f) versteht. Unter dieser Voraussetzung teile ich seine Meinung, daß religiöse Wahrheitsansprüche vor allem von innen her auf Konflikte angelegt sind. Wenn man aber zur Begründung dieser inneren Konfliktdisposition darauf verweist, „daß schon die Entstehung aller bedeutenden Religionen von mehr oder weniger scharfer Abgrenzung gegenüber anderen, bereits bestehenden Religionen begleitet war" (ebd.), dann zeugen diese Abgrenzungen von einer *unbewußten Instrumentalisierung religiöser Wahrheitsansprüche*, die sich im Inneren des religiösen Bewußtseins selbst abspielt, das niemals nur religiös bestimmt ist, sondern stets auch mit nicht-religiösen Abgrenzungsbedürfnissen aufgeladen ist. Darum sehe ich in dem von Schmidt-Leukel so genannten „genuin religiösen Kern des interreligiösen Konfliktpotentials" immer auch unbewußt wirksame nicht-religiöse Determinanten. Um ihnen zu begegnen bedarf es weniger eines pluralistischen Ansatzes in der Religionstheologie als vielmehr einer kritischen Theorie des religiösen Bewußtseins. Deren Aufgabe bestünde darin, die genannte Aufladung aufzudecken und so in einem religiösen Sinne des Wortes „Religionskritik" zu leisten: die *um Gottes willen* zu leistende Unterscheidung des religiösen Bekenntnisses von besagten Abgrenzungsbedürfnissen. Davon wird im Folgenden freilich noch weiter zu reden sein.

Blick, als er den Sultan Saladin zum Tempelherrn sagen läßt: „Sei keinem Juden, keinem Muselmanne zum Trotz ein Christ!"[88]

Diese ideologische Funktionalisierung religiöser Gehalte im Dienst menschlicher Selbstbehauptung ist nicht auf die Konkurrenz religiöser Wahrheitsansprüche beschränkt, sondern begegnet - zumindest im Modus der Versuchung - überall dort, wo religiöse Erfahrung sich in der jeweiligen Vermittlungsgestalt einer kulturspezifischen Symbolik artikuliert. Insofern bedroht nicht die unterschiedliche religiöse Prägung der Kulturen den Weltfrieden, sondern der öffentliche Frieden ist allenfalls dort durch die Religionen bedroht, wo sie zur Funktion trotziger Selbstbehauptung werden, ohne dies als solches zu bemerken.

Im Blick auf die für Küngs Konzept leitende Annahme, der neuzeitliche Autonomieanspruch der Vernunft habe in die Katastrophen des 20. Jahrhunderts geführt, haben wir einstweilen die Gegenthese aufgestellt, die von ihm kritisierte Vernunftautonomie sei in Wahrheit eine neue Form der Heteronomie, die von der solcherart ihr Zerstörungswerk vollziehenden Vernunft nur noch nicht aufgehellt worden sei. Im Rücken ihrer vermeintlichen Autonomie werde die von ihrer früheren religiösen Lenkung befreite Vernunft nun von einem irrationalen „Willen zur Macht" beherrscht. Die einstige „Magd der Theologie" habe also in diesem Sinne nicht ihren Beruf aufgegeben, sondern allenfalls die Herrschaften gewechselt, denen sie den Haushalt führe. Im Blick auf Küngs Vorschlag, die Humanität der Vernunfttätigkeit dadurch sicherzustellen, daß man sie an das ethische Potential der Religionen binde, können wir nun erwidern: Das religiöse Bewußtsein steht in der gleichen Heteronomiegefahr. Der gleiche „Wille zur Macht", der das Zerstörungswerk instrumenteller Vernunft freisetzt, droht die Symbolik religiöser Erfahrung unbemerkt zu instrumentalisieren. Und genauso wie wir festgestellt haben, daß die Autonomie der Vernunft sich erst in der Befähigung ankündigt, die Heteronomie des jeweiligen Vernunftgebrauchs aufzudecken, können wir nun fortfahren: Gerade wegen der Heteronomie, der auch das religiöse Bewußtsein unterliegt, ist dieses Bewußtsein auf die Partnerschaft einer autonomen Vernunft angewiesen, die es dazu befähigt, die von ihr subjektiv intendierten Gehalte vor solcher unbewußten Funktionalisierung zu schützen. Insofern leistet die Religion ihren eigenen Beitrag zum sozialen Frieden nicht erst dort, wo sie sich eines ethischen Minimalkonsenses mit anderen Religionen vergewissert, sondern zuallererst da, wo sie die ideologiekritische Rückfrage nach der genannten Funktionalisierung zuläßt.

Insofern droht die Möglichkeit eines etwaigen „clash of civilizations" gerade nicht von der Konkurrenz religiöser Wahrheitsansprüche, sondern vom besagten Funktionswandel her, dem das religiöse Bewußtsein überall dort unterliegt, wo verschiedene Kulturen mit unterschiedlicher religiöser Prägung

[88] Nathan der Weise, VV 2802 f.

koexistieren. Der bereits zitierte P. Kondylis verdeutlicht dies etwa am Schleier muslimischer Frauen, der innerhalb islamischer Kulturen unter anderem die demütige Stellung der Frau gegenüber dem Mann ausdrücke, in Abgrenzung von westlicher Lebensart aber eine durchaus stolze und selbstbewußte Behauptung kulturellen Andersseins geworden sei.[89] Und man kann in diesem Sinne hinzufügen: Als die zunehmende Säkularisierung das ehedem vom Christentum geprägte Westeuropa noch nicht im heutigen Maße erfaßt hatte und die Konfessionen angesichts dieser gemeinsamen Bedrohung sich noch nicht auf die sie verbindenden Gemeinsamkeiten besonnen hatten, da galt unter bestimmten Voraussetzungen das gleiche für die katholischen Fronleichnamsprozessionen. In einer gemischten konfessionellen Umgebung waren sie oftmals nicht nur ein Akt eucharistischer Frömmigkeit, sondern auch Ausdruck stolzer katholischer Selbstbehauptung. Und wenn heute mancherorts islamische Moscheegemeinden unter Verweis auf das Grundrecht auf Religionsfreiheit das Recht auf einen lautsprecherverstärkten Muezzinruf durchzusetzen versuchen, dann entstehen regelmäßig Diskussionen, in denen christliche Kirchenglocken und islamische Gebetsrufe bald mehr und schließlich ganz anderes werden als Einladung zu Gottesdienst und Gebet.

Für Christen ist dieser Funktionswandel religiöser Symbolik hierzulande in letzter Zeit vielleicht am deutlichsten im „Kruzifix-Streit“ und seinen Folgen deutlich geworden. Hier wurde unter anderem der Gekreuzigte als „Lattengustl“ verspottet, und ein Kölner Galerist ging sogar so weit, Kruzifixe als Klorollenhalterungen zum Verkauf anzubieten - freilich nicht zur Freude mancher Kölner Katholiken. Er hatte dann jedoch am 11.11.96 im RTL-Magazin „Extra“ bei Birgit Schrowange die Gelegenheit, sich bitter über die Intoleranz derer zu beklagen, die nun ihre religiösen Gefühle für verletzt erklärten oder gar in Form von anonymen Anrufen seine Galerie „abzufackeln“ drohten - immerhin litt der Mann ob eines so geringen Verständnisses für die Freiheit der Kunst nach eigenem Bekunden sogar unter Schlafstörungen. Er hatte freilich in einer Weise, die ihm nicht bewußt war und um die er möglicherweise auch gar nicht wissen wollte, mehr vom Gekreuzigten verstanden als diejenigen, die er solcherart auf die Palme brachte. Denn historisch war die Kreuzigung Jesu ein Akt der öffentlichen Verhöhnung. Erst das Bekenntnis *zum* Kreuz und *zum* Gekreuzigten verwandelt dieses Foltergerät in einen Ausdruck christlicher Identitätsbildung. Wer also das Kreuz verhöhnt, erinnert nicht nur unfreiwillig an die ursprüngliche historische Funktion des Kreuzes, sondern er führt auf diese Weise den Gläubigen regelrecht vor, indem er den Funktionswandel des Kreuzes zum Symbol christlicher Selbstbehauptung demonstriert.

Von hier aus fällt gleichzeitig ein Licht auf die Bedingungen, die einen solchen Funktionswandel auslösen. Es bedarf keineswegs immer erst einer gezielten und gesteuerten Instrumentalisierung religiöser Gefühle durch politische Machthaber, sondern es gibt eine Instrumentalisierung der Religion, die

---

[89] Vgl. *P. Kondylis*, Planetarische Politik nach dem Kalten Krieg, Berlin 1992, 69 f; vgl. neuerdings auch *B. Tibi*, Verschleierte Frauen, in: rhs 41 (1998), 362-367.

gewissermaßen von innen her erfolgt. Gewiß: „Instrumentalisieren kann sich ja nicht das Instrument selber. Man braucht [...] ‚entgegenkommende Orientierungen' [..] in dem Bereich, in den hinein die Instrumentalisierungen verlaufen".[90] Freilich ist das sogenannte „religiöse Bewußtsein" nie nur religiös bestimmt, sondern es ist stets in der gleichen Weise „pathologisch affiziert", in der Kant auch den Akt des „Ich denke" affektiven Determinanten ausgesetzt sah. Insofern fallen die besagten „entgegenkommenden Orientierungen" in jenes Bewußtsein selbst, auch wenn es sich im einzelnen subjektiv für ausschließlich religiös orientiert hält.

Dieser ideologische Mechanismus ist schließlich sogar in der Art und Weise festzustellen, wie Küng selbst in die genannte „aneignungsmimetische Falle" gerät. Denn sein Plädoyer für ein von allen Religionen getragenes Ethos gewinnt seine schärfsten Konturen in kontrastierender Absetzung von denjenigen, die sich diesem Projekt verschließen oder zumindest ihm gegenüber Vorbehalte anmelden. Wenn etwa das römische Lehramt dieses Projekt nicht mitträgt und Küng den moralischen Rigorismus dieses Lehramtes dann zur Bedrohung des gesellschaftlichen Friedens erklärt[91] oder angesichts der Anfragen eines Kritikers gleich um dessen Geisteszustand fürchtet[92], dann lädt sich das zunächst ganz und gar unverdächtige Projekt einer ethischen Weltökumene hinter dem eigenen Rücken mit genau denjenigen Mechanismen partikularer Selbstbehauptung auf, die zu überwinden man eigentlich angetreten ist.

4.4.2. Religiöser Wahrheitsanspruch und sozialer Abgrenzungsmechanismus in Gestalt des biblischen Monotheismus

Wie sehr eine für sich genommen ganz und gar unschuldige religiöse Auffassung im Blick auf den Andersdenkenden in den Sog solcher Selbstbehauptung geraten und dann in praktischer Hinsicht das Gegenteil dessen forcieren kann, wozu sie auf der Theorieebene drängt, läßt sich nicht zuletzt an der

[90] So *Th. Meyer* in einem Diskussionsbeitrag zu: *C. Jürgenmeyer*, Koexistenz und Konflikt zwischen indischen Religionsgemeinschaften. Das Beispiel Ayodhya, in: W. Kerber (Hrsg.), Religion: Grundlage oder Hindernis des Friedens?, München 1995, 79-164, 156. Mit dem Begriff der „entgegenkommenden Orientierung" bezieht sich Meyer auf Überlegungen von *J. Habermas*, der da unterscheidet zwischen der objektiven Begründung eines Geltungsanspruchs und den subjektiven Motiven, die mich dazu veranlassen, mich diesem Geltungsanspruch zu unterwerfen(vgl. *Th. Meyer*, Fundamentalismus und Universalismus in Moral und Politik, ebd., 165-215, 182 Anm.). Zur Bezugnahme auf *Habermas* vgl. *ders.*, Faktizität und Geltung. Beiträge zur Diskurstheorie des Rechts und des demokratischen Rechtsstaats, Frankfurt/M. 1992.

[91] Vgl. *H. Küng*, Die Verantwortung der Religionen und der Kirchen, in: E. Teufel (Hrsg.), Was hält die moderne Gesellschaft zusammen?, Frankfurt/M. 1996, 286-293, bes. 288-290; ähnlich auch in: Weltethos für Weltpolitik und Weltwirtschaft, 185 ff.

[92] Vgl. oben Anm. 67.

Entwicklung des biblischen Monotheismus studieren. Hier gilt zunächst einmal auf der - für sich isoliert betrachteten - Ebene religiöser Auffassungen: Er überwindet die Gewalt, die in der vorausgegangenen monolatrischen Gestalt des Jahweglaubens *erklärtermaßen* steckte. Denn im Rahmen der Monolatrie - der Alleinverehrung Jahwes als der Israel zugewandten Gottheit bei gleichzeitigem Glauben an die Existenz anderer Nationalgötter - wurde die Größe Jahwes darin offenbar, daß er seinem Volk beistand, während etwa die Ägypter im Meer versanken (vgl. Ex 15,2-19). In diesem Sinne findet der Gott Israels seine Einzigkeit nicht darin, daß es neben ihm keine anderen Götter gibt, sondern darin, daß er diesen Göttern überlegen ist: „Wer ist wie du unter den Göttern, o Herr? [...] Du strecktest deine Rechte aus, da verschlang sie die Erde" (Ex 15,11 f.). Insofern leuchtet die Größe Jahwes auf Kosten anderer Völker und ihrer Götter auf. Darum läßt sich einstweilen feststellen: Die monolatrische Gestalt des Jahweglaubens war die ideologische Überhöhung des Ringens um nationale Selbstbehauptung. Die Jahwe zugeschriebene Gewalt gegenüber anderen Völkern muß in diesem Sinne als eine Projektionsleistung gelesen werden, die aus dieser Selbstbehauptung geboren wurde. Mit Recht wird darum die Wendung zum Monotheismus als Akt eines ethischen Universalismus gelesen.[93] Wenn Jahwe nämlich alle Menschen geschaffen hat und die Götter anderer Völker „Machwerke von Menschenhand" (vgl. Ps 115,4) sind, die Jeremia sogar mit „Vogelscheuchen im Gurkenfeld" vergleicht (vgl. Jer 10,5), dann gibt es eine universale Vaterschaft Jahwes, die auch denjenigen zu meinem Bruder macht, der in empirischer Hinsicht als der schlechthin Fremde gelten muß. Die Größe und die Macht Jahwes bekunden sich nun nicht mehr darin, daß er andere Völker vernichtet, sondern darin, daß seine Liebe weiter reicht als die endliche Liebesfähigkeit des Menschen: „Das Erbarmen des Menschen gilt nur seinem Nächsten, das Erbarmen des Herrn allen Menschen (Jes Sir 18,13).

Freilich kann der Monotheismus trotz dieses ethischen Anspruchs zu einer ganz neuen Quelle möglicher Gewalt werden.[94] Wenn nämlich der Andere

---

[93] Vgl. dazu *E. Haag* (Hrsg.), Gott, der einzige. Zur Entstehung des Monotheismus in Israel, Freiburg-Basel-Wien 1985, dort insbesondere den Beitrag von *N. Lohfink*, Zur Geschichte der Diskussion über den Monotheismus im Alten Israel, 9-25. Lohfink zitiert hier *A. Kuenen*, der mit seiner 1877 erschienenen Arbeit „Prophets and Prophecy in Israel" als erster die ethischen Implikationen des alttestamentlichen Monotheismus herausgestellt habe (ebd., 10). *H. Cohen* erkennt darum als die sittliche Implikation des Monotheismus die Befähigung, „daß auch im Nichtisraeliten der Mensch erkannt und daß diese Erkenntnis in seiner politischen Anerkennung bestätigt wird" (*H. Cohen*, Religion der Vernunft aus den Quellen des Judentums, Köln [2]1959, 140). Der Begriff des „Noachiden", der im Fremden genauso wie im Angehörigen des eigenen Volkes zuallererst das Kind Noahs zu sehen lehrt und damit die Idee einer universalen Geschwisterlichkeit aller Menschen geschaffen habe, sei in diesem Sinne „Vorläufer des Naturrechts" (vgl. ebd., 139).

[94] Vgl. dazu den in wirkungsgeschichtlicher Hinsicht programmatischen Aufsatz von *O. Marquard*, Kleines Lob des Polytheismus, Erstveröffentlichung 1979, Neuabdruck in: H.J.

mein Bruder ist, dann kann es umgekehrt ein um so größeres Ärgernis bedeuten, wenn er gar nicht mein Bruder sein will. Es ist ein Unterschied, ob die Haltung der Geschwisterlichkeit eine zuvor gegebene Fremdheit überbrückt und auf diese Weise Zuwendung herstellt, wo vorher Abwendung war, oder ob umgekehrt die Abwendung des Anderen auf meine brüderliche Zuwendung reagiert und diese mit Spott und Hohn beantwortet. Während die Abwendung des Fremden nur seine Fremdheit bestätigt, kann die Abwendung dessen, in dem ich meinen Bruder erkenne, zum Anlaß heftiger Enttäuschung und zur Ursache eines ganz neuen Hasses werden. Von daher ist es nicht verwunderlich, wenn das Bekenntnis zur universalen Vaterschaft Jahwes nicht selten vom unverhohlenen Haß gegen die Frevler begleitet wird[95]. So fragt der Psalmist: „Soll ich die nicht hassen, Herr, die dich hassen, die nicht verabscheuen, die sich gegen dich erheben?" (Ps 139,21), um sich dann gleich selbst die Antwort zu geben. Denn während er zuvor noch seine Verwunderung darüber geäußert hat, daß Gott den Frevler am Leben läßt (vgl. V. 19), erklärt er nun seinen Haß auf den Frevler zum Nachvollzug jenes Hasses, den Gott gegenüber den Frevlern hege: „*Auch* mir sind sie zu Feinden geworden" (V. 22).[96] Die eigene Gewaltbereitschaft artikuliert sich auf diese Weise als Nachvollzug eines Hasses, den sie zunächst einmal Gott

Höhn (Hrsg.), Krise der Immanenz. Religion an den Grenzen der Moderne, Frankfurt 1996, 154-173.

[95] Was ich im Folgenden an Ps 115 zeige, läßt sich genauso an Ps 104 entwickeln: Nachdem der Psalmist die Herrlichkeit der Schöpfung gepriesen hat, fällt abschließend sein Blick auf diejenigen , die dem Schöpfer das ihm gebührende Lob verweigern: „Doch die Sünder sollen von der Erde verschwinden, und es sollen keine Frevler mehr dasein. Lobe den Herrn, meine Seele! Halleluja!" (Ps 104,35).

[96] Hervorhebung von mir. Die Frage, ob der biblische Monotheismus *faktisch* in Toleranz oder Intoleranz mündet, ist dabei von der grundsätzlicheren Frage zu unterscheiden, von welchen Bedingungen dies abhängt. Dies scheint mir *H.J. Fabry* zu wenig zu berücksichtigen, der die Intoleranz als logische Konsequenz des Monotheismus versteht (vgl. *ders.*, Toleranz im Alten Testament, in: I. Broer / R. Schlüter [Hrsg.], Christentum und Toleranz, Darmstadt 1996, 9-34, 20 f). Vor allem ist dabei zu bedenken, daß Toleranz sich nicht nur auf das *Andersdenken*, sondern auch auf den *Andersdenkenden* richten kann. Wenn Fabry nämlich feststellt: „Ein systematischer Monotheismus schloß jedes Andersdenken konsequent aus" (21), dann ist dem in Bezug auf das „Andersdenken" zuzustimmen. Unter dieser Voraussetzung war jedoch das Gottesurteil auf dem Karmel (vgl. 1 Kön 18), bei dem mit den Baalpriestern laut biblischem Befund immerhin 450 *Andersdenkende* getötet wurden, durchaus ein Akt der Toleranz. Denn das „Gottesurteil" rechnete durchaus mit der Existenz jener Gottheiten, die Deuterojesaja oder Jeremia später als „Machwerk von Menschenhand" verspotten, und erkannte insofern das *Andersdenken* an. Umgekehrt ist der intolerante Spott über jene „Vogelscheuchen", die bei den anderen Völkern als Götter verehrt werden (vgl. Jer 10,5), die Voraussetzung, um dem *Andersdenkenden* gerade in seinem Irrtum in einer Haltung der Toleranz begegnen zu können. Man kann insofern beim Monotheismus von einer *theoretischen Intoleranz* sprechen, die dem *anderen Denken* gilt und die zugleich die notwendige - wenn auch nicht hinreichende - Voraussetzung einer *praktischen Toleranz* ist, die dem *Andersdenkenden* zuteil wird.

zugeschrieben hat. So verwandelt sich der monotheistische Glaube an die universale Vaterschaft unbemerkt wieder in eine Projektionsgestalt menschlicher Gewalt.

4.5. Das Ethos als latente Sekundärfunktion des Glaubens - Theologie als kritische Theorie des religiösen Bewußtseins

Wir haben damit zuletzt den menschlichen Selbstbehauptungswillen als eine *latente Sekundärfunktion* des religiösen Bewußtseins bestimmt. Er stellt im genannten Sinne eine dem religiösen Glauben „entgegenkommende Orientierung" dar, die sich seiner bedient. Oder wir können auch umgekehrt von diesem Selbstbehauptungsmechanismus her einen Gedanken aufgreifen, der uns bei S. Huntington begegnet ist: Der religiöse Glaube verschafft diesem Mechanismus insbesondere dort eine solche „entgegenkommende Orientierung", wo die religiöse Unterscheidung zwischen Gläubigen und Ungläubigen, „Drinnen" und „Draußen" mit ihm korreliert. Wir müssen darum hinzufügen: Diese Sekundärfunktion droht immer dann das religiöse Bewußtsein in einer von ihm selbst nicht bemerkten Weise in ihren Dienst zu nehmen, wenn Menschen mit unterschiedlichen religiösen Auffassungen zusammenleben und das *Unter*scheidende zum *Ent*scheidenden zu werden droht.

Mit dem Begriff der „latenten Sekundärfunktion" bezeichne ich dabei jene Funktionen eines Bewußtseins, die es *unbewußt mitvollzieht*, wenn es sich auf der bewußten Ebene bestimmten Primärgehalten zuwendet. Wo also das religiöse Bewußtsein explizit meint, von Gott zu sprechen, da haben wir in den bis jetzt angesprochenen Beispielen gesehen, daß es dabei unbewußt ein nicht-religiöses Bedürfnis nach Abgrenzung und Gewalt mitrealisiert. In dem zuletzt genannten Beispiel des biblischen Monotheismus ist eine solche latente Sekundärfunktion nun gar nicht mit den intentionalen Gehalten des religiösen Bewußtsein vereinbar, wenn es sich auf einen Gott bezieht, der auch den Andersgläubigen sein Erbarmen schenkt. Es handelt sich dabei also um eine *illegitime* Sekundärfunktion. Von hier aus ergibt sich an die Theologie die Forderung, *kritische Theorie des religiösen Bewußtseins* zu sein.[97] Sie gewinnt als solche die Aufgabe, das religiöse Bewußtsein über diejenigen Interessen und Mechanismen aufzuklären, die es unbewußt und subjektiv un-

---

[97] Ich gebrauche den Begriff der „kritischen Theorie" hier im Sinne von *M. Horkheimer*, der damit die Aufgabe bezeichnet, die Gesamtheit jener Bedingungen und Mechanismen aufzuhellen, denen das Bewußtsein gerade dort unterliegt, wo es sich autonom dünkt. Vgl. dazu *M. Horkheimer*, Traditionelle und kritische Theorie, in: ders., Kritische Theorie, Frankfurt 1977 (= Studienausgabe), 521-575.

gewollt gerade dort mitvollzieht, wo es in subjektiver Unschuld meint, sich nur auf Gott zu beziehen.

Freilich ist nicht jede latente Sekundärfunktion nur wegen ihrer Latenz gleich mit den intentionalen Gehalten des Bewußtseins unvereinbar. Latenz bedeutet nicht automatisch Illegitimität. Schon eine Reihe von Alltagssituationen zeigt, daß es Funktionen gibt, die nur als latente Sekundärfunktion einer ganz anderen Primärorientierung sich einstellen können. So kann derjenige, der abends einschlafen will, so lange nicht zur Ruhe kommen, wie er noch ausdrücklich schlafen *will*. Die ersehnte Ruhe stellt sich erst dann ein, wenn das Bewußtsein eine Orientierung gefunden hat, die im einzelnen allem möglichen gelten kann, nur nicht dem Schlaf. Entsprechend kann auch jemand, der mit dem Auto am Straßenverkehr teilnimmt, nur dann seine volle Konzentration dem Verkehr widmen, wenn die Führung seines Fahrzeugs ihm keine gesonderten Bewußtseinsfunktionen abverlangt. Solange er sich auf Vorgänge wie das Bremsen, Gasgeben, Kuppeln und Schalten eigens konzentrieren muß, wird er zur Gefährdung eines Verkehrs, der seine ungeteilte Aufmerksamkeit erfordert. Die Bewegungen, mit denen er sein Fahrzeug führt, sind also die latente Sekundärfunktion von Wahrnehmungen, die der Wirklichkeit außerhalb seines Fahrzeugs gelten. Und diese Funktion muß gerade in ihrer Latenz als legitim gelten, weil sie anders gar nicht erfüllt werden kann.

Diese alltäglichen Beispiele weisen in formaler Hinsicht nun eine wesentliche Parallele mit demjenigen Verhältnis von religiösem Bewußtsein und Ethos auf, das uns im Projekt Weltethos begegnet. Die ungeteilte Hingabe des religiösen Bewußtseins an eine göttliche Wirklichkeit hat in der gleichen Weise ethische Konsequenzen, wie aus der ungeteilten Aufmerksamkeit auf den Straßenverkehr unbewußte Lenkbewegungen hervorgehen. Und unter der von Küng gemachten Voraussetzung, daß nur Gott als eine unbedingte Wirklichkeit unbedingt verpflichten kann, müßte dann gelten: Das sittliche Handeln ist für das religiöse Bewußtsein in der gleichen Weise eine Sekundärfunktion seines Glaubens an Gott wie das Einschlafen die latente Sekundärfunktion eines Bewußtseins sein kann, das sich auf intentionaler Ebene irgendwelchen physisch entspannenden Vorstellungen zuwendet. Wenn wir also die Theologie im genannten Sinne des Wortes als kritische Theorie des religiösen Bewußtseins bestimmen, dann läßt sich ihre Aufgabe nun in einer zweiten Hinsicht bestimmen: Sie hat zwischen legitimen und illegitimen Sekundärfunktionen des religiösen Bewußtseins zu unterscheiden.[98]

---

[98] Zur solcherart geforderten „Korrelation zwischen Akten von spezifisch religiöser Struktur und Gegenständen von spezifisch religiöser Wesensart" und ihrer Bedeutung für eine theologische Kritik des religiösen Bewußtseins vgl. *R. Schaeffler*, Auf dem Weg zu einem philosophischen Begriff der Religion, in: W. Kern / H.J. Pottmeyer / M. Seckler (Hrsg.), Handbuch der Fundamentaltheologie 1, Freiburg/Basel/Wien 1985, 57-72, 71;

Denn der religiöse Mensch glaubt in der Binnenperspektive seines Bewußtseins nicht um der gesellschaftlichen Funktionen seines Glaubens willen an Gott, sondern der Glaube erfüllt umgekehrt ganz bestimmte gesellschaftliche Funktionen, weil er sich auf Gott bezieht. Für den Religionssoziologen, der das Phänomen Religion nicht über den Glaubensakt, sondern über dessen empirisch greifbare Folgen faßt, verhält es sich umgekehrt. Für ihn erfüllt die Religion primär ganz bestimmte individuelle und gesellschaftliche Funktionen. Ob die Motive, die den religiösen Menschen zur Erfüllung dieser Funktionen befähigen, auf der Stufe des religiösen Bewußtseins auch als legitim gelten können, ist jedoch aus religionssoziologischer Perspektive allein nicht entscheidbar, weil der Religionssoziologe sich dazu in die Binnenperspektive des religiösen Bewußtseins begeben müßte.[99] Während nämlich aus religionssoziologischer Außenperspektive das gläubige Bewußtsein bestimmten empirisch faßbaren Zwecken dient, will der Gläubige im Rahmen seiner religiösen Binnenperspektive zunächst nicht gesellschaftlichen Zwecken, sondern Gott dienen. Was also dem Gläubigen aus der Binnenperspektive eine abgeleitete und latente Sekundärfunktion seines Glaubens ist, stellt in der Außenperspektive seine Primärfunktion dar und umgekehrt. Daraus folgt für die Aufgabe der Theologie als kritische Theorie des religiösen Bewußtseins eine wechselseitige Verschränkung beider Perspektiven. So gilt einerseits: Wer aus der soziologischen Außenperspektive ein Interesse daran hat, daß die Religion ganz bestimmte Funktionen erfüllt, die auf der Ebene des religiösen Bewußtseins nur latent wirksam sind, der muß überlegen, welche Gegenstandsorientierung für das religiöse Bewußtseins diese Primärfunktion erfüllt. Er ist in formaler Hinsicht demjenigen vergleichbar, der schon im Laufe eines Tages weiß, daß er heute früh einschlafen möchte, und deshalb überlegt, womit er sich vor dem Einschlafen beschäftigen sollte, damit er auf diese Weise ohne Verzögerungen zur Ruhe findet.[100] Aber es gilt auch umgekehrt: Damit das religiöse Bewußtsein nicht unbemerkt Sekundärfunktionen erfüllt, die es „um Gottes willen" gar nicht erfüllen darf und mit denen Gott unbemerkt zum Widerhall menschlicher Interessen geworden ist, bedarf das reli-

ders., Religionsphilosophie, Freiburg-München ²1997, 197-250 sowie insbesondere 251-318 (= „Nachträge zur 2. Auflage").

[99] Zu diesem Problem vgl. *R. Spaemann*, Funktionale Religionsbegründung und Religion, in: P. Koslowski (Hrsg.), Die religiöse Dimension der Gesellschaft, Tübingen 1985, 9-25; *W. Pannenberg*, Systematische Theologie I, Göttingen 1988, 167 f; *S. Greiner*, Funktionale Religionstheorie und christlicher Glaube, in: Münchener Theologische Zeitschrift 43 (1992), 183-195.

[100] Dies ist insbesondere gegenüber *H. Lübbe* festzustellen, der die funktionale Leistung des religiösen Bewußtsein in der „Kontingenzbewältigung" erkennt, aber m. E. zu wenig berücksichtigt, daß diese Funktion nur erfüllbar ist, wenn das religiöse Bewußtsein dabei eine andere Primärorientierung findet (vgl. *H. Lübbe*, Religion nach der Aufklärung, Graz-Wien-Köln 1986).

giöse Bewußtsein - wiederum *um Gottes willen* - der genannten soziologischen Außenperspektive.

In unserer Diskussion des Projektes Weltethos müssen wir nun beide Perspektiven einstweilen methodisch auseinanderhalten. Wenn Küng danach fragt, was die Religionen zum gesellschaftlichen Frieden und zum Weltfrieden beitragen können, dann hält er sich in der genannten Außenperspektive auf. Wenn er dann jedoch klarstellt, daß der religiöse Mensch das Gute deshalb tue, weil er es in Gott begründet sieht, dann bezieht er sich auf die besagte religiöse Binnenperspektive. Nun haben wir bei den gerade behandelten Beispielen festgestellt, daß die Außen- und die Binnenperspektive nicht gleichzeitig eingenommen werden können, ohne einander in den solcherart ermöglichten Vollzügen zu stören. Man kann nicht sich einer wie auch immer gearteten Wirklichkeit hingeben und zugleich die Bedingungen solcher Hingabe wie auch die durch sie ermöglichten Funktionen als solche reflektieren. Ich zerstöre meine Chancen einzuschlafen, wenn ich mir zum gleichen Zeitpunkt in Akten meines Bewußtseins vergegenwärtige, wozu ich den Schlaf brauche und von welchen Bedingungen es abhängt, ob ich ihn finde. Gleiches gilt für alle Vollzüge, die nur in einer Haltung der Selbstvergessenheit zu realisieren sind.

So hat Küng in der Diskussion seines Projektes zumindest an einer Stelle deutlich zu spüren bekommen, wie sehr die Selbstvergessenheit, mit der sich das religiöse Bewußtsein auf eine göttliche Wirklichkeit zu beziehen beansprucht, durch die Begegnung mit der Außenperspektive gestört wird und in trotzige Selbstbehauptung umschlägt. Denn daß er das Gute tun will, um den Willen Gottes zu erfüllen, war zumindest für den bereits genannten islamischen Theologen Muhammad El-Ghazali ein Grund, das Projekt Weltethos nicht zusammen mit denen zu verfolgen, die seine religiösen Motive nicht teilen.[101] Denn gerade darin - so haben wir gesehen - verwandelt sich der Wahrheitsanspruch einer Religion in jenes Ausdrucksmoment partikularer Selbstabgrenzung, die schon der Sultan Saladin in Lessings „Nathan“ im Auge hatte, als er davor warnte, dem Juden und dem Muslim „nur zum Trotz ein Christ“ (vgl. VV 2802 f.) zu sein. Paradoxerweise produziert im Beispiel Muhammad El-Ghazalis die Begegnung mit der Außenperspektive genau jene Sekundärfunktion des religiösen Bewußtseins, die aus der Außenperspektive doch gerade überwunden werden soll.

Wenn wir bis hierhin die Theologie als kritische Theorie des religiösen Bewußtseins bestimmt haben, dann bedeutet dies eine Form der Außenperspektive, die dem dargestellten Bedingungszusammenhang von Innen und Außen nicht einfach unterliegt, sondern ihn nochmals reflektiert. Das heißt: Theologie bedeutet *um Gottes willen* die Aufgabe, zwischen legitimen und illegitimen Sekundärfunktionen des religiösen Bewußtseins zu unterscheiden.

---

[101] S.o. Anm 24.

Im Gegensatz zu einer bereits im Ansatz dem Glauben äußerlich bleibenden Perspektive wie der religionssoziologischen bedeutet dieses Verständnis von Theologie dann eine Wahrnehmung der Außenperspektive, die in einem Interesse der Binnenperspektive wurzelt. In diesem Sinne gibt es ein Interesse an Aufklärung, das dem religiösen Bewußtsein immanent ist und ihm nicht erst von außen durch den Autonomieanspruch der Vernunft aufgenötigt wird.

Freilich kann der externe Autonomieanspruch der Vernunft das gläubige Bewußtsein an diese seine eigene Aufgabe erinnern. Dies ist etwa dort der Fall, wo das religiöse Bewußtsein in einer ganz und gar selbstvergessenen Weise sich auf die Realität des Göttlichen zu beziehen meint und dabei Sekundärfunktionen vollzieht, die es nicht etwa nur gleichzeitig, sondern prinzipiell nicht von sich aus zu reflektieren vermag. Auch dieses Problem hat Lessing seinerzeit im „Nathan“ artikuliert, wenn die bereits zitierte Sittah die humanen Leistungen, die Christen unbezweifelbar vollbringen, als Sekundärfunktionen eines religiösen Bewußtseins verurteilt, dessen Humanität sich dem wohltätigen Zufall verdankt, daß Jesus halt ein guter Mensch war: „Denn selbst das, was, noch von ihrem Stifter her, mit Menschlichkeit den Aberglauben würzt, das lieben sie, nicht weil es menschlich ist: Weil‘s Christus lehrt; weil‘s Christus hat getan“ (VV 868 ff). Und sie fügt aufatmend hinzu: „Wohl ihnen, daß er ein so guter Mensch noch war. Wohl ihnen, daß sie seine Tugend auf Treu und Glauben nehmen können“ (VV 873 ff).

Nun haben wir festgestellt, daß Küng in seiner Kritik an der Dialektik der Aufklärung wie auch in seiner - selbst schon sittlich qualifizierten - Forderung nach einer religiösen Begründung sittlicher Verpflichtung sich in Widersprüche verwickelt. Wir können an dieser Stelle nun hinzufügen: Diese Widersprüche resultieren daraus, daß er sowohl im Blick auf die ethischen Implikationen der Religion als auch in seiner Kritik am Autonomieanspruch der neuzeitlichen Vernunft nicht konsequent zwischen der primären Gegenstandsorientierung des jeweiligen Bewußtseins und seinen nicht nur unbewußten, sondern oftmals auch ungewollten und illegitimen Sekundärfunktionen unterscheidet. Denn nicht nur das religiöse Bewußtsein, sondern auch der Autonomieanspruch der Vernunft stellt vor die Aufgabe, die jeweils eigenen nicht-legitimen Sekundärfunktionen kritisch aufzuhellen, die im letzteren Fall durch die „pathologische Affizierung“ des realen Vernunftgebrauchs bedingt sind. Insofern haben wir festgestellt: Gerade dort, wo der Autonomieanspruch der Vernunft in Herrschaft und Gewalt umschlägt und wir die „Dialektik der Aufklärung“ beklagen, ist der Vernunftgebrauch nur in eine neue Gestalt der Heteronomie verfallen, die er an sich selbst nicht bemerkt. Daraus ergibt sich zwischen dem Autonomieanspruch der Vernunft und dem Anspruch Gottes, dem sich das religiöse Bewußtsein unterwirft, eine Parallele, die wir zwar an dieser Stelle noch nicht behandeln, aber doch wenigstens benennen können. Denn beide konvergieren in einem spezifischen Interesse an Aufklärung und Überwindung ihrer unbewußten und ungewollten Fremdbestimmung.

Daß Küng diese Unterscheidung nicht vornimmt, hat nicht nur zur Folge, daß er die Unabgeschlossenheit der Aufklärung mit deren Scheitern verwechselt. Daraus folgt vor allem ein hier bereits hervorgehobener Widerspruch, den er selbst freilich nicht zu bemerken scheint und der auf diese Weise dazu führt, daß eine ganz wesentliche Frage offenbleibt, die sein Projekt aufwirft. Auf der einen Seite stellt er nämlich immer wieder nachdrücklich fest, nur in einem Divinum könne die sittliche Verpflichtung des Humanum begründet werden. Zwar könne ein Agnostiker oder ein Atheist sich den gleichen sittlichen Verpflichtungen unterstellen wie der Gläubige und auch in einer ihnen entsprechenden Weise leben. Er könne sie aber nicht begründen (vgl. PWE 75). Auf diese Weise hat er faktisch die religiöse Binnenperspektive als jenen Ort bestimmt, aus dem allein die Erfahrung sittlicher Verpflichtung begründet werden kann. Auf der anderen Seite mußten wir aber feststellen, daß die Forderung nach einem von den Religionen zu formulierendes Weltethos selbst schon implizit von jenem universalen sittlichen Anspruch bewegt ist, dessen explizite Artikulation sie von einer Koalition der Religionen erwartet. Damit gesteht Küng wiederum eine vorreligiöse und in diesem Sinne autonome Erfahrung sittlicher Verpflichtung ein, die selbst in der soziologischen Außenwahrnehmung der Religion noch wirksam ist. Je nach dem, in welche Richtung man diesen Widerspruch auflöst, ergeben sich ganz unterschiedliche Einschätzungen der Religion: Wenn es nämlich eine autonome Erfahrung sittlicher Verpflichtung gibt, dann braucht die Religion diese Verpflichtung nicht noch eigens zu begründen. Die Religionen müßten sich dann nicht deshalb an der Formulierung eines Weltethos beteiligen, weil man ohne Religion keine sittliche Verpflichtung *begründen* kann, sondern weil in einer Welt, in der die meisten Menschen in religiösen Orientierungssystemen leben, man ohne Religion keine sittliche Verpflichtung *durchsetzen* kann. Dann wäre Gott freilich keine Begründungsinstanz, sondern ein Mittel pädagogischer Vermittlung, das nur bei denjenigen wirkt, die von vorneherein an ihn glauben. Oder es gilt umgekehrt: Man kann ohne Appell an eine göttliche Wirklichkeit eine unbedingte Verpflichtung zwar erfahren, aber nicht begründen. Diese Unterscheidung von Erfahrung und Begründung wirft dann aber die Frage auf, von welchen Bedingungen es abhängt, ob die auch außerhalb eines religiösen Selbstverständnisses zu gewinnende Erfahrung sittlicher Verpflichtung noch einer weitergehenden Begründung bedarf.[102]

---

[102] Küngs Argumentation wäre an dieser Stelle überzeugender, wenn er sich seinerzeit der Kritik von *H. Albert* gestellt hätte, der ihm vorwarf, vom Begründungsprinzip nur insoweit Gebrauch zu machen, wie es zu den von ihm vorab gewünschten religiösen Ergebnissen führt (vgl. *H. Albert*, Das Elend der Theologie. Kritische Auseinandersetzung mit

Diese Fragen können auch an dieser Stelle vorläufig nur entwickelt, noch nicht aber beantwortet werden. Für unsere Fragestellung bleibt jedoch einstweilen festzuhalten: Das religiöse Bewußtsein weiß sich primär auf eine als göttlich erfahrene Wirklichkeit bezogen, und das jeweilige Ethos ist eine aus diesem Glauben abgeleitete Sekundärfunktion. Wenn also die Religionen gefragt werden, was sie zu einem Weltethos beizutragen vermögen, dann können sie von sich aus diese Frage nur beantworten, wenn es ihnen im Rahmen einer kritischen Theorie des religiösen Bewußtseins gelingt, diese aus der Außenperspektive kommende Frage in die religiöse Binnenperspektive zu transformieren. Die Transformation dieser Frage muß dann in formaler Hinsicht lauten: Wo liegen auf der Ebene des religiösen Bewußtseins gegebenenfalls jene Bedingungen vor, welche die Religion von innen her dazu befähigen, den äußerlich geforderten Beitrag zu einem Weltethos zu leisten? Wenn Küng darüber hinaus um des gesellschaftlichen und politischen Friedens willen die Religionen auffordert, im Umgang miteinander ihre Wahrheitsansprüche zu relativieren und sie auf den Binnenraum der eigenen Tradition zu beschränken, dann hält sich auch diese Forderung in der Außenperspektive auf. In die religiöse Binnenperspektive transformiert, muß sie in Weiterführung unserer dritten Eingangsfrage lauten: Läßt der Wahrheitsanspruch des religiösen Bewußtseins auch *um Gottes willen* jene Selbstrelativierung zu, die ihm *um des Friedens willen* abverlangt wird?

Hans Küng, Hamburg 1979). Leider hat Küng darauf nur mit einer Anmerkung in seinem Buch „Ewiges Leben?“ (München-Zürich 1982, 306) geantwortet, die freilich die Notwendigkeit jener Auseinandersetzung mit Albert, die er nicht mehr geleistet hat, durchaus betont.

5. Der christliche Wahrheitsanspruch und die von ihm geforderte Selbstrelativierung

5.1. Zwischen Exklusivismus und Inklusivismus. - Zu den Alternativen in der gegenwärtigen Diskussion um den Wahrheitsanspruch des Christentums

In der religionstheologischen Diskussion der Gegenwart hat sich hinsichtlich der Einschätzung des christlichen Wahrheitsanspruchs eine ganz bestimmte Typologie eingebürgert, die zwischen einem exklusivistischen, einem inklusivistischen und einem pluralistischen Modell dieses Wahrheitsanspruchs unterscheidet.[103]

Diese Modelle lassen sich in aller Kürze - und damit zugleich nicht ohne Verkürzungen - folgendermaßen beschreiben: Ein religionstheologischer *Exklusivismus* liegt dort vor, wo das kirchlich verfaßte Christentum „außerhalb der Kirche kein Heil"[104] kennt. Unter dieser Voraussetzung tritt das Christentum mit dem Anspruch, die einzig wahre Religion zu sein, in einer Weise auf, die alle anderen Religionen zu Irrtümern erklärt. Ein religionstheologischer *Inklusivismus* behält dagegen zwar den exklusiven Wahrheitsanspruch des Christentums bei, räumt aber den anderen Religionen die Möglichkeit ein, in verdunkelter Gestalt partielle Momente jener göttlichen Wirklichkeit wahrzunehmen, die in ihrer ganzen Fülle dem Christen in Jesus Christus offenbar geworden ist. Andere Religionen enthalten dann verborgen und in diesem Sinne „anonym" eine Ahnung dessen, wovon das Christentum bereits ein explizites Bewußtsein gewonnen hat.[105]

---

[103] Vgl. dazu *P. Schmidt-Leukel*, Zur Klassifikation religionstheologischer Modelle, in: Catholica 47 (1993), 163-183.

[104] So bekräftigt das Konzil von Florenz (1442) noch einmal, was zuvor schon das IV. Laterankonzil (1215) festgestellt hat: „Die heilige römische Kirche [...] glaubt fest, bekennt und verkündet, daß niemand außerhalb der katholischen Kirche, weder Heide noch Jude noch Ungläubiger oder ein von der Kirche Getrennter, des ewigen Lebens teilhaftig wird, vielmehr dem ewigen Feuer verfällt, das dem Teufel und seinen Engeln bereitet ist, wenn er sich nicht vor dem Tode ihr anschließt" (vgl. DH 1351).

[105] So etwa das II. Vatikanum in der Dogmatischen Konstitution „Lumen gentium" (= LG) und der Erklärung „Nostra aetate" (= NA), im Folgenden zitiert nach: *K. Rahner / H. Vorgrimler* (Hrsg.), Kleines Konzilskompendium. Sämtliche Texte des Zweiten Vatikanums, Freiburg-Basel-Wien ^{9}1974:
„Die göttliche Vorsehung verweigert auch denen das zum Heil Notwendige nicht, die ohne Schuld noch nicht zur ausdrücklichen Anerkennung Gottes gekommen sind, jedoch, nicht ohne die göttliche Gnade, ein rechtes Leben zu führen sich bemühen. Was sich nämlich *an Gutem und Wahrem bei ihnen* findet, wird von der Kirche als *Vorbereitung für die Froh-*

Diesen religionstheologischen Modellen entsprechen in sittlich-praktischer Hinsicht höchst unterschiedliche Formen des geforderten Umgangs mit Andersgläubigen. So fordert das exklusivistische Modell dazu auf, diese Menschen zu bekehren, und zwar gegebenenfalls sogar gegen ihren erklärten Willen. Denn wenn nur in Jesus Christus das Heil zu finden ist, dann gebietet es sogar die Liebe zu anderen Menschen, ihnen dieses Heil nicht zu verweigern.[106] Die in der Tradition der Aufklärung geforderte Haltung der Toleranz lieferte dann die Andersgläubigen wie die Ungläubigen dem Unheil aus, so daß die Liebe zur Menschheit es sogar gebietet, andere notfalls gegen ihren Willen und unter Einsatz von Gewalt zu taufen.[107] Anders der Inklusivismus: Er behält die Geste der Bevormundung anderer zwar bei, gibt ihr aber in praktischer Hinsicht eine friedlichere Gestalt. Weil die Wahrnehmbarkeit des in Christus erschienenen Heils - wenn auch nur in verdunkelter Gestalt - in manchen Gehalten weiter reicht als das kirchlich verfaßte Christentum, ist die Situation des Nichtchristen auch dann nicht schlechthin hoffnungslos, wenn er sich nicht taufen läßt. Was nämlich im Exklusivismus noch die rettende Bekehrung aus dem Irrtum war, wird nun zu einem Prozeß der Explikation jener Momente, die in anderen Religionen schon da sind. Nicht das Verhältnis der Wahrheit zum Irrtum, sondern der Wahrheit zu ihren graduellen Annäherungsgestalten kennzeichnet nun das Verhältnis zu den Nichtchristen. Darum ist das Verhältnis zu den Nichtchristen nicht länger durch die Bereitschaft zu einer nötigenfalls auch gewaltsamen Rettung gekennzeichnet, die gegen den Willen des zu Rettenden erfolgt, sondern durch die freundliche Gebärde herablassender Geduld, mit der etwa auch Eltern ihren Kindern zu verstehen geben, daß sie durchaus wissen, was in ihren noch tapsigen und unbeholfenen Artikulationsversuchen um Ausdruck ringt. So wird die offene Gewalt des Exklusivismus durch die sanfte Gewalt der Bevormundung ersetzt. Deren Sanftheit ist dadurch erkauft, daß die Andersartigkeit des Anderen gar nicht mehr ernstgenommen, sondern als ein Selbstmißverständnis durchschaut wird, in dem er gefangen ist, ohne es selbst zu bemerken.

Den Ausweg aus dem Dilemma zwischen der empirisch manifesten Ge-

---

botschaft und als Gabe dessen geschätzt, der jeden Menschen erleuchtet, damit er schließlich das Leben habe" (LG 16, Hervorhebung von mir).
„Die katholische Kirche lehnt nichts von alledem ab, was in diesen Religionen wahr und heilig ist. Mit aufrichtigem Ernst betrachtet sie jene Handlungs- und Lebensweisen, jene Vorschriften und Lehren, die zwar in manchem von dem abweichen, was sie selber für wahr hält und lehrt, nicht selten aber einen Strahl jener Wahrheit erkennen lassen, die alle Menschen erleuchtet" (NA 2).

[106] Vgl. dazu das Kapitel „Heilssorge als Grund christlicher Intoleranz" in: *P. Schmidt-Leukel*, Ist das Christentum notwendig intolerant?, in: *ders.* (Hrsg.), Berechtigte Hoffnung. Über die Möglichkeit, vernünftig und zugleich Christ zu sein, Paderborn 1995, 249-273, 251 ff; vgl. auch *ders.*, Theologie der Religionen, 12 ff.

[107] S.o. Anm. 11.

walt, die der Exklusivismus dem anderen antut, und der sublimen Gewalt, mit der der Inklusivismus ihn auf dem Weg zur Wahrheit wähnt, verspricht im Rahmen der vorliegenden Typologie allein der Pluralismus. Denn er beansprucht, in der Diskussion um den Absolutheitsanspruch des Christentums jenes erkenntnistheoretische Instrumentarium zur Anwendung zu bringen, das die Andersartigkeit des Anderen als solche erst angemessen respektiert und so die Voraussetzung zu einer friedlichen Koexistenz der Religionen bereitstellt. Dieses Instrumentarium begegnet in der Unterscheidung zwischen der für Menschen zuletzt unfaßbaren Wirklichkeit des *Göttlichen an sich* und dessen immer nur endlichen Wahrnehmungs- und Artikulationsgestalten, die es im menschlichen Bewußtsein *für uns* gewinnt. Die Unterschiedlichkeit der Religionen ist dann bedingt durch die Vielfalt geschichtlich und kulturell hervorgebrachter Anschauungsformen. Die vermeintliche Vielfalt der Götter und die Fülle ihrer Offenbarungen ist dann in Wirklichkeit durch die Vielfalt der Perspektiven hervorgebracht, in denen die eine Wirklichkeit des Göttlichen immer neu zur Sprache gelangt.[108] Um das erkenntnistheoretische Problem noch einmal an einem Beispiel zu illustrieren, das wir inzwischen schon mehrfach bemüht haben: Wenn Fans konkurrierender Fußballvereine das Spiel, das ihre Vereine gegeneinander führen, durch ihre „Vereinsbrille" wahrnehmen und dann entsprechend miteinander auszuwerten versuchen, dann erhebt sich oft der wechselseitige Vorwurf: „Du hast offensichtlich ein anderes Spiel gesehen!" Was hier als Andersartigkeit der beobachteten Wirklichkeit erscheint, ist in Wirklichkeit nur das Ergebnis jener Projektionsleistung, mit der die Unterschiedlichkeit der aufgesetzten „Brillen" die Wahrnehmung der jeweiligen Wirklichkeit einfärbt. Darum sprechen pluralistische Religionstheologen auch gerne von unterschiedlichen „Linsen", mit denen verschiedene Kulturen die eine Realität des Göttlichen verschiedenartig wahrnehmen.[109]

Die biblischen und die dogmatischen Aussagen, mit denen das Christentum ein wie auch immer geartetes Bewußtsein der Überlegenheit gegenüber anderen Religionen zum Ausdruck bringt, werden dann hermeneutisch entschlüsselt als Ergebnis einer emphatischen Begeisterungs- oder Überlebens-

---

[108] Die „pluralistische Hypothese" lautet nach den Worten ihres maßgeblichen Vertreters *John Hick*, daß die Religionen „unterschiedliche phänomenale Wahrnehmungen derselben noumenalen Wirklichkeit" darstellen (*ders.*, Religion. Die menschlichen Antworten auf die Frage nach Leben und Tod, München 1996, 31). Hick erläutert diesen erkenntnistheoretischen Sachverhalt unter anderem anhand eines Bildes, das in diesem Sinne bereits von einem islamischen Zeitgenossen von Thomas von Aquin entwickelt worden ist: „Die Farbe des Wassers ist diejenige des Behältnisses" (ebd., 263).

[109] Zu diesem auf *J. Hick* zurückgehenden Bild vgl. *P. Schmidt-Leukel*, Religiöse Vielfalt als theologisches Problem. Optionen und Chancen der pluralistischen Religionstheologie John Hicks, in: R. Schwager (Hrsg.), Christus allein? Der Streit um die pluralistische Religionstheologie, Freiburg/Br. 1996, 11-49, 28 f.

sprache, mit denen situationsbedingte Affekte die Wahrnehmung des Göttlichen entsprechend einfärben.[110] Wir haben bereits gesehen: Wer etwa in diesem Sinne seine Frau „die schönste Frau der Welt" nennt, will damit in der Regel nicht allen Ernstes alle übrigen Frauen im Vergleich mit ihr als minderwertig darstellen. Vielmehr meint er etwas, was transformiert in eine nüchterne und konstative Sprache lauten muß: „*Für mich* bist du die schönste Frau der Welt!" Und wir haben hinzugefügt: „Für andere hoffentlich nicht!" Denn der Friede unter allen liebenden Männern ist nur dadurch gewährleistet, daß Weiblichkeit unendlich viele Konkretisierungen zuläßt, so daß jeder *seine* Frau finden kann. Angewandt auf die Überlebenssprache begegnet das gleiche Problem in der gleichen Auflösung: Wer nämlich kurz vor dem Tod durch Verdursten steht, kann unter solchen Umständen zu Aussagen gelangen wie der, daß er für eine ausreichende Menge Wasser „alles" herzugeben bereit sei. In einer weniger geplagten Situation und bei einem ausreichenden Angebot alternativer Getränke wird er jedoch kaum die genannte Aussage wiederholen, sondern kann ihre Bedeutung in den ganz anders lautenden Satz transformieren, der da lautet: Wenn ich kurz vor dem drohenden Tod durch Verdursten stehe, dann ist in diesem Moment die Versorgung mit Wasser wichtiger als alles andere.

Es liegt auf der Hand, daß das pluralistische Konzept unter diesen Voraussetzungen mit dem Anspruch auftritt, das einzige zu sein, das eine gleichberechtigte und legitime Vielfalt der Religionen anzuerkennen vermag und auf diese Weise mehr als jedes andere die religionstheologische Grundlegung des interreligiösen Friedens zu sichern weiß. Allerdings begegnet jene Gewalt, in die der skizzierte Exklusivismus *offenkundig* mündet und die sich im Inklusivismus in die heimliche Geste der Bevormundung des Nichtchristen verwandelt hat, in subtiler Weise auch im pluralistischen Modell. Dies gilt gleich in zweierlei Hinsicht.[111] Denn zunächst nimmt das pluralistische Modell nicht weniger als der kritisierte Inklusivismus durch seine Theorie religiöser Erfahrung einen äußeren Eingriff in das Selbstverständnis all jener Religionen vor, die von innen her über eigene Absolutheitsansprüche verfügen. So ist es für Muslime gleichgültig, ob der Inklusivist oder der Pluralist ihnen die Annahme zumutet, den Koran als *eine* kulturspezifisch bedingte Wahrnehmungsgestalt des Göttlichen unter anderen zu sehen. Denn für sie ist der Koran in der Regel die unmittelbare - d.h. durch keinerlei menschliche Vermittlung „eingefärbte" - Wiedergabe jenes göttlichen Wortes, das Thora und

---

[110] Dazu und zum Folgenden vgl. *P.F. Knitter*, Ein Gott - viele Religionen. Gegen den Absolutheitsanspruch des Christentums, München 1988, 123 f.

[111] Zu den „geheimen Absolutheitsansprüchen" des Pluralismuskonzeptes vgl. *G. Neuhaus*, Zwischen Relativismus und Absolutheitsanspruch. Überlegungen zu einer nachkonziliaren Theologie der Religionen, in: W. Geerlings / M. Seckler (Hrsg.), Kirche sein. Nachkonziliare Theologie im Dienst der Kirchenreform (= FS H.J. Pottmeyer), Freiburg/Br. 1994, 273-293, 283 ff.

Evangelium nur in menschlicher Vermittlung bezeugen.[112] Insofern bedeutet das pluralistische Modell für den Muslim die gleiche Bevormundung wie der christliche Inklusivismus, wenn er dazu seinerseits jenen Inklusivismus aufgeben muß, zu dem ihn der Koran in der religionstheologischen Einschätzung von Judentum und Christentum auffordert.[113] Nicht minder greift das pluralistische Modell entsprechend in das Selbstverständnis des Christentums ein, für das erst einmal der Nachweis zu erbringen wäre, daß die biblischen und dogmatischen Aussagen von ihren historischen Kontexten her als Dokumente überlebens- oder liebessprachlicher Begeisterung dechiffriert werden können.

In einer zweiten Hinsicht begegnet ein Akt subtiler Gewalt in der genannten religionstheologischen Typologie selbst. Denn während der „Pluralismus" eine Selbstbezeichnung des entsprechenden Konzeptes ist, handelt es sich bei „Exklusivismus" und „Inklusivismus" nicht etwa um das Selbstverständnis der sogenannten Exklusivisten und Inklusivisten, sondern um Fremdbezeichnungen, mit denen Pluralisten jenen dunklen Kontrasthintergrund schaffen, vor dem das von ihnen favorisierte religionstheologische Modell erst die gewünschten Konturen gewinnt. Dies ist deshalb bemerkenswert, weil auf diese Weise auch ein religionstheologisches Modell über seine Selbstartikulation in jene Abgrenzungsmechanismen hineingerät, deren Wirksamkeit wir soeben noch als eine mögliche - und zwar konflikterzeugende - Sekundärfunktion des religiösen Bewußtseins kennengelernt haben.[114] Denn das pluralistische Konzept beerbt auf diese Weise mit dem Abgrenzungsmechanismus auch dessen Gewaltsamkeit, die im vorliegenden Fall die faktischen Gemeinsamkeiten der genannten Modelle nicht nur vergleichgültigt, sondern bisweilen sogar ganz schlicht verfälscht. In Abgrenzung von einem christologischen

---

[112] Vgl. dazu *H. Zirker*, Zur „pluralistischen Religionstheologie" im Blick auf den Islam, in: R. Schwager (Hrsg.), Christus allein?, 189-202, 194 ff; *ders.*, Geschichtliche Offenbarung und Endgültigkeitsansprüche. Voraussetzungen des Fundamentalismus in Christentum und Islam, in: J. Werbick (Hrsg.), Offenbarungsanspruch und fundamentalistische Versuchung, Freiburg-Basel-Wien 1991, 161-186.

[113] Denn wenn der Koran Abraham als ersten Muslim (vgl. Sure 3,67) bezeichnet, dann werden von hier aus die Thora und die Evangelien als Verdunkelung jenes Gotteswortes bestimmbar, das im Koran seine Reingestalt gewinnt. Vgl. dazu nochmals *H. Zirker*, Zur „Pluralistischen Religionstheologie" im Blick auf den Islam, 194-200.

[114] *P. Schmidt-Leukel* kennt sogar unter denjenigen, die sich nicht zum Konzept eines religionstheologischen Pluralismus bekennen, einen „anonymen Pluralismus". Er verleiht nämlich seiner pluralistischen Argumentation geradezu inklusivistische Züge, wenn er sich folgendermaßen an seine Leser wendet: „Dem Leser sei daher eine ganz persönliche Frage gestellt: Würden Sie es sich, tief in Ihrem Herzen, wünschen, daß alle anderen Religionen dieser Welt verschwinden und alle Menschen Christen bzw. römische Katholiken werden? Oder haben Sie das intuitive Gefühl, daß dies für das religiöse Leben auf diesem Planeten Erde eine bedauerliche Verarmung wäre? Wenn Sie letzteres bejahen, wenn Sie den Wert der Vielfalt auch im Bereich der Religionen schätzen, dann ist Ihre Intuition pluralistisch" (Religiöse Vielfalt als theologisches Problem, 47).

Exklusivismus erzeugt es nämlich den Eindruck, die religionstheologische Unterscheidung zwischen dem *Göttlichen an sich* und dessen immer nur *eingeschränkten historischen Wahrnehmungsgestalten* sei eine pluralistische Entdeckung, mit der endlich der Weg über die Alternativen von Exklusivismus und Inklusivismus hinaus gebahnt werde. Doch wußte schon der im Ergebnis durchaus exklusivistisch argumentierende Paulus, daß all unser Erkennen „Stückwerk" ist (vgl. 1 Kor 13,9). Weil nämlich alle religiöse Erfahrung eben nicht Gott „von Angesicht zu Angesicht" anschaut, sondern ihn immer nur wie in einem Spiegel sieht, gelangt er zur Unterscheidung zwischen „Glauben" und „Schauen"[115], um dann festzustellen: „Jetzt schauen wir in einen Spiegel und sehen nur rätselhafte Umrisse, dann aber schauen wir von Angesicht zu Angesicht. Jetzt erkenne ich unvollkommen, dann aber werde ich durch und durch erkennen, so wie ich auch durch und durch erkannt worden bin" (1 Kor 13,12).

Gerade das Bild des Spiegels lädt dabei zu einer religionstheologischen Verdeutlichung ein. Wer nämlich unbewegt mit seinem Gesicht vor einem Spiegel verharrt, der sieht strenggenommen die Flecken und Schatten des Spiegels als Flecken und Schatten auf seinem Gesicht. Theologisch gesprochen: Der Spiegel *offenbart* mein Antlitz nur so, daß er es zugleich auch *verfremdet* - verfremdet durch Momente, die der Spiegelungsvorgang selbst in das reflektierte Gesicht hineinprojiziert. In der unbewegten Wahrnehmung meines Gesichtes ist die Unterscheidung derjenigen Merkmale, die meinem Gesicht selbst angehören, und derer, die der Spiegel zu scheinbaren Eigenarten meines Gesichtes macht, nicht möglich. Die Fähigkeit, beides zu unterscheiden, stellt sich erst in dem Moment ein, wo mein Gesicht aus dem Spiegel verschwindet und die vermeintlichen Kennzeichen meines Gesichtes als Merkmale dessen zurückbleiben, was nun stattdessen im Spiegel auftaucht. Wiederum theologisch umformuliert: Erst als ein sich der Spiegelung entziehendes macht uns das Antlitz bewußt, daß es die Wahrnehmungsgestalten sprengt, die der Spiegel zur Verfügung stellt.[116] In diesem Sinne bekundet sich Gott als eine Wirklichkeit, die in den menschlichen Anschauungsformen nicht aufgeht.

Genau diesen erkenntnistheoretischen Sachverhalt bringt Paulus nun in einem anderen Bild zum Ausdruck, das sich geradezu als exklusivistische Metakritik an jener Kritik lesen läßt, die der religionstheologische Pluralismus am Exklusivismus anbringt. Denn dieser macht darauf aufmerksam, daß das an sich farblose und formlose Wasser für den Betrachter stets die Farbe und

---

[115] „Denn als Glaubende gehen wir unseren Weg, nicht als Schauende" (2 Kor 5,7).

[116] Zur Erfahrung des göttlichen Angesichtes als eines sich entziehenden vgl. u.a. Ex 33,22: „Wenn meine Herrlichkeit vorüberzieht, stelle ich dich in den Felsspalt und halte meine Hand über dich, bis ich vorüber bin. Dann ziehe ich meine Hand zurück, und du wirst meinen Rücken sehen. Mein Angesicht aber kann niemand sehen."

die Gestalt desjenigen Gefäßes annimmt, mit dem wir es festhalten.[117] Die Fähigkeit, Farbe und und Form des Gefäßes vom Inhalt zu unterscheiden, stellt sich in der pluralistischen Lesart dieses Bildes dann ein, wenn derselbe Inhalt in andersfarbigen und andersgeformten Gefäßen begegnet. Insofern legt der pluralistische Ansatz den Eindruck nahe, als müsse man erst einmal anderen Gefäßen - sprich: anderen Religionen - begegnet sein, um besagte Unterscheidung vollziehen zu können. Freilich tritt gerade in diesem Bild auch die offene Frage zutage, die ein pluralistisches Modell aufwirft. Denn wodurch ist bei der Vielfalt diverser Gefäße die Selbigkeit des Inhaltes garantiert?[118] Sie ist nur dann gewährleistet, wenn der Betrachter nicht nur auf *synchroner* Ebene verschiedene Gefäße nebeneinander sieht, sondern auch in *diachroner* Hinsicht jene Transformationsprozesse wahrnimmt, innerhalb derer ein- und derselbe Inhalt von einem Gefäß in das andere umgeschüttet wird, um auf diese Weise eine neue Gestalt anzunehmen. Insofern garantiert allein die geschichtliche Wahrnehmung solcher Transformationen die Gewißheit, daß es derselbe Inhalt ist, der in verschiedenerlei Gestalt begegnet.[119] Deshalb sieht sich Paulus zur Unterscheidung von göttlichem Inhalt und menschlichem Gefäß nicht erst dort herausgefordert, wo uns verschiedene Gefäße begegnen, sondern wo der göttliche Inhalt das ihn einfärbende und zugleich formende Gefäß sprengt: „Diesen Schatz tragen wir in zerbrechlichen Gefäßen" (2 Kor 4,7). Denn gerade in der Zerbrechlichkeit dieser Gefäße „wird deutlich, daß das Übermaß der Kraft von Gott und nicht von uns kommt" (ebd.). Während also die pluralistische Selbstrelativierung zu der Überzeugung führt, daß das eigene „Gefäß" der religiösen Anschauungsform nur zusammen mit anderen Gefäßen die Transzendenz Gottes bekundet und insofern in Ko-Existenz mündet, führt die aufgezeigte exklusivistische Selbstrelativierung zu einem noch radikaleren Ergebnis: Denn die Zerstörung des eigenen Gefäßes dokumentiert die Transzendenz Gottes in einer Weise, die sich nicht in der *Koexistenz* der eigenen Anschauungsform mit anderen, sondern in der künftigen *Nicht-Existenz* dieser Anschauungsform äußert. In diesem Zusammenhang ist es bezeichnend, daß Paulus mit seiner Forderung nach einer Wandlung und Erneuerung des Denkens (vgl. Röm 12,2) sich nicht an Nichtchristen richtet, deren Wandlung und Erneuerung darin bestünde, sich taufen zu lassen, sondern an getaufte Christen, die in der stets neuen Überwindung überlieferter Anschauungsformen aufgerufen sind, Gott

[117] Vgl. *J. Hick*, Religion, 263.

[118] Vgl. dazu die entsprechenden Anfragen von *J. Werbick* in: ders., Der Pluralismus der pluralistischen Religionstheologie. Eine Anfrage, in: R. Schwager (Hrsg.), Christus allein?, 140-157.

[119] Vgl. auch die entsprechende Kritik von *R. Schwager*, der die „Dramatik" der biblischen Offenbarungsgeschichte im pluralistischen Ansatz zu wenig berücksichtigt sieht. Vgl. *ders.*, Offenbarung als dramatische Konfrontation, in: ders., Christus allein?, 95-106.

als denjenigen zu entdecken, der letztlich alle historisch hervorgebrachten Anschauungsformen sprengt.[120]

Damit bekundet Paulus eine genuine Erfahrung der biblischen Glaubensgeschichte. Diese hat nämlich zum Bekenntnis der radikalen Hoheit und Transzendenz, mit der die Wirklichkeit Gottes die Gestalt des gläubigen Bewußtseins übersteigt, durch die immer wieder schmerzliche Erfahrung gefunden, daß in der Begegnung mit bestimmten historischen Erfahrungen die jeweilige Wahrnehmungsgestalt des religiösen Bewußtseins aufgesprengt wurde.

5.2. Die Entwicklung des biblischen Monotheismus in ihrer geschichtlichen Dramatik

5.2.1. Der im Babylonischen Exil einsetzende Neuorientierungsprozeß als religionstheologisches Beispiel

Eine solche Erfahrung trat am nachhaltigsten mit dem Babylonischen Exil ein, als die monolatrische Gestalt des Glaubens an einen Gott zerbrach, dessen Macht sich darin bekundete, daß er „in seiner erhabenen Größe den Gegner zu Boden wirft“ (vgl. Ex 15,7), sein Volk aber errettet. Insofern ist die Erfahrung des eigenen Heils durch die kontrastierende Erfahrung des Unheils für andere Völker begleitet[121], mit denen Jahwe freilich nichts zu tun hat, weil diese Völker anderen Göttern gehören.[122] Genau diese Gestalt des Jahweglaubens wurde aber gesprengt durch die Erfahrung der eigenen Unterlegen-

---

[120] Vgl. dazu die Arbeiten von *R. Schaeffler*, die immer wieder darauf aufmerksam machen, daß in diesem Sinne die Religionskritik zuallererst eine Aufgabe des religiösen Bewußtseins bedeutet, das *um Gottes willen* daran interessiert ist, dessen Wahrnehmung immer neu jener Gehalte zu entwinden, die wir in historisch situierten Formen der Projektion gleichsam in ihn hineinspiegeln. Vgl. *ders.*, Die Religionskritik sucht ihren Partner, Freiburg-Basel-Wien 1974; *ders.*, Religion und kritisches Bewußtsein, Freiburg-München 1973; *ders.*, Fähigkeit zur Erfahrung. Zur transzendentalen Hermeneutik des Sprechens von Gott, Freiburg-Basel-Wien 1982.

[121] Zur logischen Gestalt eines Glaubens, dessen Gott seine Größe zu Lasten anderer Völker bekundet, vgl. Dtn 6,21: „Wir waren Sklaven des Pharao in Ägypten, und der Herr hat uns mit starker Hand aus Ägypten geführt. Der Herr hat vor unseren Augen gewaltige, unheilvolle Zeichen und Wunder an Ägypten, am Pharao und an seinem ganzen Haus getan, *uns aber* hat er dort herausgeführt, um uns in das Land, das er unseren Vätern mit einem Schwur versprochen hatte, hineinzuführen und es uns zu geben“ (Hervorhebung von mir).

[122] Vgl. in dieser Hinsicht u.a. Ri 11,24, wo der Ausgang einer Schlacht zwischen den Ammonitern und den Israeliten darüber entscheidet, ob Kemosch oder Jahwe der stärkere Gott ist.

heit gegenüber den Babyloniern, die im Exil dazu führte, „die Harfen an die Weiden zu hängen“, weil es unmöglich schien, „auf fremder Erde“ das Lob Jahwes erklingen zu lassen (vgl. Ps 137). Erst die erneuerte Gestalt, die der Jahweglaube nun in Verbindung mit dem Schöpfungsglauben gewann, befähigte zu jener umfassenden Neuorientierung, die wir an früherer Stelle schon angesprochen haben und die hier in ihren einzelnen Konsequenzen benannt sei.

- Wie wir bereits festgestellt haben, sind die Götter der Heiden jetzt nicht mehr real existierende Wesen, die nur einen Jahwe untergeordneten Rang haben, sondern gelten als „Machwerk von Menschenhand“ (Ps 115,4). Die Götterstatuen, als die sie Anbetung finden, werden nun verspottet als „Vogelscheuchen im Gurkenfeld“ (vgl. Jer 10,5). Damit verwandelt sich die Monolatrie in eine Gestalt des Monotheismus, die radikal exklusivistische Züge annimmt und nicht im entferntesten daran denkt, daß der eine Gott, auf den sich der Jahwegläubige bezieht, in den Göttern anderer Religionen nur in anderer Gestalt erscheint.
- Was auf der Theorieebene als exklusivistische Intoleranz gegenüber anderen Völkern und ihren Religionen erscheint, hat freilich in sittlich-praktischer Hinsicht eine ganz andere Folge. Weil der eine Gott alles gemacht hat, wird nun auch der Fremde als Bruder identifizierbar. Wo der Psalm 137 noch auf denjenigen wartet, der die Babylonier „am Felsen zerschmettert“ (vgl. Ps 137,9), fordert Jeremia die Verbannten auf, für die Babylonier zu beten.[123] Damit begegnet uns noch einmal jener sittliche Universalismus, den wir als mögliche Sekundärfunktion des biblischen Monotheismus kenntlich gemacht haben.
- Wenn die gesamte Welt Gottes Schöpfung ist, dann gibt es keine „fremde Erde“ mehr, wo das Lob Gottes verstummen müßte.[124] Vielmehr wird das Lob Gottes unabhängig vom Ort des Tempels möglich, denn: „Was wäre das für ein Haus, das ihr mir bauen könntet? Was wäre das für ein Ort, an dem ich ausruhen könnte? Denn all das hat meine Hand gemacht; es gehört mir ja schon“ (Jes 66,1 f). In diesem Sinne verbieten sich Tieropfer schon deshalb, weil Gott als Schöpfer bereits Herr all jenes Lebens ist, das Menschen ihm als

[123] „Baut Häuser, und wohnt darin, pflanzt Gärten, und eßt ihre Früchte! Nehmt euch Frauen, und zeugt Söhne und Töchter, nehmt für eure Söhne Frauen, und gebt eure Töchter Männern, damit sie Söhne und Töchter gebären. Ihr sollt euch dort vermehren und nicht vermindern. *Bemüht euch um das Wohl der Stadt, in die ich euch hinweggeführt habe, und betet für sie zum Herrn; denn in ihrem Wohl liegt euer Wohl*“ (Jer 29,5-7. Hervorhebung von mir). Vgl. in diesem Zusammenhang auch den Hinweis auf die Universalität göttlicher Liebe in Jes Sir 18,13: „Das Erbarmen des Menschen gilt nur seinem Nächsten, das Erbarmen des Herrn allen Menschen.“

[124] „Nehme ich die Flügel des Morgenrots und lasse mich nieder am äußersten Meer, auch dort wird deine Hand mich ergreifen und deine Rechte mich fassen“ (Ps 139,9-10).

Opfer darbringen zu müssen meinen.[125] „Barmherzigkeit will ich, nicht Opfer“ (Hos 6,6), lautet darum die Konsequenz, mit der nun ein „ethischer Monotheismus“ in seiner Universalität jene Schranken sprengt, die eine nationalstaatliche Fixierung auf sich selbst ihm übergestreift hatte.

Diese Neuorientierung ist in unserem Zusammenhang deshalb von Interesse, weil hier der Wahrheitsanspruch des biblischen Glaubens in seinen korrespondenz- und kohärenztheoretischen sowie auch in seinen pragmatischen Implikationen deutlich wird.[126] So ist es üblich, im Verständnis von „Wahrheit“ eine griechische und eine hebräische Tradition zu unterscheiden. Erstere - so wird gerne gesagt - hat ihren Ort in der Übereinstimmung von Satz und Wirklichkeit, der „adaequatio intellectus ad rem“. Weil der Wahrheitsanspruch eines Aussagesatzes nur dann eingelöst werden kann, wenn er mit dem behaupteten Sachverhalt in empirisch überprüfbarer Weise korrespondiert, nennen wir ein solches Verständnis von Wahrheit *korrespondenztheoretisch*. In diesem Sinne kann der in der formalen Logik so beliebte Satz „Die Rose ist rot“ unter zwei empirisch überprüfbaren Voraussetzungen als wahr gelten: wenn erstens das Gewächs, auf das er sich bezieht, zweifelsfrei als Rose identifiziert werden kann und zweitens dessen Farbe mit „rot“ zutreffend bezeichnet ist. Nun ist „Gott“ nicht in der gleichen Weise ein empirisch vorliegender Gegenstand wie die besagte Rose, und insofern ist es kein Zufall, wenn das biblische Sprechen von Gott zunächst nicht in einem korrespondenztheoretischen, sondern in einem ganz anderen - nämlich in einem *pragmatischen* - Sinne wahr zu sein beansprucht. Das hebräische Wort, das wir geläufigerweise mit „Wahrheit“ übersetzen, lautet „emet“ und muß in seinem Gehalt zunächst mit Begriffen wie „Beständigkeit“, „Zuverlässigkeit“ und „Treue“ übersetzt werden.[127] Seine Bedeutung dürfte im deutschsprachigen Gebrauch des Wahrheitsbegriffs noch am ehesten dort erahnt werden können, wo wir von einem „wahren Freund“ sprechen und dabei mit „wahr“ eine Eigenschaft wie jene Zuverlässigkeit meinen, die uns gemeinsam „durch dick und dünn“ gehen läßt, so daß ich weiß, daß er mich niemals im Stich lassen wird. Und man darf hier schon vorwegnehmend sagen: Vom biblischen Glauben an den „wahren Gott“ gilt genau das, was wir umgangssprachlich auch von einem „wahren Freund“ sagen: Man lernt ihn am besten in Stunden der Not kennen, die uns oftmals befähigen, „wahre“ Freunde von „falschen“ zu unterscheiden, deren vermeintliche Freundschaft sich nun als ein Trugbild

---

[125] „Doch nehme ich von dir Stiere nicht an, noch Böcke aus deinen Hürden. Denn mir gehört alles Getier des Waldes, das Wild auf den Bergen zu Tausenden“ (Ps 50,10).

[126] Zu den verschiedenen wahrheitstheoretischen Implikationen religiöser Wahrheitsansprüche und ihrer Verflechtung vgl. *A. Kreiner*, Ende der Wahrheit? Zum Wahrheitsverständnis in Philosophie und Theologie, Freiburg-Basel-Wien 1992.

[127] Vgl. dazu *W. Pannenberg*, Was ist Wahrheit?, in: ders., Grundfragen systematischer Theologie, Göttingen [3]1979, 146-159; *ders.*, Wahrheit, Gewißheit und Glaube, in: ders., Grundfragen systematischer Theologie 2, Göttingen 1980, 226-264.

herausstellt. Insofern gilt das hebräisch-biblische Wahrheitsverständnis als ein *personales*, das griechisch-abendländische jedoch als ein *satzhaftes*.

Dementsprechend ist der biblische Glaube schon von seinen Anfängen her von dem Bewußtsein geprägt, daß der sprachlichen Anrufung Gottes kein empirisch eindeutig bestimmbarer Sachverhalt korrespondiert. So fürchtet Mose sich, Gott anzuschauen (vgl. Ex 3,6), und umgekehrt bekundet Gott sich ihm gegenüber als jemand, dessen Angesicht kein Mensch anschauen kann, ohne zu sterben, so daß Mose seine Wirklichkeit allenfalls als eine sich entziehende erfahren kann (vgl. Ex 33,23). Auch wenn dem biblischen Sprechen von Gott kein religionstheologisches Vokabular zur Verfügung steht, so können wir doch sagen, daß es in korrespondenztheoretischer Hinsicht von dem Bewußtsein einer „inadaequatio intellectus ad Deum" geleitet ist. Gott manifestiert sich in seinem geschichtlichen Handeln als eine Wirklichkeit, die das Maß des menschlich Faßbaren übersteigt. Darum kann das Sprechen von Gott vor einem korrespondenztheoretischen Wahrheitsanspruch immer nur - mehr oder weniger - versagen.

Demgegenüber bekundet sich die Wahrheit des Glaubens zunächst einmal in einer ganz handfesten Weise auf pragmatischer Ebene im Wohlergehen seines Volkes: „Mit dir stoßen wir unsere Bedränger nieder, in deinem Namen zertreten wir unsere Gegner" (Ps 44,6). Denn „die einen sind stark durch Wagen, die andern durch Rosse, wir aber sind stark im Namen des Herrn unsres Gottes. Sie sind gestürzt und gefallen; wir bleiben aufrecht und stehen" (Ps 20,8f). Das pragmatische Wahrheitsmoment gewinnt insofern Stellvertreterfunktion gegenüber dem empirisch nicht einlösbaren korrespondenztheoretischen Wahrheitsanspruch. Freilich lassen sich ein korrespondenztheoretischer und ein pragmatischer Wahrheitsbegriff unter solchen Bedingungen nicht gegeneinander ausspielen.[128] Denn wenn die Wahrheit des biblischen Glaubens sich im Wohlergehen des Gottesvolkes manifestiert, dann ist ein Kriterium angebbar, an dem der Wahrheitsanspruch dieses Glaubens empirisch überprüfbar ist. Insofern lassen sich aus dem Glauben an Gott Folgerungen ableiten, die - wenn sie eintreffen - seinen Wahrheitsanspruch stützen, die aber - wenn sie nicht eintreffen - seinen Wahrheitsanspruch in Frage stellen. Und diese Folgerungen sind im Einzelfalle durchaus empirisch überprüfbar und unterliegen einem korrespondenztheoretischen Wahrheitsanspruch. Eine solche Folgerung konnte lauten: Wenn Gott einstmals den „Gegner zu Boden" geworfen, „uns aber errettet" hat, dann ist anzunehmen, daß er auch künftig in vergleichbaren Konfliktfällen sein Volk gegenüber dem Feind nicht im Stich läßt. Nun haben wir aber gesehen, daß spätestens mit der Eroberung Judas und mit der Deportation nach Babylon diese An-

---

[128] So lautet die Grundthese der bereits genannten Studie von *A. Kreiner*, daß die Probleme, die die unterschiedlichen Wahrheitsbegriffe aufwerfen, letztlich in einen korrespondenztheoretischen Begriff der Wahrheit münden.

nahme als empirisch widerlegt gelten mußte. Von dieser „Falsifikation“ kündet der zitierte Psalm 137, aber auch der Psalm 44, der Gott vorwirft, sein Volk „wie Schlachtvieh“ preisgegeben und zum Spott der Völker gemacht zu haben (vgl. Ps 44,12.15).

Wir haben bereits festgestellt, auf welche Weise der biblische Glaube auf die empirische Falsifikation einer ihn leitenden Annahme reagiert hat. Er gelangte hinsichtlich des Begriffs, den er von der Einzigartigkeit seines Gottes hegte, zu einer umfassenden Neuorientierung, die gleichzeitig zu einem grundlegend neuen Verständnis der umgebenden Wirklichkeit führt: Aus dem Babylonier, den der 137. Psalm noch am liebsten „am Felsen zerschmettert“ gesehen hätte, wird der Bruder, für den der Gläubige zu Gott als dem gemeinsamen Vater beten soll. Aus der „fremden Erde“, wo das Lob Gottes verstummen zu müssen scheint, wird eine neue Heimat, weil die Herrlichkeit Gottes überall auf der Welt in den Werken seiner Schöpfung aufscheint. Entsprechend findet der Glaube seinen angemessenen Ausdruck in den „Opfern des Lobes“ (Ps 50,23), die Gott angesichts der Herrlichkeit seiner Schöpfung preisen, nicht mehr in blutigen Tieropfern, wie sie etwa im Jerusalemer Tempel Gott dargebracht wurden. Diese Neuorientierung hinsichtlich der umgebenden Welt nimmt freilich ihren Ausgang im Neuverständnis der Gottheit Jahwes. Dieser ist nicht länger mehr der herausragende „Gott unter den Göttern“, der allein Verehrung verdient[129], sondern seine Einzig*artigkeit* verwandelt sich in seine *Einzigkeit*, weil nun alle anderen Götter als „Machwerk von Menschengestalt“ (Ps 115,4) durchschaut werden.

Wahrheitstheoretisch ist an diesem Neuorientierungsprozeß bemerkenswert, daß das *Kohärenzkriterium* der Wahrheit zwischen dem uneinlösbaren korrespondenztheoretischen Wahrheitsanspruch des Jahweglaubens und seiner pragmatischen Funktion vermittelt. Denn der Kohärenzbegriff der Wahrheit mißt den Wahrheitsanspruch einer gegebenen Annahme an seiner Befähigung, die Fülle geschichtlicher Erfahrungen in einen widerspruchsfreien und strukturierten Zusammenhang zu bringen.[130] Die überlieferte Gestalt des Jahweglaubens erfüllte diese Funktion so lange, wie das - zu Lasten anderer Völker sich dokumentierende - Wohlergehen des Volkes von der Gegenwart seines Gottes kündete. Die mit dem Exil auftretende Erfahrung jenes Widerspruchs, daß derjenige Gott, der an den Vätern Großes gewirkt hat, unter den gegenwärtigen Bedingungen sein Volk nun „zum Spottlied der Völker“ (Ps 44,15) macht, ist nur durch die religiöse Rezeption des Schöpfungsglaubens auflösbar, wie er sich in der priesterschriftlichen Gestalt des ersten Schöpfungstextes äußert. Denn erst dieser Schöpfungsglaube erlaubt es, den

---

[129] So noch in Ex 15,11 („Wer ist wie du unter den Göttern, o Herr?“), Ps 82 1 („Gott steht auf in der Versammlung der Götter.“) und Ps 136,2 („Danket dem Gott aller Götter.“).

[130] Vgl. dazu *R. Schaeffler*, Erfahrung als Dialog mit der Wirklichkeit, Freiburg-München 1995.

genannten Widerspruch in der dargestellten Weise aufzulösen, die zu einem Neuverständnis der umgebenden Wirklichkeit führt.

5.2.2. Religionstheologische Konsequenzen

So bleibt einstweilen in *wahrheitstheoretischer* Hinsicht festzuhalten: Der korrespondenztheoretische Wahrheitsanspruch, dem das religiöse Bewußtsein sich stets nur so unterwerfen kann, daß es seine „inadaequatio intellectus ad Deum" einbekennt, ist als solcher nicht einlösbar. Nun kann der Anspruch, sich zum „je größeren Gott" zu bekennen, zu einer fideistischen Vergleichgültigung der jeweiligen Bekenntnisgestalt führen. Denn wenn die mit „Gott" gemeinte Wirklichkeit unserer jeweiligen Bekenntnisgestalt ohnehin uneinholbar vorauseilt, dann scheint es einstweilen gleichgültig, in welcher Gestalt wir uns zu Gott bekennen.

Dies wird etwa in dem aus dem Hinduismus stammenden Bild von den Blinden deutlich, die sich aus unterschiedlichen Richtungen einem Elefanten annähern, wegen ihrer Blindheit aber nicht den ganzen Elefanten wahrnehmen, sondern nur einzelne Körperteile ertasten, die sie darum fälschlicherweise für etwas anderes halten: das Bein für einen Baumstamm, den Schwanz für ein Seil und den Rüssel für eine Schlange.[131] Es ist in diesem Bild gleichgültig, von welcher Seite und in welcher Gestalt der Elefant ertastet wird. Entscheidend ist allein, daß die - im Sinne der Korrespondenztheorie zu verstehende - Unwahrheit dieser Aussagen dadurch zustande kommt, daß jeder einzelne seine partikularen Wahrnehmungen mit der Erfahrung des Ganzen verwechselt. Darum kann im Rahmen dieses Bildes von den Blinden nur eines gefordert werden, wenn ihre Beobachtungsvielfalt nicht in einen heillosen Streit münden soll: Sie müssen nur bereit sein, die von ihnen formulierten Wahrnehmungsgehalte zu relativieren als Teil einer umfassenden Wirklichkeit, die in einem ganz realen Sinne das Maß des für sie „Faßbaren" übersteigt.

Insofern muß die jeweilige Bekenntnisgestalt angesichts ihrer korrespondenztheoretischen Uneinlösbarkeit nur eine Bedingung erfüllen: Sie muß um ihre Vorläufigkeit wissen. Doch ist bis hierhin kein Kriterium angebbar, das es erlaubte, höhere oder niedrigere Bekenntnisgestalten zu unterscheiden. Denn diese Unterscheidung müßte wiederum über ein endgültiges Bewußtsein von Gott verfügen, um die verschiedenen religiösen Bekenntnisgestalten nach dem Grad ihrer Annäherung an die Wirklichkeit Gottes zu beurteilen. Oder um im genannten Bild zu bleiben: Man müßte zumindest von Zeit zu Zeit einmal den Elefanten als ganzen sehen. Um die Gefahr eines religiösen

---

[131] Zu diesem Bild und seinen religionstheologischen Implikationen vgl. *Th. Sundermeyer*, Evangelisation und die „Wahrheit der Religionen", in: R. Bernhardt (Hrsg.), Horizontüberschreitungen. Die Pluralistische Theologie der Religionen, Gütersloh 1991, 175-190, 176 ff.

Indifferentismus zu bannen, muß also der an sich selbst nicht einlösbare korrespondenztheoretische Wahrheitsanspruch gewissermaßen „geerdet" werden. Diese „Erdung" vollzieht sich im Blick auf die hier aufgezeigten pragmatischen Momente dieses Wahrheitsanspruchs. Damit realisiert der biblische Glaube genau jene Anbindung seines Wahrheitsanspruchs an die soteriologische Kategorie des „Humanum", die in der religionstheologischen Diskussion der Gegenwart etwa von *John Hick*[132] oder *Paul Knitter*[133], im Rahmen unserer eigenen Überlegungen aber vor allem von *Hans Küng*[134] gefordert wird. Denn das machen gerade die genannten Autoren - wenn auch aus zum Teil unterschiedlichen Prämissen - deutlich: Nur diese pragmatische Kontrolle religiöser Wahrheitsansprüche vermag zu verhindern, daß im Namen einer Religion und im Zeichen religiöser Toleranz Kriege, Witwenverbrennungen, Prostitution, Kindesopfer oder die Beschneidung der Frau hingenommen werden.

Nun haben wir gegenüber den „elementaren Prinzipien der Menschlichkeit", die Küng als das gemeinsame Erbe der großen Religionen erkennt, deren Abstraktheit eingewandt. Denn insbesondere beim Begriff der „Menschlichkeit" mußten wir feststellen, daß er so sehr mit historisch vermittelten, kulturspezifischen Inhalten aufgeladen ist, daß er die zwischen den Kulturen gegebenen Konfliktpotentiale nicht löst, sondern hervorbringt. Insofern „erdet" ein pragmatisches Wahrheitskriterium in dieser soteriologischen Gestalt nicht nur den uneinlösbaren korrespondenztheoretischen Wahrheitanspruch. Es erdet mit der korrespondenztheoretischen Uneinlösbarkeit dieses Wahrheitsanspruchs auch dessen Indifferentismus, denn in dem angeführten Beispiel ist „Heil" für die Juden in einer geradezu tödlichen Weise etwas anderes als für die Babylonier oder Ägypter. Erst die Vermittlung beider Wahrheitsebenen durch das kohärenztheoretische Wahrheitsmoment führt aus dieser Aporie heraus. Denn die vorantreibende Kraft jener Widerspruchserfahrung, die das Babylonische Exil für den Jahweglauben bedeutete, mündete in das aufgezeigte Neuverständnis der gegebenen Wirklichkeit. Insofern versteht der Gläubige die *Wirklichkeit* anders, wenn er durch aufgetretene Paradoxieerfahrungen dazu gelangt ist, *Gott* anders und umfassender zu verstehen. Und mit der umfassenderen Wahrnehmung der Wirklichkeit „Gott" als des gemeinsamen Vaters sprengt auch der pragmatische Begriff des Heils jene Grenzen, die bis dahin die nationale Fixierung des Judentums auf sich selbst ihm auferlegt hatte. Der biblische Glaube beginnt zu bemerken, daß ein Heil,

---

[132] Vgl. dazu die Kapitel „Soteriologie und Ethik" (322-339) und „Das ethische Kriterium" (340-366), in: *J. Hick*, Religion; in Anlehnung an Hick vgl. auch *P. Schmidt-Leukel*, Religiöse Vielfalt als theologisches Problem, 35 f.

[133] Vgl. dazu den befreiungstheologischen „Primat der Praxis" in: *P.F. Knitter*, Ein Gott - viele Religionen, 135 ff; *ders.*, Religion und Befreiung. Soteriozentrismus als Antwort an die Kritiker, in: R. Bernhardt (Hrsg.), Horizontüberschreitungen, 203-219.

[134] Vgl. das Kapitel „Das Humanum als ökumenisches Grundkriterium" (PWE 118-122).

das auf Kosten anderer Völker erfahren wird, die doch auch Kinder des gemeinsamen Schöpfers sind, nicht das wahre Heil sein kann. So beginnt im jüdischen Glauben sich durchzusetzen, was schon fast zweihundert Jahre zuvor der Prophet Amos als Wort Gottes verkündete, als er angesichts der Bedrohung durch die Assyrer vor einem Verständnis von Heil warnte, das die anderen Völker ausgrenzte: „Seid ihr für mich mehr als die Kuschiter, ihr Israeliten? - Spruch des Herrn. Wohl habe ich Israel aus Ägypten heraufgeführt, aber ebenso die Philister aus Kaftor und die Aramäer aus Kir" (Am 9,7). Insofern gilt gerade von der aufgezeigten Neuorientierung, was *J. Niewiadomski* als Merkmal jener „Dramatik" bestimmt, mit der der biblische Glaube stets neue Transformationen erfährt:

„Auf weiten Strecken der Heilsgeschichte erweist sich die Wahrheit des biblischen Gottes gerade dadurch, daß sie sich fast synkretistisch an den jeweiligen Bedürfnissen des Lebens des Einzelnen oder auch des Volkes orientiert und ‚Heil' als etwas zeigt, was die konkreten kultur- und geschlechtsspezifischen Ängste und Hoffnungen in all ihrer kontextuellen Gebundenheit zu integrieren sucht. In diesem Zusammenhang scheint die jeweilige Zivilisation für jenen hermeneutischen Rahmen verantwortlich zu zeichnen, der bestimmt, was Wahrheit Gottes ist. Die Theologie scheint mit einer Soteriologie, welche die unmittelbaren Heilserfahrungen reflektiert, identisch zu sein. Ein solcher ‚inkarnatorischer' Einstieg ist aber nur der Anfang der biblischen Offenbarung, der im Verlauf der biblischen Heilsgeschichte mehrfache Transformationen erfährt. Oft werden im Rückblick aufgrund der erkannten Täuschungen und Verschleierungen die ursprünglichen ‚Heilserfahrungen' als Unheil auf Kosten der unzähligen Opfer qualifiziert und umgekehrt dasjenige als Heil erkannt, was ursprünglich als Unheil interpretiert wurde."[135]

Die von *Niewiadomski* so genannte „synkretistische" Anbindung religiöser Wahrheitsansprüche an partikulare Bedürfnisse, die ihrerseits den religiösen Begriff des Heils entsprechend einfärben, macht deutlich, wie sehr Heils- und Gottesvorstellungen durch Akte menschlicher Projektion geprägt sind. Insofern begegnet uns hier wiederum jener von Paulus angesprochene Akt der Spiegelung, in dem das menschliche Bewußtsein seine eigenen Determinanten in seine Begriffe von „Gott" und „Heil" in genau derjenigen Weise hineinprojiziert, in dem auch der physikalische Spiegelungsvorgang die Flecken und Krümmungen des Spiegels als Entstellungen meines Gesichtes ausgibt. Und genau wie ich dort, wo das reflektierte Gesicht dem Spiegel sich entzieht, in die Lage versetzt werde, die Eigenschaften des Spiegels von denen des reflektierten Antlitzes zu unterscheiden, so versetzt auch *das sich entzie-*

[135] *J. Niewiadomski*, Begegnung der Religionen im weltzivilisatorischen Kontext, in: R. Schwager (Hrsg.), Christus allein?, 83-95. 93. Von hier aus gelangt auch *G. Gäde* zu seinem „Einspruch gegen John Hicks pluralistische Religionstheologie" (vgl. *ders.*, Viele Religionen – ein Wort Gottes. Einspruch gegen John Hicks pluralistische Religionstheologie, Gütersloh 1998).

hende Antlitz Gottes den Gläubigen in die Lage, die vermeintlichen Merkmale Gottes als Bedingungen seines eigenen Bewußtseins zu erkennen. Damit ist die Theodizeefrage, wo der Gläubige feststellt, daß das Antlitz Gottes sich ihm entzogen habe, als der Ort bestimmt, der den Gläubigen darüber aufklärt, daß die Fülle Gottes das Maß des menschlich Faßbaren übersteigt.[136] Denn nur in der Zerbrechlichkeit der Anschauungsformen, in denen für uns Gott zur Sprache gelangt, „wird deutlich, daß das Übermaß der Kraft von Gott und nicht von uns kommt" (2 Kor 4,7). Und in diesem Sinne spricht der Psalmist vom „zerknirschten Geist" als einem Gott gefälligen Opfer (vgl. Ps 51,19).

Was wir bis hierhin unter wahrheitstheoretischen Gesichtspunkten festgestellt haben, ist in religionstheologischer Hinsicht gleich in vierfacher Hinsicht bemerkenswert:

- So fällt hier als erstes auf, was der Religionsphilosoph *Richard Schaeffler* der Theologie stets ins Gedächtnis gerufen hat: Die Religionskritik war zunächst eine *um Gottes willen* dem religiösen Bewußtsein gestellte Aufgabe, bevor sie in der Neuzeit im atheistischen Selbstverständnis auftrat.[137] Dabei ist der Terminus „Kritik" im wörtlichen Sinne zu verstehen: als Unterscheidung Gottes von jenen synkretistischen Determinanten, die auf diese Weise als Ergebnis menschlicher Projektionsleistung identifizierbar werden. Der Projektionsverdacht gewinnt also selbst religiöse Funktion. Und insofern die Klage darüber, daß der Gott, der an den Vätern Großes gewirkt hat, nun sein Antlitz verbirgt (vgl. Ps 44), Gott als denjenigen entdeckt, der stets größer ist als die Gestalt, die er im gläubigen Bewußtsein gewinnt, kann diese Klage als Ausdruck der Frömmigkeit gelesen werden.
- Als zweites bleibt festzuhalten, daß der biblische Glaube den ihm zunächst fremden Schöpfungsglauben erst an der Stelle entdeckt, wo er dazu beiträgt, eine im Rahmen der eigenen Tradition aufgetretene Aporie zu lösen. Das bedeutet einen Umgang mit fremden Religionen, die mit den Kategorien „exklusivistisch", „inklusivistisch" und „pluralistisch" nicht zu fassen ist. Denn weil die geradezu exklusivistische Annahme von der Einzigkeit des biblischen Gottes zugleich weiß, daß er stets größer ist als jene Gestalt, die er in unserem Bekenntnis gewinnt, ist sie zu einem lernfähigen Umgang mit anderen religiösen Traditionen befähigt.[138] Damit ist eine Möglichkeit aufgezeigt, wie

---

[136] In diesem Sinne möchte ich mit *J.B. Metz* die Theodizeefrage die „Frömmigkeit der Theologie" nennen (vgl. *ders.*, Theologie als Theodizee?, in: W. Oelmüller [Hrsg.], Theodizee - Gott vor Gericht?, München 1991, 103-119, 104; vgl. dazu auch in grundsätzlicher Hinsicht *G. Neuhaus*, Theodizee - Abbruch oder Anstoß des Glaubens, Freiburg-Basel-Wien ^{2}1994).

[137] S.o. Anm. 120.

[138] „Religionsexterne Argumente werden in dieser Lage in dem Maße belangvoll, in welchem sie dazu beitragen, jene religionsimmanent aufgetretenen Alternativen zu entscheiden, die die Beurteilung von Neuinterpretationen und Neugestaltungen der religiösen

das religiöse Bewußtsein bei aller exklusivistischen Entschiedenheit, die ihm auf theoretischer Ebene eigen ist, zu einem lernfähigen Umgang mit anderen Religionen befähigt sein kann.

- Daß die Vorstellungen von „Gott“ und „Heil“ jeweils eingefärbt sind durch bestimmte kulturspezifische Ängste und Hoffnungen, wirft ein kritisches Licht zurück auf die nicht nur von Küng, sondern auch von theologischen Pluralisten gehegte Annahme, die Konkurrenz religiöser Wahrheitsansprüche und der daraus resultierende Wahrheitsfanatismus seien primär dafür verantwortlich, wenn religiös geprägte Kulturen nicht zu einem friedlichen Umgang miteinander finden. Nicht die Wahrheitsansprüche selbst, sondern deren unbemerkte Aufladung mit Gehalten, die einem menschlichen Selbstbehauptungs- und Abgrenzungswillen entstammen, sind der Grund dafür, daß die religiöse Wahrheitskonkurrenz oft als Bedrohung des politischen und sozialen Friedens empfunden werden muß. Insofern zeugt gerade die im Babylonischen Exil nachweisbare Transformation des biblischen Glaubens davon, wie sehr Religion entgegen dem Selbstverständnis des religiösen Bewußtseins in dem bereits angesprochenen - nicht-marxistischen - Sinne „Überbau“ kollektiver Abgrenzungs- und Selbstbehauptungsmechanismen ist. Für ein „Projekt Weltethos“ folgt daraus die Aufgabe, das Trennende zwischen den Religionen nicht von vorneherein zu vergleichgültigen, sondern darauf hin zu befragen, inwieweit seine Behauptung womöglich durch die aufgezeigten Mechanismen bestimmt ist. Zugleich wird von hier aus noch einmal eine bestimmte Aufgabe der wissenschaftlichen Theologie formulierbar: Sie hat eine *kritische Theorie des religiösen Bewußtseins* zu sein, die sich der immer neuen Aufgabe stellt, religiöse Wahrheitsansprüche daraufhin zu untersuchen, inwieweit sie im dargestellten Sinne ein Überbauphänomen sind. Sie hat sich gerade als solche in Erinnerung zu rufen, daß eine Religionskritik, die sich methodisch des Projektionsverdachtes bedient, eine unabschließbare Aufgabe bedeutet, die durch die „inadaequatio intellectus ad Deum“ stets von neuem gefordert ist.

- Schließlich zeigt der dargestellte Transformationsprozeß, auf welche Weise ein Ethos in seinem universalen Geltungsanspruch eine latente Sekundärfunktion des religiösen Glaubens sein kann. Denn das Bekenntnis zum stets größeren Gott hat in dem behandelten Beispiel gleich zwei Konsequenzen: Es befähigt zu einer lernwilligen Auseinandersetzung mit Elementen fremder Religionen, um aus der Begegnung mit ihnen die Gottheit Jahwes auch in denjenigen Gehalten zu entdecken, die durch die nationale Fixierung auf sich selbst und die daraus resultierenden Projektionsmechanismen bis dahin verborgen waren. Und erst durch die solcherart ergebende Transformation des

---

Überlieferung betreffen“ (*R. Schaeffler*, Die Vielfalt der Weisen religiöser Wahrheit und ihres sprachlichen Ausdrucks, in: W. Kerber [Hrsg.], Die Wahrheit der Religionen, München 1994, 73-109, 107).

biblischen Glaubens wird der Gläubige nun in einer ganz bestimmten Sinne zu einem „Welt-Ethos“ befähigt: zur Möglichkeit, im Fremden und Andersgläubigen auch dort seinen Bruder wahrzunehmen, wo dieser gar nicht sein Bruder sein will. Damit ist noch einmal die korrespondenztheoretische Selbstrelativierung des religiösen Wahrheitanspruchs als diejenige Voraussetzung bestimmt, die von der jeweiligen Religion *intern* erbracht werden muß, damit sie das *externe* Bedürfnis nach einem religiös motivierten Weltethos erfüllt.

5.3. „Außerhalb der Kirche kein Heil“?

Mit unseren Überlegungen sind wir noch nicht so weit gelangt, daß wir zu bestimmen vermöchten, auf welche Weise die zuletzt aufgezeigten wahrheitstheoretischen und religionstheologischen Differenzierungen in den kirchlichen Glauben an Jesus Christus eingegangen sind. Um diese Frage zu beantworten, müssen wir uns noch damit befassen, in welcher Gestalt der in seiner biblischen Genese hier aufgezeigte Monotheismus das Leben und die Botschaft Jesu prägt. Doch können wir an dieser Stelle schon vorwegnehmend feststellen, was unsere Auseinandersetzung mit Paulus und der Tradition des biblischen Glaubens gezeigt hat: Die paulinische Unterscheidung von Glauben und Schauen nimmt in Bezug auf Jesus Christus genau jene Selbstrelativierung des religiösen Bewußtseins vor, die wir anhand der mit dem Babylonischen Exil geschehenen Transformation des Jahweglaubens aufgezeigt haben. Damit wird es möglich, eine für die pluralistische Religionstheologie leitende Unterscheidung, die sie aus der Kantischen Philosophie entlehnt hat, in jenen religionstheologischen Exklusivismus einzutragen, den wir in seiner logischen Struktur nun untersucht haben: die von „Noumenon“ und Phainomenon“. Denn mit dem Begriff des „Noumenon“ bezeichnen Pluralisten Gott als „Wirklichkeit an sich“ an, während er mit dem Begriff des „Phainomenon“ als „Erscheinung für uns“ zur Sprache gebracht wird. Anders als im religionstheologischen Pluralismus ist aber für Paulus Jesus Christus keine kulturspezifische Linse, durch die Menschen eine ganz bestimmte Anschauung des Göttlichen gewinnen. Jesus Christus gehört vielmehr ganz auf die Seite des erkenntnisjenseitigen „Noumenon“, der das jeweilige „Phainomenon“ religiöser Erfahrung transzendiert. Weil dann aus der „inadaquatio intellectus ad Deum“ eine „inadaequatio intellectus ad Christum“ geworden ist, lassen sich Theozentrik und Christozentrik des Glaubens nicht gegeneinander ausspielen. Vielmehr weist eine so verstandene Christozentrik eine etwaige Ekklesiozentrik zurück, mit der sich die Kirche als geschichtlich situierte und entsprechend verfaßte Größe an die Stelle Jesu Christi setzen könnte.

Von hier aus läßt sich eine erste kritische Beurteilung eines christlichen Absolutheitsanspruchs gewinnen. Denn daß das christliche Bekenntnis zu dem in Christus offenbaren Gott selbst einen absoluten Anspruch auf Wahrheit anmeldet, ist als Interpretation vor dem skizzierten Hintergrund gerade nicht haltbar. In diesem Sinne enthält der Begriff eines christlichen Absolutheitsanspruchs sogar in sich widersprüchliche Bedeutungselemente, die sich wechselseitig aufheben. Denn ein Absolutum, das unter den Bedingungen der stets endlichen und begrenzten Wahrnehmungsgestalt unseres Glaubens zum Gegenstand eines „Anspruchs“ werden könnte, hörte unweigerlich auf, ein Absolutum zu sein. Es erwiese seine Absolutheit gerade darin, daß es dem Glaubenden seine Befangenheit in endlichen Anschauungsformen offenbart und sich seinem Anspruch und Zugriff gerade entzieht. Ein Absolutheitsanspruch des Christentums ist in diesem Sinne mit Paulus nur vertretbar als Bekenntnis zur stets neuen Wandlungsbedürftigkeit unseres Denkens (vgl. Röm 12,2). Damit wird freilich der Begriff des Absolutheitsanspruchs bis in seine grammatische Struktur hinein ein anderer. Er wird im Sinne eines genitivus subiectivus lesbar als die menschliche Beanspruchung durch ein Absolutum, das sich als solches dem feststellenden Zugriff stets entzieht.

Bereits die Theologie der Kirchenväter hat darum gewußt, daß die Fülle der in Jesus Christus ergangenen Offenbarung das Maß des menschlich Faßbaren unendlich übersteigt. Dies zeigt sich etwa in den Metaphern, in denen sich das Selbstverständnis der frühen Kirche ausspricht.[139] Mit dem Begriff vom „Leib Christi“ wird die Kirche als Gegenwartsgestalt Christi angesprochen. Insofern seine Gegenwart aber zugleich das geschichtlich verfaßte Zeugnis übersteigt, das die Kirche von ihm ablegt, bringt die Metapher von der Kirche als „Braut Christi“ den Unterschied zu Jesus Christus als einer Gestalt zum Ausdruck, auf die sie sich bleibend hingeordnet weiß. Und dieses Bild der „Braut Christi“ findet sich noch einmal weiter ausdifferenziert in die Bilder von der Kirche als „Jungfrau“ und „Dirne“.[140] Sie ist „Jungfrau“, insofern sie sich ganz auf Christus als ihren Bräutigam bezogen weiß. Zugleich ist sie „Dirne“, weil diese Hinordnung stets gebrochen ist und sie diese Hinordnung nicht realisieren kann, ohne gleichzeitig ihre mangelnde Treue einzugestehen. Insofern gelingt es der sichtbaren Kirche nur begrenzt, die grenzenlose Liebe Gottes zu bezeugen, die in Jesus Christus Wirklichkeit

[139] Zu den Metaphern von „Leib“ und „Braut Christi“ vgl. *M. Kehl*, Die Kirche. Eine katholische Ekklesiologie, Würzburg [3]1994, 89.

[140] Vgl. *H.U. von Balthasar*, Casta meretrix, in: ders., Sponsa Verbi, Skizzen zur Theologie II, Einsiedeln 1961, 203-305, bes. 218 ff; vgl. dazu auch *S. Wiedenhofer*, Das katholische Kirchenverständnis. Ein Lehrbuch der Ekklesiologie, Graz-Wien-Köln 1992, 261-266; *J. Werbick*, Kirche. Ein ekklesiologischer Entwurf für Studium und Praxis, Freiburg/Br. 1994, 223-238.

geworden ist. Weil sich in diesem Sinne die Wirklichkeit Christi in der historisch verfaßten Zeugnisgestalt der Kirche nicht erschöpft, hat diese bald die Lehre von der „unsichtbaren Kirche" entwickelt, als die sie ihre sichtbaren Grenzen übersteigt.[141] Von dieser unsichtbaren Kirche spricht dann auch Augustinus mit seinem berühmt gewordenen Gedanken daß viele, die draußen zu sein scheinen, in Wahrheit drinnen sind, und umgekehrt etliche, die drinnen zu sein meinen, in Wirklichkeit draußen sind.[142]

Vor dem Hintergrund dieser Lehre von der unsichtbaren Kirche gewinnt dann die von den Kirchenvätern immer wieder getroffene Feststellung, daß es außerhalb der Kirche kein Heil gebe, eine unvermutete Bedeutung. Wenn dieser Satz nämlich an die Lehre von der unsichtbaren Kirche gebunden wird, dann enthält er die Zumutung anzuerkennen, daß es außerhalb der sichtbaren Kirche durchaus Heil gebe - ja, daß das Heil außerhalb der sichtbaren Kirche deren Vorläufigkeit dokumentiere. Insofern ist es bezeichnend, daß der Satz „Außerhalb der Kirche kein Heil" im Rahmen seiner Rezeptionsgeschichte nicht nur durch das IV. Laterankonzil (1215) und durch das Konzil von Florenz (1442) zum verbindlichen Dogma erklärt wurde (vgl. DH 1351), sondern immer wieder die Rückbindung dieses Dogmas an die Lehre von der unsichtbaren Kirche in Erinnerung gerufen werden mußte. So stellte das Lehramt im 17. Jahrhundert in der Auseinandersetzung mit den Jansenisten fest, daß der Satz „Außerhalb der Kirche kein Heil" („extra ecclesiam nulla salus")

---

[141] Vgl. dazu das Kapitel „Die Kirche beim hl. Augustinus" in: *G.L. Müller*, Katholische Dogmatik. Für Studium und Praxis der Theologie, Freiburg/Br. 1995, 602-604.

[142] Dieser Satz ist freilich in einem solchen Maße zu einem geflügelten Wort in der ekklesiologischen Debatte geworden, daß man sich mitunter gar nicht mehr die Mühe macht, ihn bei Augustinus zu belegen. Ich konnte ihn jedenfalls in der angesprochenen Gestalt nicht bei Augustinus finden, auch wenn diese Formulierung in der Sache durchaus zutreffend den Begriff der „ecclesia ab Abel" expliziert. So heißt es in den „Retractationes": „Denn die Sache, die jetzt christliche Religion genannt wird, hat es bereits bei den Alten gegeben, ja, sie fehlt seit dem Beginn des menschlichen Geschlechtes nicht, bis Christus selbst im Fleisch erschien. Von da an begann die wahre Religion, die es schon gab, die christliche genannt zu werden" (*Augustinus*, Retractationes, hrsg. und übers. von J. Perl, Paderborn 1976, 63). Umgekehrt heißt es dann von den Gliedern der sichtbaren Kirche: „Multi enim peiores sunt qui intus videtur, et foris sunt"(Sermones, in PL 39, 1564); „videntur esse in Ecclesia, sed non sunt" (De baptismo contra donatistas, in: PL 43, 108-243, 145). Und in „De civitate Dei" mahnt er die Bürger des kommenden Gottesstaates, die innerhalb der gegebenen Weltordnung von Feinden bedrängt werden: „Sie sollen sich indes dabei stets vor Augen halten, daß unter diesen Feinden auch künftige Mitbürger verborgen sind, wie ja auch hinwieder der Gottesstaat, solang er hienieden pilgert, bei sich solche aus den Reihen der Feinde birgt" (Der Gottesstaat, zitiert nach: Bibliothek der Kirchenväter 41, Kempten/München 1911, 76). Von diesen Feinden heißt es dann weiter: „An der Besserung mancher von ihnen darf man jedoch umso weniger verzweifeln, da unter den offenkundigsten Gegnern prädestinierte Freunde weilen, sich selbst unbewußt. Denn die beiden Staaten sind in dieser Welt ineinander verschlungen und miteinander vermischt, bis sie durch das letzte Gericht getrennt werden" (ebd.).

nur dann richtig verstanden sei, wenn er den Satz „Außerhalb der Kirche keine Gnade“ („extra ecclesiam nulla gratia“) ausschließe (vgl. DH 2429). Und als noch in den vierziger Jahren dieses Jahrhunderts der Erzbischof von Boston eine Lesart dieses Dogmas predigte, die die Lehre von der unsichtbaren Kirche ausblendete, stellte das Heilige Offizium nachdrücklich fest, daß der genannte Satz unter Berücksichtigung seiner Rezeptionsgeschichte „so zu verstehen“ sei, „wie die Kirche ihn versteht“ (vgl. DH 3866).[143]

Entsprechend bedeutet der sogenannte religionstheologische Inklusivismus, den pluralistische Religionstheologen in den Dokumenten des II. Vatikanum entdecken, keinen Bruch mit einem bis dahin angeblich herrschenden Exklusivismus, sondern er ruft jene Selbstrelativierung in Erinnerung, die das Selbstverständnis der Kirche von ihren Anfängen her geprägt hat. Und wir können in diesem Zusammenhang hinzufügen: Diese Selbstrelativierung findet bereits im biblischen Bewußtsein um den je größeren Gott ihre Grundlegung. Insofern greift das II. Vatikanum auf die paulinische Unterscheidung von Glauben und Schauen zurück, wenn es die Kirche auf dem Weg einer irdischen Pilgerschaft erkennt, an deren Ende erst sie Gott „von Angesicht zu Angesicht“ schauen kann, während sie jetzt ihn nur wie in einem Spiegel sieht.[144] Darum ist es auch kein Zufall, daß das II. Vatikanum diese Unterscheidung zwischen der Fülle der Offenbarung und der stets begrenzten Wahrnehmungsgestalt, die diese im Zeugnis der Kirche gewinnt, durch Rückgriff auf eine Formulierung des I. Vatikanums vollzieht. Dieses Konzil, von dem wir in der Regel nur das Unfehlbarkeitsdogma - und damit das scheinbare Gegenteil einer kirchlichen Selbstrelativierung gegenüber dem stets größeren Anspruch der Offenbarung - zur Kenntnis nehmen, stellt nämlich in der Dogmatischen Konstitution über den christlichen Glauben „Dei Filius“ fest, daß der „Reichtum“ der göttlichen Offenbarung „die Fassungskraft des menschlichen Geistes schlechthin übersteigt“.[145]

Damit haben wir von der biblischen Grundlegung eines religionstheologischen Exklusivismus her eine Selbstrelativierung des christlichen Glaubens gegenüber der Fülle jener Offenbarung festgestellt, die der Glaube gleichwohl in Jesus Christus ergangen sieht. Insofern bedeutet ein religionstheologischer Inklusivismus keinen Paradigmenwechsel, der den dargestellten Exklusivis-

---

[143] Es ist in diesem Zusammenhang auch bezeichnend, daß der Weltkatechismus den Satz „Außerhalb der Kirche kein Heil“ gar nicht erst als ein kirchliches Dogma vorstellt, sondern als „eine von den Kirchenvätern oft wiederholte Aussage“ (vgl. Katechismus der katholischen Kirche, München 1993, Nr. 846).

[144] So stellt die Dogmatische Konstitution über die Offenbarung „Dei verbum“ von der Tradition der Kirche wie von der Heiligen Schrift fest: „Diese Heilige Überlieferung und die Heilige Schrift beider Testamente sind gleichsam ein Spiegel, in dem die Kirche Gott, von dem sie alles empfängt, auf ihrer irdischen Pilgerschaft anschaut, bis sie hingeführt wird, ihn von Angesicht zu Angesicht zu sehen, so wie er ist (vgl. 1 Jo 3,2)“ (DV 7).

[145] Dei Filius 2, zit. nach DV 6.

mus hinter sich ließe. Vielmehr ruft er gegenüber einem mißverstandenen Exklusivismus, der die Lehre von der unsichtbaren Kirche vergessen hat, in Erinnerung, daß die Unendlichkeit göttlicher Liebe deren endliche Gegenwartsgestalt im Zeugnis der Kirche transzendiert. Insofern hat der sogenannte Inklusivismus die alte Lehre von der unsichtbaren Kirche nur in einer Weise weiterentwickelt, die nachdrücklich damit rechnet, daß auch in anderen Religionen Momente dessen wirksam sind, was in Jesus Christus geschehen ist.

5.4. Dialogische und christentumskritische Implikationen der Lehre vom „anonymen Christentum"

Wenn nun die Fülle dessen, was in Jesus Christus offenbar geworden ist, „die Fassungskraft des menschlichen Geistes schlechthin übersteigt", dann bedeutet das: Für keinen Menschen - und auch nicht für die Kirche - ist alles offenbar, was *an sich* in Jesus Christus realisiert ist. Freilich ist dieser Wortgebrauch von „offenbar" und „Offenbarung" erläuterungsbedürftig, denn wie kann etwas gleichzeitig offenbar und dennoch verborgen sein? Immerhin ist „Offenbarung" ein Relationsbegriff, so daß anscheinend etwas immer nur „für mich", nicht aber „an sich" offenbar sein kann. In diesem Sinne legen pluralistische Religionstheologen durch ihre Unterscheidung zwischen dem Noumenon „Gott" als der erkenntnisjenseitigen „Wirklichkeit an sich" und deren „Erscheinungsgestalt für uns" den Eindruck nahe, daß diejenigen Gehalte, die nicht *für uns* offenbar werden, auch nicht *an sich* offenbar sein können, sondern auf die Seite des erkenntnisjenseitigen Noumenon gehören.[146] Sofern man dabei von einem instruktionstheoretischen Begriff von Offenbarung geleitet ist, der darunter die satzhafte Mitteilung über irgendwelche vom Mitteilungsvorgang unabhängig existierenden Sachverhalte versteht, mag dieser Einwand überzeugen. Eine Nachricht, die an mich in einer Sprache ergeht, die ich nicht verstehe, hat weder *an sich* noch *für mich* etwas offenbar werden lassen. Ein Lehrer, der einen schwierigen mathematischen Beweisvorgang so unbeholfen darstellt, daß kein Mensch ihn versteht, hat seinen Schülern nichts offenbart, sondern hat sie verwirrt und ist ihnen im wahrsten Sinne etwas schuldig geblieben. Auf kognitiver Ebene ist also festzuhalten: Entweder wird etwas *für mich* oder *gar nicht* offenbar. Anders verhält es sich jedoch, wenn ich Offenbarung im Sinne einer personalen und dialogischen Zu-

---

[146] Zur „Unterscheidung zwischen Erfahrungsgegenstand und subjektivem Erfahrungseindruck" als dem „Kerngedanke[n] der Pluralistischen Hypothese" vgl. *P. Schmidt-Leukel*, Religiöse Vielfalt als theologisches Problem, 27.

wendung verstehe. Dies ist gerade bei solchen Erfahrungen der Fall, die nicht nur äußerlich über eine Wirklichkeit informieren, die unabhängig von solcher Mitteilung ohnehin besteht, sondern in denen die bekundete Wirklichkeit sich realisiert. So informieren eine Umarmung oder ein Kuß den Menschen, dem ich mich solcherart zuwende, nicht über eine Liebe, die ganz unabhängig davon existiert, sondern meine Liebe realisiert sich in solchen Gesten wie auch in entsprechenden Worten der Zuwendung. In dieser Hinsicht ist auch eine worthafte Liebeserklärung ein performativer Sprechakt, in dem sich eine Liebe in einem ganz wörtlichen Sinne „aus-spricht". Sie kündet nicht äußerlich *von* dieser Liebe, sondern realisiert sie *als* ein Wortgeschehen. In genau diesem Sinne stellt die dogmatische Konstitution über die göttliche Offenbarung „Dei verbum" dann fest: „Das Offenbarungsgeschehen ereignet sich in Tat und Wort, die innerlich miteinander verknüpft sind" (DV 2).

Darin überwindet „Dei verbum" den genannten instruktionstheoretischen Begriff von Offenbarung durch einen personalen Begriff der „Selbstoffenbarung", in der Gott „aus überströmender Liebe die Menschen [..] wie Freunde" anredet (DV 2). Von diesem Begriff der Offenbarung als Vergegenwärtigungs- und Konkretisierungsgestalt göttlicher Liebe her wird nun verständlich, daß Liebe *an sich* erscheinen und dennoch verborgen bleiben kann. Sie kann erscheinen, insofern sie eine bestimmte Vergegenwärtigungsgestalt annimmt, ohne daß sie von dem solcherart Angesprochenen auch adäquat erfahren werden muß. In diesem Sinne kann die Offenbarung einer Liebe nochmals zum Gegenstand perspektivischer Wahrnehmung werden. Sie kann selbst das erkenntnisjenseitige „Noumenon" sein, das zum Gegenstand verschiedener „Phainomena" wird.[147]

Dieses Problem sei in seiner erkenntnistheoretischen Struktur am Beispiel jener Liebe erläutert, mit der etwa Eltern sich ihren Kindern zuwenden. Eltern machen nämlich nicht selten die Erfahrung, daß die *Erscheinung* ihrer Liebe gar nicht als Erscheinung der *Liebe* erfahren wird, sondern bei ihren Kindern als angeblicher Ausdruck von Ablehnung und Mißgunst ankommt. Dies kann zum Beispiel der Fall sein, wenn sie ihr größer werdendes Kind vor einer Entscheidung warnen, von der sie selbst nur allzugut wissen, daß sie zerstörerische Konsequenzen haben kann. Darin begegnet uns insofern das Beispiel einer „überfließenden Liebe", als die Eltern ihre Liebe eben nicht für sich behalten, sondern ihr nach außen hin eine auf das Kind bezogene Gestalt verleihen. Ob aber die sol-

---

[147] Mit Recht wendet darum *G. Gäde* gegenüber dem Ansatz einer pluralistischen Religionstheologie ein, daß hier „religiöse Erfahrung" und „Offenbarung" zu wenig unterschieden werden (vgl. *ders.*, Viele Religionen – ein Wort Gottes, 74 f; 118 ff) und letztere „informationstheoretisch mißverstanden" (74) sei. Darum werde die Personalität göttlicher Selbstmitteilung zu wenig von jener Personalität unterschieden, mit denen Menschen ihrerseits die Erfahrung des Offenbarungsanspruchs beantworten. Entsprechend lautet seine Frage: „Haben wir es hier nicht mit einem Subjektivismus zu tun, der alle Aktivität und Initiative nicht einem geschichtlich sich offenbarenden Handeln Gottes verdankt, sondern diese ganz und gar in das Subjekt verlegt?" (89).

cherart gegebene Erscheinungsgestalt der Liebe vom Kind auch als solche erfahren wird, ist eine ganz andere Frage. Oft genug bedeuten pubertäre Gemütsstimmungen eine „Linse" des jugendlichen Wahrnehmungsapparates, mit dem die genannte „Erscheinung" elterlicher Liebe gar nicht als solche ankommt, sondern zum Dokument der Mißgunst verzerrt wird. Insofern wird hier die *Erscheinung* der Liebe nochmals zum Gegenstand einer weiteren Erscheinung, in der sie gar nicht mehr als Ausdruck der Liebe ankommt. Mitunter müssen darum erst die von den Eltern befürchteten Konsequenzen eintreffen, bis ein Jugendlicher merkt, daß diejenigen Phänomene elterlicher Zuwendung, die er einst als Schikane erfahren hat, in Wahrheit Manifestationen ihrer Liebe und Verantwortung waren. Umgekehrt können in einem solchen Erfahrungsprozeß dann auch die scheinbaren Glückserfahrungen von einst rückwirkend als Unglück und Unheil identifiziert werden.

Insofern gilt von der interpersonalen Dramatik der Liebe schon im überschaubaren individualgeschichtlichen Zeitrahmen, was *J. Niewiadomski* von den Transformationsprozessen feststellt, die der biblische Glaube in seiner Geschichte durchlaufen hat: Geschichtliche Erfahrungen, die ich subjektiv einst als Manifestationen von Unheil und Schrecken erlebt habe, können in der Retrospektive als Manifestation von Heil erlebt werden; und umgekehrt kann genauso das, was ich einst als Glück und Heil erfahren habe, im Rückblick als Unheil identifiziert werden.[148] Insofern gibt es nicht nur den einen Gott und seine unterschiedlichen Erfahrungsgestalten, sondern man kann vor allem mit *einer* Offenbarungsgestalt wiederum sehr unterschiedliche Erfahrungen machen, kraft derer sich die Interpretation und somit der Begriff der erstgenannten Erfahrung verändert. Darum reicht es nicht, mit der pluralistischen Religionstheologie nur zwischen der göttlichen „Realität an sich" und seiner jeweiligen „Erscheinung für uns" zu unterscheiden, sondern es ist für jede religiöse Tradition einzuräumen, daß *eine* Erscheinung wiederum *viele Explikationen für uns* erlaubt.

Diese erkenntnistheoretische Struktur ist vorauszusetzen, wenn der christliche Glaube eine göttliche Liebe als „offenbar" erkennt, die zugleich die Fassungskraft der Kirche „auf ihrer irdischen Pilgerschaft" übersteigt. In diesem Sinne gehört zur Fülle einer geschichtlich ergangenen Offenbarung auch ihre Verborgenheit. Ja, ihre Fülle bekundet sich darin, daß sie sich weder in meinem individuellen Glaubensbewußtsein noch dem der Kirche erschöpft. Damit wird es nun möglich, *Karl Rahners* Lehre vom anonymen Christentum, die wir geläufigerweise als Prototyp eines theologischen Inklusivismus verstehen, in einer christentumskritischen Weise auf das Christentum selbst anzuwenden. Wenn nämlich in Jesus Christus die Fülle göttlicher Liebe in einer Weise Gestalt angenommen hat, die mein historisch situiertes Glaubensbewußtseins sprengt, dann kann ich mich gar nicht anders zu Jesus Christus bekennen, ohne darin anonym etwas mitzubekennen, was die Fas-

---

[148] S.o. Anm. 135.

sungskraft meines Bewußtseins übersteigt.[149] Insofern begegnen mir als bekennendem Christ in Jesus Christus Gehalte, angesichts derer ich selbst nur anonym Christ bin, weil sie das Auffassungsvermögen meines gegenwärtigen Bewußtseins überschreiten. Und genauso gilt das Umgekehrte: Weil kraft der aufgezeigten Spiegelungsmechanismen mein Bekenntnis zu Jesus Christus in dessen Wahrnehmung stets Gehalte hineinprojiziert, die in Wirklichkeit der situativen Verwurzelung meines Glaubensbewußtseins entstammen, ist mein Bekenntnis zu Jesus Christus gerade in seiner expliziten Gestalt stets auch entstellt. In diesem Sinne ist der Akt anonymen Glaubens gerade nicht die verdunkelte Gestalt des expliziten Glaubens, sondern der explizite Glaube verdunkelt stets etwas, was ich darum nur anonym mitbejahe.[150]

Nun ist Rahners Theorie des anonymen Christentums in dieser Gestalt nicht rezipiert worden. Das liegt daran, daß er sie in dieser Gestalt auch nicht entwickelt, wohl aber gerade in der späten Phase seines theologischen Denkens immer mehr in Ansätzen vorbereitet hat. Dies geschah dort, wo er die von Augustinus entwickelte Lehre von der „concupiscentia" des menschlichen Fleisches zum erkenntnistheoretischen Begriff einer „gnoseologischen Konkupiszenz" weiterentwickelt hat.[151] Mit diesem sperrig anmutenden Begriff spricht er den schlichten Sachverhalt an, daß jeder Akt menschlicher

---

[149] Vgl. *G. Neuhaus*, Atheismus oder anonymes Christentum? Ein Versuch transzendentaler Hermeneutik des Gottesglaubens in Auseinandersetzung mit Feuerbach, Marx, Horkheimer und Benjamin, Annweiler 1985, 9-39. Dies ist vor allem gegenüber Küng zu betonen, der nach wie vor die hermeneutische Konzeption des „anonymen Christentums" unter die „Umarmungsstrategien" einreiht (vgl. PWE 108), die die Andersartigkeit des Anderen als Selbstmißverständnis zu durchschauen beanspruchen.

[150] Sehr schön formuliert in diesem Sinne *H. Kessler*: „Der sozio-kulturell Andere [...] hält mich offen für den (uneinholbar mir vorangehenden) eschatologisch Anderen, für Jesus Christus und sein Evangelium" (*ders.*, Partikularität und Universalität Jesu Christi. Zur Hermeneutik und Kriteriologie kontextueller Christologie, in: R. Schwager (Hrsg.), Relativierung der Wahrheit? Kontextuelle Christologie auf dem Prüfstand, Freiburg-Basel-Wien 1998, 106-155, 153). Was Kessler hier von jenen Christologien feststellt, die in anderen kulturellen Kontexten verwurzelt sind, dürfte in diesem Sinne auch von anderen Religionen gelten.

[151] Zu diesem Begriff vgl. u.a. *K. Rahner*, Der Pluralismus in der Theologie und die Einheit des Bekenntnisses in der Kirche, in: ders., Schriften zur Theologie 9, Einsiedeln ^{2}1972, 11-33, bes. 21 ff; *ders.*, Die Theologie im interdisziplinären Gespräch der Wissenschaften, in: Schriften zur Theologie 10, Einsiedeln 1972, 89-105, 99 f. Der „Grundkurs des Glaubens" (Freiburg/Br. 1976) greift diesen Gedanken auf mit der Feststellung einer „Unterschiedenheit von ursprünglichem Selbstbesitz und Reflexion" (ebd., 26). Damit ist gemeint, daß ich auf der Ebene des sprachlich verfaßten Glaubensbekenntnisses stets einem menschlichen Lebensvollzug hinterherlaufe, dessen Implikationen mir im einzelnen gar nicht ausdrücklich bewußt sind. Dies gilt in subjektiver Hinsicht für Projektionsgehalte, die mein Verständnis der Gottheit Gottes verfremdend einfärben, mir im Vorgang der Projektion aber gar nicht als solche bewußt werden können. Es gilt in objektiver Hinsicht für die Gottheit Gottes selbst, die stets größer ist als das, was in meinem Bewußtsein zu Wort kommt.

Erfahrung wie auch jeder Vollzug menschlichen Sprechens stets empirischen Bedingungen unterliegen, die mir im Akt der Erfahrung und des Sprechens nicht ausdrücklich bewußt sind, mein Gegenstandsbewußtsein aber entsprechend „einfärben". Insofern sind mit den angedeuteten christentumskritischen Implikationen dieser Lehre Ansätze aufgegriffen, die Rahner durchaus geliefert, selbst aber nicht mehr weiterentwickelt hat.

Deren dialogische und religionstheologische Bedeutung wird dort deutlich, wo wir sie auf die Lehre von der unsichtbaren Kirche beziehen. Denn dann kann außerhalb der sichtbaren Kirche auf eine anonyme Weise der in Jesus Christus offenbare Gott in einer Gestalt begegnen, die noch nicht zum ausdrücklichen christlichen Bekenntnis gefunden hat. Und auch dieses anonyme Christentum der Nichtchristen läßt eine zweifache Lesart zu, von der eine bei Rahner wiederum entwickelt und die andere nur in Ansätzen vorbereitet worden ist. Die erstere besteht in der geläufigen Rezeption dieses Theorems und besagt: Im Leben und Glauben der Nichtchristen kann im Gewand einer nichtchristlichen Selbstauslegung etwas begegnen, zu dessen christlicher Explikation ich bereits gelangt bin. Unter dieser Voraussetzung begegnet bei Andersgläubigen in anonymer Gestalt, was bei mir bereits zu einer expliziten Gestalt gefunden hat. Dieser Begriff des anonymen Christentums kann freilich mit Recht als Ausdruck einer „Umarmungstrategie" (vgl. PWE 108) angesprochen werden, die die Andersheit des Anderen nicht ernstnimmt und sie bestenfalls als Schwundstufe eines Bewußtseins zuläßt, zu dem ich bereits gelangt bin. Ganz anders die zweite Lesart, die beim Andersgläubigen oder Atheisten Gehalte realisiert findet, die in den Bereich dessen fallen, zu dessen christlicher Explikation auch ich noch nicht gelangt bin und im Blick auf den ich selbst mich als bislang anonym Glaubenden entdekke. Unter dieser Voraussetzung kann die Begegnung mit Nichtchristen gegebenenfalls mein eigenes anonymes Christentum in explizites Christentum verwandeln. Ein solcher Dialog mit dem Andersgläubigen wird dann in einer Weise geführt, in der auch der Christ - und zwar um der Vertiefung seines Christentums willen - lernfähig und lernwillig ist.

Damit haben wir in theoretischer Hinsicht eine Möglichkeit christlicher Begegnung mit anderen Religionen entwickelt, die durch einen recht verstandenen christlichen Absolutheitsanspruch nicht verhindert, sondern umgekehrt gerade herausgefordert wird. Denn der so verstandene christliche Absolutheitsanspruch ist die notwendige Voraussetzung, um die befremdliche Andersheit des Anderen überhaupt erst als Herausforderung ernstnehmen zu können. Genau diese Möglichkeit eines auch christlicherseits lernfähigen Dialogs mit anderen Religionen legt das II. Vatikanum mit seiner Erklärung „Nostra aetate" nahe, die in diesem Punkt in einer bezeichnenden Weise über den Wortlaut der dogmatische Konstitution „Lumen gentium" hinausgeht. Mit dem Hinweis auf die „anderen, die in Schatten und Bildern den unbekannten Gott suchen“ (LG 16), läßt letztere nämlich in offensichtlicher Anlehnung an Platons Höhlengleichnis noch die erstgenannte Deutung vom anonymen Christentums der Andersgläubigen zu: Bei ihnen begegnet „in Schatten und Bildern“, was der Christ in unverdunkelter Gestalt in Jesus Christus anschaut. Gegenüber einer solchen vereinnahmenden Lesart präzisiert nun die Erklärung „Nostra aetate“:

„Die katholische Kirche lehnt nichts von alledem ab, was in diesen Religionen wahr und heilig ist. Mit aufrichtigem Ernst betrachtet sie jene Handlungs- und Lebensweisen, jene Vorschriften und Lehren, die zwar in manchem von *dem* abweichen, was sie selber *für wahr hält* und lehrt, doch nicht selten einen Strahl jener *Wahrheit* erkennen lassen, *die alle Menschen erleuchtet*. Unablässig aber verkündet sie und muß sie verkündigen Christus, der ist ‚der Weg, die Wahrheit und das Leben‘ (Jo 14,6), in dem die Menschen die Fülle des religiösen Lebens finden, in dem Gott alles mit sich versöhnt hat“ (NA 2).[152]

In diesem Text sind noch einmal all jene Momente eines christlichen Absolutheitsanspruchs enthalten, der gerade als solcher zum lernfähigen Umgang mit anderen Religionen herausfordert. So wird auf der einen Seite entschieden festgehalten, daß in Jesus Christus die Fülle der Wahrheit gegenwärtig geworden ist. Auf der anderen Seite werden die besagten „Abweichungen“, die in anderen Religionen begegnen, nicht einfach als Abweichungen *von der Wahrheit* vorgestellt, sondern von dem, was die katholische Kirche „selber *für wahr hält*“. Damit unterscheidet der Text das, was die Kirche *für wahr hält*, von der *Wahrheit selbst*. Umgekehrt handelt es sich bei jenem Lichtstrahl, der zu den Menschen anderer Religionen gelangt, keineswegs um einen Strahl dessen, was sie *für wahr hält*, sondern um einen Strahl *der Wahrheit*. Und diese Wahrheit wird als eine vorgestellt, die keineswegs nur *die Kirche*, sondern *alle Menschen* erleuchtet.

Diese Möglichkeit einer christlichen Begegnung mit anderen Religionen, die wir hiermit nur hinsichtlich ihrer formalen Bedingungen untersucht haben, wird von dem christlichen indischen Theologen *M. Vellanickal* praktisch bezeugt, wenn er feststellt:

---

[152] Kursive Hervorhebungen von mir. Von daher ist die von *P.F. Knitter* geäußerte Auffassung zurückzuweisen, das Christentum könne nur dann von anderen Religionen lernen, wenn es die „grundlegende Voraussetzung eines einheitlichen Pluralismus“ akzeptiere, die da laute: „Alle Religionen sind gleichermaßen gültig oder können es sein“ (vgl. Ein Gott - viele Religionen, 42). Gleiches gilt gegenüber der von *W. Lütterfelds* geäußerten Meinung, ein religionstheolischer Exklusivismus sei „offenbar nicht nur zu keiner Form von interner Überzeugungs-Toleranz gegenüber Anderdenkenden fähig“, sondern müsse „auch die Fähigkeit zur Selbstkritik von vorneherein einschränken“ (*ders.*, Viele religiöse Wahrheiten und ein Weltethos. Zur begrifflichen Struktur eines Konfliktes und seiner Auflösung, in: Küng / Kuschel [Hrsg.], Wissenschaft und Weltethos, 415-437, 420).

„Die nichtchristlichen Religionen haben etwas anzubieten, was dem aufrichtigen Christen sehr wohl helfen kann, neue Aspekte im Geheimnis *Jesu Christi* zu entdecken. Klar erkannt und anerkannt werden muß die Möglichkeit, daß gewisse Aspekte des Christus-Geheimnisses von Nichtchristen auf eine tiefere Weise erfahren werden können als von vielen Christen. Das Bestreben, durch einen entsprechenden Dialog teilzunehmen an der religiösen Erfahrung von Nichtchristen, kann Christen helfen, ihre eigene Erkenntnis eines Mysteriums zu vertiefen, dessen authentische Offenbarung ihnen geschenkt worden ist.“[153]

[153] *M. Vellanickal*, Die Kirche im Dialog mit den religiösen und kulturellen Traditionen im Umfeld des Johannesevangeliums, in: G.M. Soares-Prabhu (Hrsg.), Wir werden bei ihm wohnen. Das Johannesevangelium in indischer Deutung, Freiburg 1984, 48-70, 59.

6. Ein christologischer Zugang zum Projekt Weltethos

6.1. Zum gegenwärtigen Stand unserer Überlegungen

Wir haben damit die gesuchte *interne* Bedingung gefunden, die das Christentum erfüllen muß, um dem *externen* Bedürfnis nach einem Weltethos zu genügen. Diese Bedingung ist nicht in einer Relativierung des christlichen Wahrheitsanspruchs, sondern in seiner Radikalisierung gegeben, die uns grammatisch in Form eines genitivus subiectivus entgegentritt: als Beanspruchung durch ein Absolutum, das dem gläubigen Bewußtsein stets als forderndes Maß vorauseilt.[154] Damit haben wir zugleich die im Prinzip gleiche, oberflächenhaft aber anderslautende Frage beantwortet, die in diesem Zusammenhang durch eine funktionale Religionstheorie aufgeworfen wird: Wovon hängt es ab, ob eine Religion eine bestimmte gesellschaftliche und politische Funktion erfüllt, die auf der Ebene des religiösen Bewußtseins eine latente Sekundärfunktion darstellt? Da das religiöse Bewußtsein sich selbst als Ausdruck der Hingabe an ein - wie auch immer verstandenes - Göttliches begreift, muß die entsprechende Sekundärfunktion in der jeweiligen Gestalt dieser Hingabe ihren Ausgang nehmen. Die geforderte dialogbereite und friedliche Funktion gewinnt das religiöse Bewußtsein des Christen also dann, wenn es zu einem korrespondenztheoretischen Ausdruck seines Wahrheitsanspruchs in Gestalt der „inadaequatio intellectus ad Deum“ gelangt. Anders als im Modell einer pluralistischen Religionstheologie gehört freilich für das Christentum Jesus Christus ganz auf die Seite jenes Absolutums, zu dem sich der Christ immer nur in perspektivischer Einschränkung bekennt, so daß nicht Jesus Christus, sondern die geschichtliche Situiertheit des Christen diese perspektivische Engführung und Begrenzung in der Offenbarung leistet. Denn wenn Gott wirklich unbegrenzte Liebe ist, dann kann eine geschichtliche Selbstmitteilung Gottes nur die Mitteilung dieser Grenzenlosigkeit sein. Insofern ist in dem Begriff von Offenbarung als Selbstmitteilung Gottes schon impliziert, daß die Begrenztheit der menschlichen Glaubensgestalt in den Grenzen des gläubigen Bewußtseins, nicht in etwaigen Grenzen des Offenbarungsgeschehens begründet ist. In diesem Sinne mußten wir das erkenntnistheoretische Instrumentarium der pluralistischen Religionstheologie

[154] Vgl. dazu auch *J. Werbick*, Heil durch Jesus Christus allein? Die „Pluralistische Theologie“ und ihr Plädoyer für einen Pluralismus der Heilswege, in: M. von Brück / J. Werbick, Der einzige Weg zum Heil? Die Herausforderung des christlichen Absolutheitsanspruchs durch pluralistische Religionstheologien, Freiburg/Br. 1993, 11-61, 56 f.

erweitern und feststellen: Es gibt nicht nur das göttliche „Noumenon" und das vom menschlichen Bewußtsein geprägte „Phainomenon", sondern es gibt die „Erscheinung der Erscheinung", das „Phainomenon des Phainomenon".

Nun sind unsere bisherigen Überlegungen in einer entscheidenden Hinsicht im Formalen stecken geblieben. Wir haben nämlich nur festgestellt, *daß* eine biblisch begründete christliche Glaubensgestalt sich nur zur genannten „inadaequatio intellectus ad Deum" bekennen kann. Dazu veranlaßt haben uns die in den paulinischen Briefen begegnenden Selbstrelativierungen des gläubigen Bewußtseins gegenüber dem in Christus offenbaren Gott:

- seine Unterscheidung von Glauben und Schauen (vgl. 2 Kor 6,7);
- sein Vergleich des gläubigen Bewußtseins mit einem Spiegel, der nicht offenbart, ohne gleichzeitig in das solcherart offenbarte Antlitz Spuren der Verfremdung hineinzuprojizieren (vgl. 1 Kor 13,12);
- sein Bekenntnis zur Fülle des Göttlichen als einer Wirklichkeit, die das Maß des menschlich Faßbaren sprengt (vgl. 2 Kor 4,7);- und schließlich: seine Aufforderung zur ständigen Erneuerung des Denkens (vgl. Röm 12,2).

Zu einer inhaltlichen Konkretisierung des so verstandenen Absolutheitsanspruchs sind wir bis hierhin jedoch nicht durch eine Untersuchung der Botschaft und des Lebens Jesu gelangt. Wir haben vielmehr die gesuchte Konkretisierung nur in analoger Gestalt in der alttestamentlichen Tradition gefunden. Die hier aufgezeigte Transformation des biblischen Glaubens konfrontierte uns nämlich mit einer Glaubensgestalt, die analog zu Paulus

- Glauben und Schauen unterscheidet, wenn sie um Gott als eine Wirklichkeit weiß, die nur als sich entziehende offenbar ist;
- eine frühere Gestalt des Glaubens als Projektionsgestalt nationaler Selbstfixierung überwindet;
- den „zerknirschten Geist" als ein Gott gefallendes Opfer anspricht (vgl. Ps 51,19);
- mit der Verwandlung der monolatrischen Gestalt des Glaubens in den Monotheismus zu einer Erneuerung des Denkens gelangt.

Zugleich führte die Nachzeichnung dieses biblischen Transformationsprozesses zu Ergebnissen, die im Blick auf das von Küng geforderte „Projekt Weltethos" von bleibender Bedeutung sind: Die hier bezeugte Fähigkeit, sich zu Gott als einer Wirklichkeit zu bekennen, die das menschliche Maß übersteigt, befähigte im einzelnen

- zu einem lernfähigen und rezeptionswilligen Umgang mit anderen Traditionen: Denn durch die Rezeption des Schöpfungsglaubens veränderte der Jahweglaube seine eigene Gestalt;
- zu einem ethischen Universalismus, der auch im Fremden und Andersgläubigen den Bruder zu sehen lernte: Auf diese Weise leistet der biblische Glaube einen ersten Schritt zu einem „Weltethos", ohne irgendwelche Abstriche an sich selbst machen zu müssen;

- zu einem kritischen Umgang mit der Kategorie des „Heils“: Denn die besagte Transformation fordert dazu auf, das, was bis jetzt als „Heil“ erschien, als *Heil auf Kosten anderer* und damit als *Unheil* zu lesen.

So bleibt angesichts des zuletzt genannten Ergebnisses weiterhin festzuhalten: Das theozentrische Wahrheitskriterium des Göttlichen selbst kann angesichts seiner empirischen Nicht-Faßbarkeit nicht unvermittelt durch das soteriozentrische Wahrheitskriterium des Heils oder des Humanums ersetzt werden. Denn der aufgezeigten Transformation des Gottesverständnisses entsprach eine Transformation des Heilsverständnisses.

Angesichts dieser nur formalen Analogie des Glaubens an Jesus Christus mit jener Struktur des Jahweglaubens, die wir an alttestamentlichen Zeugnissen behandelt haben, stellt sich nun um so deutlicher die Frage, auf welche Weise denn in inhaltlicher Hinsicht die genannten Strukturprinzipien im Glauben an Jesus Christus wirksam sind. Dazu bedarf es zunächst der Beantwortung der Frage, auf welche Weise die Unbegrenztheit göttlicher Zuwendung zum Menschen, die wir im ethischen Monotheismus festgestellt haben, das Leben und die Botschaft Jesu auszeichnet. Diese Frage impliziert eine weitere, mit der wir uns auf die pluralistische Auffassung beziehen, in der historischen Gestalt Jesu Christi sei zwangsläufig eine nur begrenzte Präsenz des Göttlichen gegeben. Er möge zwar ganz vom Göttlichen erfüllt und insofern „totus deus“ gewesen sein, habe aber als Mensch nicht das „totum dei“ - die Fülle des Göttlichen - selbst zur Darstellung bringen können.[155] So lautet unsere Frage weiterhin: Wie kann in einem endlichen Menschen die Unendlichkeit göttlicher Liebe erscheinen?

6.2. Die Ambivalenz des biblischen Monotheismus

6.2.1. Die Grenzenlosigkeit göttlichen Erbarmens und die begrenzte Barmherzigkeit des Menschen

Wenn nämlich Jesus in seinem Leben und in seiner Botschaft Gott als liebenden Vater verkündet, der „seine Sonne aufgehen läßt über Bösen und Guten“ und der „regnen läßt über Gerechte und Ungerechte“ (Mt 6,46), dann bringt er hier zunächst einmal keinen Gott zur Sprache, den das Judentum noch nicht kannte, sondern er bringt in einer konsequenten Gestalt den jüdischen Monotheismus bis in seine ethischen Implikationen hinein zur Geltung. Dabei ist es müßig, theologisch darüber zu streiten, ob die zärtliche Anrede „Abba“,

[155] Zur pluralistischen Unterscheidung von „totus deus“ und „totum dei“ vgl. das Kapitel „Eine neue Christologie“ in: *P.F. Knitter*, Ein Gott - viele Religionen, 74-78.

mit der Jesus Gott als Vater anspricht, eine im Kontext des zeitgenössischen Judentums unerhörte und provozierende oder durchaus gebräuchliche Anrede war. Festzuhalten bleibt, daß in der Universalität des göttlichen Schöpfungshandelns schon die Grenzenlosigkeit jener Liebe angelegt ist, die Jesus von Gott als einem Vater sprechen läßt, der die Wege und Irrwege seiner Geschöpfe bis zum Letzten nachgeht (vgl. Lk 16). Entsprechend spricht schon Deuterojesaja von Gott in der Metapher der Mutter, die ihr Kind unter keinen Umständen vergessen kann (vgl. Jes 49,16).[156] Und von daher kann denjenigen, die sogleich die Gefahr eines christlichen Antijudaismus wittern, wenn ein Theologe noch wagt, ein Eigenprofil Jesu zu behaupten, zugestanden werden: Der Gott Jesu Christi ist bis in die Behauptung seines grenzenlosen Erbarmens derjenige, der uns in jenem ethischen Monotheismus begegnet, dessen Genese wir hier dargelegt haben. Denn schon das Alte Testament stellt im Rahmen der aufgezeigten monotheistischen Neuorientierung die Grenzenlosigkeit des göttlichen Erbarmens der nur begrenzten menschlichen Liebesfähigkeit gegenüber: „Das Erbarmen des Menschen gilt nur seinem Nächsten, das Erbarmen des Herrn allen Menschen" (Jes Sir 18,13). Damit kommt die göttliche Barmherzigkeit gegenüber der nur begrenzten menschlichen Fähigkeit, anderen zu verzeihen, in jener Unbegrenztheit zu Wort, in der sie das dem Menschen Mögliche unendlich übersteigt.

Freilich deutet sich hier bereits ein Problem an, von dem wir feststellen werden, daß es uns nicht nur im Alten Testament, sondern nicht minder in den Evangelien begegnet: Das Subjekt des Glaubens ist der Mensch in seiner angesprochenen nur begrenzten Liebesfähigkeit; das Objekt dieses Glaubens ist jedoch Gott in seiner grenzenlosen Liebe. Wenn aber, wie wir gesehen haben, der Glaube unweigerlich diejenigen Bedingungen, denen das gläubige Bewußtsein unterliegt, in Gott gleichsam „hineinspiegelt", dann ist zu erwarten, daß der Mensch in seiner begrenzten Liebesfähigkeit sich nur so zur Grenzenlosigkeit göttlichen Erbarmens bekennen kann, daß dieses Bekenntnis ihrerseits wieder neue Grenzen errichtet. Insofern ist dem ethischen Monotheismus schon in struktureller Hinsicht eine Ambivalenz eigen: Das *menschliche Bekenntnis zur* Universalität göttlicher Liebe kann aufgrund seiner endlichen Gestalt zunächst gar nicht anders als wiederum jene Grenzen errichten, mit denen es hinter den Gott, zu dem es sich gleichwohl bekennt, unweigerlich zurückfällt. Und so ist es nicht verwunderlich, daß der ethische Monotheismus jene Gewalt gegenüber Andersgläubigen, die wir in der monolatrischen Gestalt des biblischen Glaubens kennengelernt haben, in Wirk-

---

[156] In diesem Zusammenhang ist bemerkenswert, wie der Begriff der Mütterlichkeit Gottes so Anwendung findet, daß er im Sinne der von uns so genannten „inadaequatio intellectus ad deum" sogleich wieder seine Relativierung findet, da keine menschliche Erfahrung von Mütterlichkeit ausreicht, um die Liebe Gottes angemessen auszusprechen: „Und selbst wenn sie ihn vergessen würde: ich vergesse dich nicht" (ebd.).

lichkeit gar nicht überwindet, sondern ihn nur verfeinert und ihm eine neue Gestalt verschafft. Gewiß erstrahlt die Größe des biblischen Gottes jetzt nicht mehr über den Gräbern der Feinde, die er vernichtet hat, um „uns aber" zu erretten. Vielmehr wird sie nunmehr erkennbar in jener Universalität, mit der er seiner gesamten Schöpfung und all seinen geliebten Geschöpfen zugewandt ist. Wenn aber seine Herrlichkeit in den Werken seiner Schöpfung erstrahlt, dann können diejenigen zu einem um so größeren Ärgernis werden, denen die Werke der Schöpfung vor Augen stehen, die aber ihrem Schöpfer das ihm gebührende Lob verweigern. Sofern er dieser Versuchung erliegt, überwindet der biblische Monotheismus nur scheinbar denjenigen Opfermechanismus, in dem er in der Gestalt der Monolatrie ganz offenkundig befangen war.

Mit dem Begriff des „Opfermechanismus" beziehe ich mich dabei auf jene Formen der Identitätsbildung, die wir in Anlehnung an Girard in der Gestalt der Aneignungs- und Gegenspielermimesis kennengelernt haben. Denn als Akte der „Selbst-de-finition" bedeuten sie unweigerlich eine Grenzziehung gegenüber anderen und erfolgen insofern zu deren Lasten. Girard geht hier sogar terminologisch noch weiter, indem er nicht bloß von einem Opfermechanismus, sondern explizit von einem „Sündenbockmechanismus" spricht, den er wiederum vom „Sündenbockritual" abgrenzt.[157] Letzteres meint die in Lev 16 überlieferte Kulthandlung, mit der u.a. ein symbolisch mit der Last menschlicher Schuld befrachteter Bock aus der Stadt hinaus in die Wüste geschickt wird und so den Frieden der Gemeinschaft gewährleistet. Ersteres meint denjenigen identitätsbildenden Mechanismus, in dem das positive Bewußtsein, wer und was wir sind, sich durch Absetzung von den anderen herstellt, die wir nicht sind.

Diese nur scheinbare Überwindung eines Opfermechanismus, der dann in Wirklichkeit nur in anderer Gestalt seine sublime Fortsetzung findet, läßt sich in exemplarischer Weise am Psalm 50 studieren. Denn hier wird einerseits dem kultischen Sündenbockritual im Namen des einen Gottes, von dem doch alles Leben kommt, eine Absage erteilt; andererseits setzt sich der darin wirksame identitätsbildende Mechanismus in der Verfluchung derer fort, die nicht zum gebotenen Lob ihres Schöpfers gelangen. So wird zunächst die kultische Opferung von Tieren deshalb untersagt, weil auch sie Geschöpfe Gottes sind: „Doch nehme ich von dir Stiere nicht an noch Böcke aus deinen Hürden. Denn mir gehört alles Getier des Waldes, das Wild auf den Bergen zu Tausenden. [...] Hätte ich Hunger, ich brauchte es dir nicht zu sagen, denn mein ist die Welt und was sie erfüllt" (Ps 50,9-12). Weil alles Leben von ihm kommt, kann dieser Gott also „Opfer des Lobes" erwarten, nicht aber die Vernichtung seiner eigenen Geschöpfe wollen: „Wer Opfer des Lobes bringt, ehrt mich; wer rechtschaffen lebt, dem zeige ich mein Heil (Ps 50,23). Er verdient „Opfer des Lobes", weil die Herrlichkeit der gesamten Schöpfung von seiner

---

[157] Vgl. *R. Girard*, Der Sündenbock, Zürich 1988. Vgl. dazu auch die Beiträge in: *J. Niewiadomski / W. Palaver* (Hrsg.), Vom Fluch und Segen der Sündenböcke, Thaur 1995.

Größe Zeugnis ablegt. Und er verdient zugleich Werke der Gerechtigkeit, weil jeder Mensch Geschöpf des gemeinsamen göttlichen Vaters ist und als solcher meine Anerkennung einfordert.
Vor diesem Hintergrund werden dann aber diejenigen zu einem um so größeren Ärgernis, die ihrem Schöpfer das gebührende Lob verweigern und auch nicht zu jener Gerechtigkeit finden, die im Mitmenschen das Geschöpf des gemeinsamen Vaters anerkennt. Diesen Frevlern gilt nun das Drohwort: „Begreift es doch, die ihr Gott vergeßt, sonst zerreiße ich euch, und niemand kann euch retten" (Ps 50,22). Auf diese Weise führt die Identitätsbildung der Gerechten in sublimer Gestalt jene Gewaltmechanismen fort, denen in der Gestalt blutiger Tieropfer gleichzeitig eine deutliche Absage erteilt wird.

Indem der biblische Glaube über die aufgezeigte monotheistische Transformation dazu befähigt, alle Menschen als Geschwister zu begreifen, konfrontiert er uns nun mit jenem Phänomen, das wir eingangs nur beschrieben, mittlerweile aber auch hinsichtlich seiner erkenntnistheoretischen Möglichkeitsbedingungen untersucht haben: Dissens und Streit sind gegenüber dem schlechthin Fremden und dem ganz und gar Anderen nicht möglich. Sie werden erst möglich auf dem Boden einer - zumindest für mich - unstrittigen Gemeinsamkeit. Denn die befremdliche Andersheit des Anderen und gegebenenfalls auch der Widerspruch, die seine Auffassungen und Lebensformen mir gegenüber bedeuten, treten auf dem kontrastierenden Boden des Gemeinsamen erst in voller Schärfe hervor. Wenn der Fremde über die monotheistische Neuorientierung des biblischen Glaubens also zum Bruder wird, dann kann dies unter bestimmten Voraussetzungen um so gefährlicher für ihn werden. Von den Gewaltmechanismen, die in Verhältnissen der „Brüderlichkeit" brodeln, zeugt nicht nur die bereits angesprochene Tatsache, daß in der Mythologie von Kain und Abel bis hin zu Romulus und Remus die Brüderlichkeit in den Brudermord mündet. Von ihr zeugt auch die seinerzeitige Ironisierung einer sozialistischen Brüderlichkeitsvision, die da droht: „Und willst du nicht mein Bruder sein, dann schlag ich dir den Schädel ein." Und so begegnet auch im vorliegenden Psalm jener gewaltbereite „Narzißmus der Differenzen", der das Trennende identitätsbildend herausstellt und das Gemeinsame vergleichgültigt. Das gleiche Problem begegnet noch einmal dort, wo zum Beispiel Menschen, die einander ursprünglich einmal geliebt haben, als Folge erfahrener Enttäuschungen einen Haß aufeinander entwickeln können, der in dieser Form dem schlechthin Fremden niemals hätte zuteil werden können.

So können wir die Ambivalenz, die der Monotheismus gerade in seinen sittlich-praktischen Folgen gewinnt, in zweierlei Hinsicht nun näher bestimmen:

- Als erstes ist noch einmal festzustellen: Der Begriff eines Gottes, der als Schöpfer all seinen Geschöpfen in einer Haltung der Liebe zugewandt ist, fordert dazu auf, alle Menschen dort noch als Geschwister wahrzunehmen, wo sie untereinander gar nicht Geschwister sein wollen. Er befähigt dazu,

Haß mit Liebe, Abwendung mit Zuwendung zu beantworten und auf diese Weise die Idee eines geschwisterlichen Miteinanders überhaupt erst vernehmbar zu machen. Eine ganz neue und eigentlich kritische Situation tritt jedoch dort ein, wo der andere seinerseits die ihm entgegengestreckte Hand ausschlägt und mit seiner Abwendung nun auf meine Zuwendung noch einmal *reagiert*. Denn die ursprüngliche Erfahrung der Fremdheit, auf die der monotheistische Glaube mit Zuwendung zu reagieren vermag, hat zunächst nichts Beleidigendes. Die Fremdheit des Anderen wird aber dort zur Beleidigung, wo sie das Ergebnis jener Selbstverweigerung ist, mit der der Andere auf meine Zuwendung reagiert und darin zugleich jenen Schöpfungsglauben zurückweist, der mich überhaupt erst dazu befähigt hat, ihm meine Zuwendung zu schenken. Insofern überwindet der Monotheismus die *offene und unverhohlene* Gewalt, die der monolatrischen Gestalt des Jahweglaubens bereits im Ansatz eigen ist. Er ist aber gerade in seiner Bereitschaft zur Gewaltüberwindung nicht minder gewaltanfällig, weil die Enttäuschung über denjenigen, der die ihm entgegengestreckte Hand ausschlägt, in einen nicht minder heftigen Vernichtungswillen umzuschlagen droht.

- Damit sind wir zugleich bei jener zweiten Hinsicht angelangt, in der sich der ambivalente Charakter des Monotheismus zeigt. Sie ergibt sich aus dem schon genannten Befund, daß das Bekenntnis zur Unendlichkeit göttlicher Liebe schon aufgrund der räumlichen und zeitlichen Bedingungen, denen es unterliegt, selbst eine nur endliche Gestalt hat. Anders - nämlich vom Begriff der Grenze her - formuliert: Das Bekenntnis zur Grenzenlosigkeit göttlicher Liebe hat eine selbst nur begrenzte Gestalt. Darum errichtet dieses Bekenntnis zwangsläufig Grenzen, wo es gegenüber demjenigen erfolgt, der in dieses Bekenntnis nicht einstimmt. Der Monotheismus droht also dort in jene Gewalt umzuschlagen, die er seinem Ansatz nach eigentlich überwinden will, wo er selbst zum Gegenstand einer identitätsbildenden und damit Grenzen errichtenden Bekenntnisses wird.

Insofern mündet das Lob des einen Schöpfergottes, der die Welt so herrlich erschaffen hat und das Heil aller Menschen will, in die um so heftigere Verfluchung des „Frevlers“. Und darum ist es kein Wunder, wenn diejenigen Psalmen, die zunächst in aller Ausführlichkeit das wunderbare Schöpfungswirken Gottes preisen, am Ende in eine um so heftigere Verfluchung derer verfallen, die dem einen Gott die ihm gebührende Anerkennung verweigern: „Doch die Sünder sollen von der Erde verschwinden, und es sollen keine Frevler mehr dasein. Lobe den Herrn, meine Seele, Halleluja“ (Ps 104,36).

6.2.2. Psalm 139 als lehrreiches Beispiel

Wie leicht der eine Gott in seinem grenzenlosen Erbarmen (vgl. Jes Sir 18,13) so zur Sprache kommt, daß er dabei zur Projektionsgestalt der nur allzu begrenzten menschlichen Liebesfähigkeit wird, läßt sich in besonders subtiler Gestalt am Wortlaut jener Verse studieren, mit denen der 139. Psalm zu Ende geht. Nachdem der Psalmist zunächst einmal die Allgegenwart des einen Schöpfers in den Werken seiner Schöpfung gerühmt hat, fällt sein Blick wiederum abschließend auf diejenigen, die „voll Tücke" über diesen Gott reden und seinen Namen mißbrauchen (vgl. V 20). Diese Frevler veranlassen ihn nun, sich an Gott mit der Bitte zu wenden: „Wolltest du, Gott, doch den Frevler töten!" (V 19). Bis hierhin fällt auf, daß weder Gott noch der Betende selbst als jemand vorgestellt wird, der den Frevler zu töten sich anschickt, sondern der Psalmist drückt durch das einleitende „Wolltest du doch" nur den Wunsch nach einer Tötung aus, zu der Gott sich ganz offensichtlich von sich aus nicht bereitfindet. Insofern bekennt der Psalmist bis hierhin nur, daß Gott ein anderer ist als derjenige, als den er ihn sich wünscht. Angesichts dieser offenkundigen „inadaequatio intellectus ad Deum" richtet sich die folgende Frage zwar grammatisch an einen Gott, der seinen Vernichtungswünschen nicht nachkommt, sachlich aber an das religiöse Bewußtsein des Psalmisten selbst: „Soll ich die nicht hassen, Herr, die dich hassen, die nicht verabscheuen, die sich gegen dich erheben?" (V 21). Insofern begegnet hier eine rhetorische Frage, mit der der Psalmist nicht mehr Gott, der gegen den Frevler ja gar nichts unternimmt, zum Maß seiner eigenen Gemütszustände erhebt, sondern den Haß der Frevler selbst. Weil der Frevler also denjenigen Gott haßt, zu dem der Psalmist sich bekennt, haßt dieser nun den Frevler. Damit ist nun jene Schwelle überschritten, bis zu der die Differenz noch offengehalten war zwischen dem Gott, den er sich wünscht, und dem wahren Gott, der anders ist, als er ihn sich wünscht. Gott beginnt nun zur Projektionsgestalt des eigenen Hasses zu werden: „Ich hasse sie mit glühendem Haß; *auch* mir sind sie zu Feinden geworden" (V 22). Die logische Funktion des „auch", das die Einheitsübersetzung hier interpretierend einfügt, besteht darin, den eigenen Haß als Nachvollzug jenes Hasses begreifbar zu machen, den der Psalmist in einem Akt der Projektion nun Gott zuschreibt.

Das darin sich artikulierende Sachproblem findet seinen sprachlichen Widerhall in der sprachlogischen Unterscheidung zwischen einem genitivus subiectivus und einem genitivus obiectivus. „Feinde Gottes" können in dem zuerst genannten Sinne also diejenigen Menschen sein, die Gott seinerseits als seine Feinde anspricht und behandelt. Damit können aber im letztgenannten Sinne auch diejenigen gemeint sein, die ihrerseits Gott als ihren Feind behandeln. Der Betende ist jedoch unfähig sich vorzustellen, daß die Grenzen, die Menschen gegenüber Gott errichten, nicht gleichzeitig auch Gott zu solchen Grenzziehungen nötigen. Auf diese Weise wird der Gott des monotheistischen Glaubens wiederum zur Projektionsgestalt eines menschlichen Selbstbehauptungs- und Abgrenzungswillens.

Es gehört allerdings zur Größe dieses Psalmes, daß der Psalmist nicht bei seinem „glühenden Haß“ stehen bleibt, sondern ganz offensichtlich darüber erschrickt und zu der zuvor festgestellten Differenz zwischen dem „gewünschten“ und dem „wirklichen Gott“ zurückkehrt: „Erforsche mich, Gott, und erkenne mein Herz, prüfe mich, und erkenne mein Denken! Sieh her, ob ich auf dem Weg bin, der dich kränkt, und leite mich auf dem altbewährten Weg! (V 23 f).

6.3. Die Wiederkehr des gleichen Problems in den Evangelien

6.3.1. „Der fremde Wundertäter“ (Mk 9,38-41)

Daß es sich bei dem dargestellten Problem nicht um eine spezifische Schwierigkeit des alttestamentlich bezeugten Gottesglaubens handelt, sondern um ein Problem, das in der conditio humana angelegt ist, zeigt sich nicht zuletzt darin, daß die gleichen Abgrenzungs- und Projektionsmechanismen in den Evangelien wieder auftauchen.

Entsprechend haben wir schon von Jesus festgestellt: Der Gott, den er in seinem Leben nicht nur theoretisch verkündet, sondern praktisch bezeugt, ist jener Gott grenzenlosen Erbarmens, der uns in den behandelten alttestamentlichen Zeugnissen freilich nur so begegnete, daß er gleichzeitig auf die dargestellte Weise entstellt war. Wie sehr jedoch im Bekenntnis zu Jesus Christus die gleichen Mechanismen wirksam werden, zeigt schlaglichtartig zunächst die Begegnung seiner Jünger mit dem fremden Wundertäter, der im Namen Jesu Dämonen austrieb (vgl. Mk 9,38-41). Der entscheidende Satz, mit dem sie ihre ablehnende Reaktion auf diesen Fremden begründen, lautet nämlich: „Wir versuchten ihn daran zu hindern, weil er uns nicht nachfolgt“ (Mk 9,38). Hier fällt zunächst auf, daß ihre Ablehnung nicht darin begründet ist, daß der Fremde etwa *Jesus* die Nachfolge verweigerte. Wäre die Ablehnung des Fremden darin begründet gewesen, dann hätte man freilich schon hier jenen Einwand erheben können, der das soeben noch aufgezeigte Strukturproblem eines monotheistischen Bekenntnisaktes markiert: Schon das Bekenntnis *zu* Jesus ist selbst wieder ein grenzziehender Akt, mit dem seine Botschaft von dem universalen Erbarmen des göttlichen Vaters durch eine Nachfolgegemeinschaft entstellt wird, die sich selbst durch ihr Bekenntnis zu Jesus - in einem ganz wörtlichen Sinne - de-finiert. Doch die hier wirksamen Abgrenzungsmechanismen gehen noch eine Stufe weiter. Der Fremde beruft sich nämlich in seinem heilenden Wirken auf Jesus, so daß ihm in dieser Hinsicht gar nicht der genannte Vorwurf gemacht werden kann. Für die Jünger ist das Bekenntnis zu Jesus aber offensichtlich so sehr zu einem identitätsbildenden Moment geworden, daß für sie dieses Bekenntnis ein gleichzeitiges Bekenntnis zu ihnen als Nachfolgegemeinschaft einschließt. Damit ist das Bekenntnis zu Jesus in noch höherem Maße in einen Akt partikularer Selbstbehauptung umgeschlagen. Wie leicht ein solcher Umschlag geschieht, läßt sich durch die sprachliche Wiederholung einer Feststellung ausdrücken, die in der Wiederholung nur ihren Akzent verändert: Es kommt den Jüngern nun nicht mehr darauf an, daß der Fremde sich mit ihnen *zu Jesus* bekennt, als vielmehr darauf, daß er sich *mit ihnen* zu Jesus bekennt. So verwandelt sich das Bekenntnis zu Jesus nahezu unmerklich in das Bekenntnis zu seiner Nachfolgegemeinschaft.[158] Regrediert Jesus bei diesem Funktionswandel des ihm geltenden Bekenntnisses zu einem Vollzugsmoment kollektiver Selbstbehauptung, so wird der schlichte Sachverhalt, daß die Begegnung mit dem Fremden im vorliegenden Fall auf einen Kranken heilend gewirkt - und in diesem Sinne Heil vergegenwärtigt - hat, vollends vergleichgültigt. Die Jüngergemeinschaft setzt sich damit bis in ihre sprachlichen Formulierungen hinein unweigerlich an die Stelle Jesu wie auch an die Stelle des zu bezeugenden Heils.[159]

Religionstheologisch ist in dieser Szene jene Position eines ekklesiozentrischen Exklusivismus vorformuliert, in der sich die Kirche nicht nur an die Stelle Jesu Christi, sondern vor allem an die Stelle jenes Heils setzt, dessen Gegenwart sie zwar *bezeugt*, aber nicht *ist*. Seine Wirkungsfolgen begegnen heute etwa noch in dem Kirchenlied „Fest soll mein Taufbund immer stehen", wo der Gläubige bekennt, nicht etwa Jesus Christus, sondern, „die Kirche hören" zu wollen. Genauso wie in der Perikope vom fremden Wundertäter das Bekenntnis der Jünger seiner ursprünglichen Intention nach sich auf Jesus richtet, dann aber dieser Jesus primär der Selbstbehauptung einer sich auf ihn beziehenden Bekenntnisgemeinschaft dient, so ist auch im vorliegenden Liedtext Jesus Christus zu einer Art Türsteher geworden, der seinen Erwählten „aus Gnad" den Weg in die Kirche weist: „Dank sei dem Herrn, der mich aus Gnad' in seine Kirch' berufen hat. Nie will ich von ihr [!] weichen."

Damit sind wir wieder bei dem uns mittlerweile wohlbekannten Phänomen angelangt, daß ein „Bekenntnis zu ..." in die Selbstdefinition menschlicher Identität mündet und somit zu einem Akt der Selbstabgrenzung gegenüber anderen wird. Gleichzeitig berührt sich diese Beobachtung mit einer Anfrage, die wir an früherer Stelle an das Projekt Weltethos gerichtet haben. Dort haben wir nämlich festgestellt, daß in der Begegnung von Menschen aus verschiedenen Kulturen ein Funktionswandel der religionsspezifischen Symbolik stattfindet: Was ursprünglich und religionsimmanent als eine Form *selbstloser* Hingabe an den Willen Gottes gilt, kann in der Begegnung mit Menschen

---

[158] Von hier aus wäre dann in einer spezifischen Weise das Verständnis der Kirche als „castra meretrix" zu gewinnen. Vgl. *H. Urs von Balthasar*, Casta meretrix, in: ders., Sponsa Verbi. Skizzen zur Theologie II, Einsiedeln 1961, 203-305.

[159] Das Lukasevangelium hat diese Paradoxie bemerkt und die Reaktion der Jünger abgemildert, wenn es sie sagen läßt: „Wir versuchten, ihn daran zu hindern, weil er *nicht mit uns zusammen* dir nachfolgt" (Lk 9,49). Das Problem bleibt dadurch aber bestehen.

anderen Glaubens zu einem durchaus *selbstbezogenen* Akt der Abgrenzung werden. Dies war uns an früherer Stelle im Blick auf die Verschleierung muslimischer Frauen in westeuropäischen Gesellschaften deutlich geworden, im dortigen Ruf des Muezzins zum täglichen Pflichtgebet, aber auch christlicherseits etwa in den unterschiedlichen Funktionen, die die Fronleichnamsprozessionen besaßen, oder nicht zuletzt im „Kruzifixstreit", von dem wir feststellen mußten: Wo der Gekreuzigte als „Lattengustl" verspottet wird, verwandelt sich das Bekenntnis der Christen zum Kreuz unweigerlich in jenen Akt beleidigter christlicher Selbstbehauptung, als der uns das Verhalten Jesu gegenüber seinem Kreuzigungsschicksal gerade nicht begegnet.

Der angesichts des fremden Wundertäters hier festgestellte Funktionswandel eines religiösen Bekenntnisses mündet nun in genau jene Paradoxie, die wir soeben noch anhand des 139. Psalms festgestellt haben. Denn derjenige, zu dem die Nachfolgegemeinschaft sich bekennt, steht in seinem Leben und in seiner Botschaft für einen Gott ein, der die von Menschen errichteten Grenzen gerade überbrückt. Anders als die Frevler im besagten Psalm, die immerhin noch den Namen Gottes schändeten und den Glauben der Frommen verspotteten, teilt nun in der vorliegenden Perikope der Fremde sogar das Bekenntnis der Jünger zu Jesus. Erst vor diesem noch viel größeren Hintergrund an Gemeinsamkeiten tritt dann aber um so ärgerlicher die Tatsache hervor, daß er sich der Jüngergemeinschaft nicht anschließt. Damit tritt genau das ein, was *R. Girard* die „mimetische Rivalität"[160] nennt: eine gemeinsame Zielorientierung von Menschen, die sich voneinander unterschieden wissen und für die sich nun die Gemeinsamkeit ihrer Zielorientierung in ein Verhältnis der Konkurrenz verwandelt, die die Andersheit des Anderen zur Bedrohung werden läßt. Damit hat das uns inzwischen hinreichend bekannte Problem, daß Gemeinsamkeit unter bestimmten Voraussetzungen der Boden ist, auf dem Dissens sich überhaupt erst entfalten kann, im Bekenntnis zu Jesus Christus sogar noch einmal eine verschärfte Gestalt gewonnen. Denn während bislang die Jünger in dem Bewußtsein lebten, Jesus zu dienen, tritt hier die umgekehrte Situation ein: Jesus dient nun ihnen dazu, sich von dem „Fremden" abzugrenzen.

Bezeichnend ist freilich die Reaktion Jesu auf diesen Abgrenzungsversuch, den die Jünger in seinem Namen unternehmen: „Hindert ihn nicht! Keiner, der in meinem Namen Wunder tut, kann so leicht schlecht von mir reden" (Mk 9,39). Damit weist er in einem ersten Schritt die Abgrenzung gegenüber jenem Fremden zurück, die die Jünger ausgerechnet „in seinem Namen" vollziehen. Er geht aber noch weiter: „Denn wer nicht gegen uns ist, der ist für uns" (Mk 9,40). Damit nimmt er zwar die Abgrenzungen zur Kenntnis, die andere gegen ihn und seine Jünger errichten, fordert aber dazu auf, selbst nicht solche Grenzen zu errichten.

---

[160] Vgl. *R Girard*, Das Ende der Gewalt, 37-39.

6.3.2. Der Rangstreit der Jünger (Mk 9,33-37 und 10,36-46)

Das gleiche Problem begegnet gleich zweimal auch innerhalb der Nachfolgegemeinschaft der Jünger selbst. Zunächst einmal hat das Markusevangelium der Perikope vom fremden Wundertäter die Erzählung vom „Rangstreit der Jünger" (Mk 9,33-37) vorangestellt, in der die Jünger sich streiten, „wer von ihnen der Größte sei" (Mk 9,34). In der gleichen Weise begegnet in der Perikope „Vom Herrschen und vom Dienen" (Mk 10,33-46) die Bitte der Zebedäussohne, im Reich Jesu die Ehrenplätze zu seiner Rechten und zu seiner Linken einnehmen zu dürfen, und das Markusevangelium fügt sogleich hinzu: „Als die zehn anderen Jünger das hörten, wurden sie sehr ärgerlich über Jakobus und Johannes" (Mk 10,41). Es bedarf keiner weiteren Erläuterung, daß hier die strukturell gleiche mimetische Rivalität begegnet, die wir soeben in der Perikope vom fremden Wundertäter behandelt haben. Neu ist gegenüber der zuvor untersuchten Situation nur, daß dieser Konflikt innerhalb der Nachfolgegemeinschaft Jesu ausbricht, wo einzelne Jünger im Rahmen ihrer Jesusnachfolge eine Größe zu entwickeln versuchen, die sich nur auf Kosten und zu Lasten der übrigen Jünger erlangen läßt. Damit begegnet selbst innerhalb der Gemeinschaft derer, die Jesus nachfolgen, noch einmal eine weitere Gestalt der sublimen Verfeinerung des „Sündenbockmechanismus". Sie ist verfeinert, weil sie nicht mehr zur größeren Ehre Gottes Sündenböcke verbrennt oder in die Wüste schickt, auch nicht mehr den Frevler verbal exekutiert, sondern innerhalb der eigenen Gemeinschaft den anderen von sich absetzt, um die eigene Größe und Nähe zu Jesus erstrahlen zu lassen. Auch hier *dient* Jesus diesen Jüngern dazu, eine gemeinschaftsinterne Machtposition zu behaupten.

Freilich weist auch hier Jesus den Wunsch nach einer solchen Größe zurück, die um ihrer eigenen Möglichkeit willen der Herabsetzung der anderen bedarf. Stattdessen verweist er auf eine Form der Größe, die sich nicht in der Absetzung von den anderen darstellt und dabei nur neue Grenzen errichtet, sondern die sich in der Befähigung äußert, freiwillig zum „Diener" und „Sklaven aller" zu werden (vgl. Mk 9,36; Mk 10,43 f). Nicht die *Herabsetzung* der anderen, sondern die grenzenüberschreitende *Selbstbewegung herab* zu den anderen macht das Gottesreich aus, dessen Nähe Jesus mit seinem Leben und Sterben behauptete.[161] Entsprechend bindet Jesus das Bekenntnis, mit dem die Jünger ihm nachfolgen, an deren Befähigung, so klein zu werden, daß sie sich jenem Kind zuwenden, das er exemplarisch in die Mitte stellt und gleichzeitig in seine Arme nimmt (Mk 9,36):

> „Wer ein solches Kind um meinetwillen aufnimmt, der nimmt mich auf; wer aber mich aufnimmt, der nimmt nicht nur mich auf, sondern den, der mich gesandt hat" (Mk 9,37).

---

[161] Vgl. zu diesem Gesichtspunkt vor allem *K.H. Menke*, Die Einzigkeit Jesu Christi im Horizont der Sinnfrage, Einsiedeln-Freiburg/Br. 1995, bes. 136 ff.

Damit tritt Jesus der Gefahr seiner eigenen Idolisierung durch die Jünger entgegen, weil Idolisierungen gerade jene grenzbildenden Mechanismen perpetuieren, die von der Liebe des göttlichen Vaters überwunden werden. Insofern weist Jesus den Begriff einer Nachfolge zurück, die in der Logik des „auf Kosten von..." verbliebe. Der Weg der Jesusnachfolge kann in diesem Sinn nur der Weg der göttlichen Liebe sein, die sich gerade jener erbarmt, *auf Kosten derer* andere ihre Größe behaupten. Jesus wird auf diese Weise eben kein Idol, sondern wird als Person auf jene göttliche Liebe hin transparent, die ihre Erfüllung in der Selbstbewegung zu den Kleinsten findet.[162] Insofern der trinitarische Glaube darin seinen Ausgang nimmt, gewinnt er zugleich die Aufgabe, das Leben und die Botschaft Jesu vor einer christomonistischen Idolisierung zu schützen.[163]

Von hier aus eröffnet sich ein Zugang zu einem spezifischen Problem, das in dieser Form nur das Markusevangelium aufwirft und das man gewöhnlich mit dem Begriff des „Messiasgeheimnisses" bezeichnet. Während nämlich die Kirche durch ihren Sendungsauftrag und ihre Missionstätigkeit, durch Predigt und Katechese Jesus als den Christus verkündet, begegnet im Markusevangelium mehrfach aus dem Munde Jesu die Forderung, niemandem zu sagen, wer er sei, und insofern ihn eben nicht als Messias zu verkündigen (vgl. u.a. Mk 3,12; Mk 8,30). Exegeten verweisen hier zu Recht vor allem darauf, der Messiasbegriff sei zur Zeit Jesu so sehr mit nationalen Befreiungsvisionen aufgeladen gewesen, daß sein semantischer Gehalt nicht geeignet gewesen sei, Leben und Botschaft Jesu zu erhellen.[164] Erst mit der Vollendung seines Lebens habe die Anwendung des Messiastitels auf Jesus zu einer unmißverständlichen Eindeutigkeit geführt. Insofern sei erst nachösterlich ein Bekenntnis zu Jesus möglich geworden, das als ein vorösterliches seine Botschaft eher entstellt und verdunkelt hätte. Vor dem Hintergrund jener Abgrenzungsmechanismen, von denen wir nun gesehen haben, daß die grenzenlose Liebe des von Jesus verkündeten Gottes sie durchbricht, legt sich allerdings eine Antwort nahe, die noch einmal darüber hinausgeht: Das Be-

---

[162] Vgl. in diesem Sinne Joh 14,9 („Wer mich sieht, sieht den Vater") sowie Mk 25,40 („Was ihr dem Geringsten meiner Brüder getan habt, das habt ihr mir getan").

[163] Zum Verhältnis von trinitarischer Gotteslehre und Communio vgl. *G. Greshake*, Der dreieine Gott. Eine trinitarische Theologie, Freiburg-Basel-Wien 1997.

[164] So stellt etwa *R. Pesch* fest, daß das Messiasbekenntnis des Petrus (Mk 8,27) „unter den Leuten ‚in der von apokalyptischen und damit auch von messianisch-politischen Ideen geschwängerten und von Freiheitskämpfern verunsicherten Umwelt' [...] inopportun" gewesen sei (*ders.*, Das Markusevangelium II. Teil, Freiburg-Basel-Wien 1977, 33). Vgl. dazu schon den Artikel „Messias" in der zweiten Auflage des LThK: „Jesus hat sich vor seinem Leiden nie dem jüd.[ischen] Volk mit dem offenen Bekenntnis vorgestellt: ‚Ich bin euer M.[essias].' Ein solches offenes Bekenntnis hätte nur ungläubige Ablehnung erfahren oder ein gefährl.[iches] Mißverständnis bewirken müssen" (*W. Koester / J. Schmid*, Messias, III. im NT, in: LThK 7, Freiburg-Basel-Wien ^{2}1962, 340-342, 340).

kenntnis zu Jesus als dem Messias droht in eine Idolisierung Jesu zu münden, die ihrerseits nochmals zu einer Form partikularer Identitätsbildung führt, so daß sie zwangsläufig wieder zu einem grenzziehenden Akt gerät. Nur so ist verständlich, daß Jesus von seinen heilenden Fähigkeiten lediglich insoweit Gebrauch macht, wie sie Kranken, Entstellten und sozial Ausgeschlosssenen helfen, sie aber niemals zur bloßen Selbstinszenierung benutzt. Von hier aus wird auch weiterhin verständlich, warum die von den Evangelien überlieferten Heilungswunder so oft Aussätzigen sowie Stummen, Tauben und Blinden gelten. Handelt es sich dabei doch um Formen der Erkrankung bzw. Behinderung, die in einem wörtlichen Sinne auf Ex-kommunikation, auf Ausgrenzung aus der menschlichen Kommunikationsgemeinschaft hinauslaufen.[165] Weil die Liebe Gottes, von der er sich erfüllt weiß, Grenzen überwindet - auch die, die durch seine eigene Idolisierung nun errichtet werden -, weist er darum auch die Bitte zurück, nur deshalb ein Zeichen seiner Vollmacht zu liefern, damit man sehen könne, wer er sei (vgl. Mk 8,11-13). Entsprechend läuft er vor der Menschenmenge regelrecht davon, die Kunde von seinem heilenden Auftreten erhalten hat und ihn nun sucht (vgl. Mk 1,36-39).

6.3.3. Christsein zwischen Selbstdefinition und Selbstaufgabe

Damit sind wir einstweilen bei einem Zwischenergebnis angelangt, das wir festhalten wollen, bevor wir den strukturell gleichen Konflikt zwischen Jesus und dem „Gesetz" untersuchen werden. Wir haben nämlich bis hierhin festgestellt: Die *Grenzenlosigkeit des göttlichen Erbarmens* überwindet per definitionem den menschlichen Zwang zu Akten grenzenbildender Gewalt; das *Bekenntnis zu* diesem grenzenlosen Erbarmen fällt hinter die Bewegung göttlicher Liebe gerade dadurch zurück, daß sie sich zu ihr bekennt. Denn wir haben das Bekenntnis in den bis hierhin behandelten alt- und neutestamentlichen Beispielen als einen Akt individueller oder sozialer Identitätsbehauptung kennengelernt, die als solche wiederum auf Selbstdefinition und damit also auf einen neuen Akt der Grenzziehung hinausläuft. Auf diese Weise stehen wir wieder vor der mehrfach von uns kenntlich gemachten Paradoxie, daß das menschliche Bekenntnis zur Un-endlichkeit göttlicher Liebe in ihrer eigenen Zeugnisgestalt diese Liebe wiederum partikularisiert und in diesem Sinne „verendlicht". Damit ist strukturell ein Problem angesprochen, das der Lyriker *Erich Fried* in einem seiner Gedichte einmal folgendermaßen angesprochen hat. Es trägt die Überschrift „Befreiung von den großen Vorbildern" und lautet:

---

[165] Darauf macht etwa *G. Greshake* in seiner Konzeption einer trinitarischen Theologie aufmerksam: *ders.*, Der dreieine Gott. Eine trinitarische Theologie, 338; vgl. auch *G. Theißen*, Urchristliche Wundergeschichten, Gütersloh 1974, 247.

„Kein Geringerer
als Leonardo da Vinci
lehrt uns
‚Wer immer nur Autoritäten zitiert
macht zwar von seinem Gedächtnis Gebrauch
doch nicht von seinem Verstand‘

Prägt euch das endlich ein:
Mit Leonardo
los von den Autoritäten!“[166]

Die Pointe dieses Gedichtes wird dem Leser in der Regel erst in der zweiten Strophe deutlich: Was als Befreiung von den großen Idolen angekündigt wird, läuft letztlich nur darauf hinaus, die alten Idole durch ein neues zu ersetzen. Und insofern Idolisierungen grenzbildende Mechanismen sind, können wir hinzufügen: Die Überwindung der Grenzen, die von den alten Nachfolgegemeinschaften errichtet worden waren, mündet in die Errichtung jener neuen Grenzen, über die sich die Leonardo-Fans nun definieren. Allerdings macht eine erneute Lektüre der ersten Strophe sehr bald deutlich: Der Satz, mit dem Leonardo gegen die großen Vorbilder zu Felde zieht, ist im vorliegenden Gedicht bei aller erklärten Wahrheit nur ein Zitat. Die Wiedergabe jenes Satzes, der für den eigenen Vernunftgebrauch und gegen die bloße Gedächtnisleistung eintritt, ist selbst nur eine Gedächtnisleistung. Und bereits im ersten Satz wird deutlich: Dies sagt „kein Geringerer“ als Leonardo da Vinci. Wer in der Lektüre dieses Gedichtes überprüft, wann bei ihm der „Groschen fällt“, wird in der Regel feststellen, daß wir schon längst in den Mechanismus der Idolisierung verfallen sind, bevor wir ihn bemerken. Ja, wir perpetuieren ihn schon von dem Moment an, wo wir subjektiv meinen, ihn durch die offenkundige Wahrheit des Leonardo-Zitates überwunden zu haben. So macht gerade das Beispiel des obigen Gedichtes strukturell das gleiche deutlich wie das, was uns im Auftreten Jesu begegnet ist: Die Wahrheit einer Botschaft, die ein Anrecht auf unsere Zustimmung anmeldet, mündet in dem Moment in die Sekundärfunktion individueller oder kollektiver Selbstbehauptung, wo wir uns in einem ausdrücklichen Akt der Selbstdefinition - „Mit Leonardo los von Autoritäten“ - *zu* dieser Wahrheit bekennen. Überwunden ist die Spirale solcher Idolisierungen erst in dem Moment, wo der einzelne von der behaupteten Wahrheit so sehr erfüllt ist, daß er sich gar nicht mehr zu ihr bekennen muß. Denn jedes „Bekenntnis zu ...“ behauptet den Bekenntnis*gehalt* als eine vom Bekennenden unterschiedene Wirklichkeit.

Nun trat Jesus nicht wie der zitierte Leonardo für einen von Vorbildern

[166] *E. Fried*, Die Freiheit den Mund aufzumachen, Berlin 1972, 59.

und Gedächtnisleistungen freien Vernunftgebrauch ein, sondern er behauptete das grenzenlose Erbarmen jenes Gottes, den er zärtlich „abba" - Vater - nannte. Hätte er sich nur *zu* diesem Erbarmen als einer von ihm unterschiedenen Wirklichkeit bekannt, hätte er von sich aus wieder im Namen dieses grenzenlosen Erbarmens nur neue Grenzen errichtet. Ein solches Bekenntnis wäre in diesem Sinne lediglich zu einem neuen Akt der Selbstdefinition geraten. Nur wenn ihn in einer ganz und gar selbstlosen Weise diese Bewegung des Erbarmens erfüllt, ist die angesprochene Gefahr gebannt. Von hier deutet sich darum in einer ersten Hinsicht an, warum der gewaltsame Tod, den Jesus auf sich nahm, kein Scheitern, sondern eine Konsequenz seiner Botschaft war. Denn wenn die Grenzenlosigkeit des göttlichen Erbarmens nicht Gegenstand eines Bekenntnisses war, über das Jesus sich selbst definierte - und insofern: sich selbst behauptete -, sondern eine Bewegung, die ihn als Persönlichkeit restlos erfüllte, dann tritt die Selbst*losigkeit* seines Auftretens nirgendwo so deutlich in Erscheinung wie dort, wo er als Konsequenz seiner Botschaft in den Tod ging und sich an sein Leben nicht länger klammerte.

Die Frage, warum der Kreuzestod die Konsequenz seiner Botschaft war, kann an dieser Stelle noch nicht beantwortet werden, sondern ist Gegenstand der folgenden Überlegungen zum Thema „Jesus und das Gesetz". Bis hierhin bleibt nur festzuhalten, daß

1. nur die Selbstlosigkeit, mit der Jesus das göttliche Erbarmen in seiner Grenzenlosigkeit zur Sprache bringt, die grenzbildenden Mechanismen eines „Bekenntnisses zu..." überwindet, und
2. diese Selbstlosigkeit nirgendwo so deutlich in Erscheinung tritt wie im Kreuz, wo er an seinem Leben nicht festhält.

Für die Kirche als Gemeinschaft der Christusnachfolge gilt darum zwangsläufig: Im *Bekenntnis zu* Jesus Christus bekennt sie sich zu einer Wahrheit, die sie gar nicht anders zur Sprache bringen kann als dadurch, daß sie sie in der Bekenntnisgestalt wieder auch entstellt. Insofern macht gerade das *Bekenntnis zu* Jesus Christus dessen Botschaft zu dem, was Augustinus eine „veritas redarguens"[167] nannte: eine Wahrheit, zu der wir uns nur so bekennen können, daß wir uns im Bekenntnis zugleich schon als von ihr Verurteilte erfahren. Für den Christen, der als solcher in der Christusnachfolge lebt, wird so das Eingeständnis eigener Schuld - der eigenen Begrenztheit und ihren wiederum Grenzen errichtenden Mechanismen - zu derjenigen Vermittlungsgestalt, in der er das seinerseits grenzenlose göttliche Erbarmen bezeugt.

Letzteres ist vor allem deshalb mit allem Nachdruck festzuhalten, weil in der Eucharistiefeier nichts so sehr verharmlost oder übergangen wird wie das einleitende Schuldbe-

---

[167] „Amant eam [= veritatem] lucentem, oderunt eam redarguentem" („Sie lieben an ihr das Licht, sie hassen an ihr das Gericht") (*A. Augustinus*, Confessiones X, 23).

kenntnis, das in dem genannten Sinne die Voraussetzung ist, um überhaupt die Grenzen überschreitende Bewegung göttlichen Erbarmens liturgisch vergegenwärtigen zu können. Wir haben uns offensichtlich im Bereich der Pastoral, der Katechese und der Religionspädagogik im Laufe der letzten dreißig Jahre erfolgreich einreden lassen, daß das Sprechen von Schuld und Sünde nur Ängste erzeuge und bestenfalls zu neurotischen Verzerrungen der einzelnen Persönlichkeit führe. An die Stelle des Bekenntnisses, daß wir Menschen Sünder sind, ist die angeblich frohmachende Botschaft getreten, daß Gott uns im voraus zu allem, was wir ohnehin tun und noch tun werden, immer schon bejaht. Dies hat nicht selten zur Folge, daß - gerade in Familien- und Jugendmessen - die Eucharistiefeier zu einem Ort wird, wo die Gottesdienst feiernde Gemeinde in einer Weise „sich einbringt", durch die der Gottesdienst unbemerkt etwas anderes wird als eine liturgische Vergegenwärtigung der Lebenshingabe Jesu: zur Inszenierung eines die Anwesenden verbindenden „feelings", das wiederum den Fremden, der nur zufällig an diesem Tag in einer Gemeinde weilt, dann um so heftiger spüren läßt, daß er „nicht von hier" ist. Der Pfarrer einer mir bekannten Gemeinde ist in dieser Hinsicht so weit gegangen, die liturgische Antwort „Und mit deinem Geiste", mit der die Gemeinde auf die Worte „Der Herr sei mit euch!" reagiert, durch den Satz „Er ist mitten unter uns" zu ersetzen. Wer in dieser Gemeinde zum ersten Mal weilt und arglos „Und mit deinem Geiste" sagt, wird sofort im wahrsten Sinne „befremdliche" - nämlich ihn als Fremden fixierende - Blicke der Umstehenden ernten.
Eine Communio-Ekklesiologie, in deren Namen die Eucharistiefeier oftmals allzu blauäugig als das „Erlebnis von Gemeinschaft" inszeniert wird, bleibt darum auf halbem Weg stehen, wenn sie sich nicht vergegenwärtigt, daß der lateinische Begriff der Communio etymologisch unter anderem auf den Begriff der „moenia" - der Mauer bzw. des Stadtwalls - verweist und diejenigen Menschen meint, die innerhalb eines nach außen errichteten Walles zusammenleben.[168]

6.3.4. Jesus und das „Gesetz"

Es verwundert darum nicht, wenn die hier aufgezeigten Probleme auch im Umgang Jesu mit jenen grenzziehenden Mechanismen begegnen, die zwischen verschiedenen Gruppen seiner jüdischen Umwelt bestehen. Allerdings ist es ein für ihn selbst tödlicher Unterschied, ob seine Botschaft von der grenzüberschreitenden Liebe des göttlichen Vaters diejenigen Grenzen überwindet, die die Jünger Jesu erst *im Bekenntnis zu ihm* errichten, oder ob sie jene Grenzen überwindet, über die politische und religiöse Gruppen in seiner Umgebung sich längst definiert haben, bevor er überhaupt auftritt. Im ersteren Fall zerstört er eine Form der Identitätsbildung, die - wenn auch in einer von ihm nicht beabsichtigten Weise - *durch ihn* erst möglich wurde. Im letz-

---

[168] „(Com-)munio verweist *erstens* auf die Wurzel -mun, welche soviel wie Schanze, Umwallung besagt (vgl. moenia = Stadtmauer). Menschen, die in Communio stehen, befinden sich zusammen hinter einer gemeinsamen Umwallung, die sind zusammengefügt durch einen gemeinsamen Lebensraum, der ihnen abgesteckt ist [!] und der sie zu einem gemeinsamen Leben, in dem jeder auf den anderen angewiesen ist, zusammenbindet" (*G. Greshake*, Der dreieine Gott, Freiburg-Basel-Wien 1997, 176 f).

teren Fall zerstört er eine Gestalt der Identität, die *ohne ihn* schon da war und die darum auch nur ohne ihn erhalten werden kann. Für diejenigen, die sich innerhalb der gegebenen Grenzen immer nur auf Kosten und zu Lasten anderer zu behaupten vermögen, bedeutet das: In der zuerstgenannten Situation kann der drohende Identitätsverlust nur durch die um so gewaltsamere *Idolisierung* Jesu überwunden werden, in der zuletzt genannten Situation nur durch seine gewaltsame *Liquidierung*.

Letzteres geschieht zwangsläufig dort, wo Jesus auf jenes identitätsbildende Bekenntnis zur göttlichen Gerechtigkeit stößt, von dem wir anhand der behandelten alttestamentlichen Zeugnisse festgestellt haben, daß es das blutige Sündenbock*ritual* durch eine verfeinerte Form des Sündenbock*mechanismus* fortsetzt. Dieser führt zwar nicht mehr zur blutigen Hinrichtung von Tieren, die zuvor in einer rituellen Handlung mit der eigenen Schuld beladen worden sind. Sie schickt auch kein Opfertier aus den Mauern der Stadt heraus in die Wüste, sondern hat verfeinerte Formen gefunden, kraft derer nun zwecks eigener Identitätsvergewisserung der „Frevler" zumindest verbal exekutiert wird. Von hier aus wird die Gesetzeskritik Jesu verständlich als Kritik an dessen grenzziehender Funktion, mit der sich die Gemeinschaft derer, die ihre Identität in der Befolgung des Gesetzes gefunden haben, von den „Sündern" absetzt. Auch hier gilt: Das Leben und die Botschaft Jesu bringen nichts zur Geltung, was nicht vorher schon im Judentum nachweisbar gewesen wäre. Vielmehr macht Jesus auch hier deutlich, daß das göttliche Erbarmen in seiner Grenzenlosigkeit wieder entstellt wird, wo es zum Gegenstand eines religiösen Bekenntnisses wird, mit der eine Bekenntnisgemeinschaft sich zwangsläufig von anderen abgrenzt. In besonders markanter Weise wird dies dort deutlich, wo Jesus „Zöllner und Sünder" in seine Tischgemeinschaft aufnimmt und die - in diesem Fall zunächst an seine Jünger gerichtete - Frage auf sich zieht: „Wie kann euer Meister zusammen mit Zöllnern und Sündern essen?" (Mk 2,16; vgl. auch Mt 9,11). Die Antwort Jesu auf diese Frage lautet zunächst: „Nicht die Gesunden brauchen den Arzt, sondern die Kranken" (Mk 2,17; Mt 9,12). Im Matthäusevangelium fügt Jesus freilich noch einen ganz entscheidenden Satz hinzu, mit dem er die ihm gegenübertretenden Pharisäer darauf aufmerksam macht, daß sie die Zöllner und Sünder durch deren Exkommunikation der eigenen Identitätsbildung opfern: „Darum lernt, was es heißt: Barmherzigkeit will ich, nicht Opfer" (Mt 9,13).

Entscheidend ist, daß der Satz „Barmherzigkeit will ich, nicht Opfer" zunächst lediglich die wörtliche Wiedergabe von Hosea 6,6 ist. Denn die Überwindung jenes Mechanismus, der andere zwecks eigener Identitätswahrnehmung „in die Wüste schickt", ist nun einmal die Konsequenz eines Gottesglaubens, der in Gott die Bewegung einer grenzenlosen Barmherzigkeit erkennt. Darum liegt die Pointe der Reaktion Jesu in der einleitenden Aufforderung „Darum lernt, was es heißt". Nicht also der Satz „Barmherzigkeit will ich, nicht Opfer“ ist strittig, sondern die Frage, inwieweit das Bekenntnis *zu diesem* Satz ihn nicht schon wieder dadurch entstellt, daß er durch die Hintertür jene identitätsbildenden Opfermechanismen wieder einführt, die er durch die Vordertür verabschiedet hat.[169]

Zugleich wird von hier aus noch einmal in der Auseinandersetzung Jesu mit dem „Gesetz“ deutlich, was wir zuvor im Konflikt Jesu mit seinen eigenen Jüngern herausgestellt haben: Die Botschaft Jesu enthält keine neuen und für sich formulierbaren Inhalte, mit denen er den Rahmen des Frühjudentums gesprengt hätte, sondern die Botschaft vom grenzenlosen Erbarmen des einen Gottes war vor ihm schon da. Neu ist freilich, daß ihn in einer geradezu selbstlosen Weise jene Botschaft erfüllte, die im Bekenntnis *zu ihr* vom Bekennenden wiederum unterschieden und über die besagten Grenzziehungsmechanismen entstellt wird. Auf diese Weise löst sich auch die Frage auf, warum etwa die Zuhörer Jesu in der Synagoge von Kafarnaum das Gefühl haben, daß Jesus „eine ganz neue Lehre verkündet“ (Mk 1,27), das inhaltlich Neue aber mit keiner Silbe näher beschrieben wird. Neu ist nämlich offensichtlich gar nicht der Inhalt, sondern die Tatsache, daß dieser Inhalt Jesus im wahrsten Sinne erfüllt und er in dieser Hinsicht „mit Vollmacht“ und „nicht wie die Schriftgelehrten“ (vgl. Mk 1,22) auftritt.

Schließlich begegnet uns der gleiche Vorgang noch einmal im Umgang Jesu mit dem Sabbatgebot, von dem wir wissen, daß er es mit den Worten kommentiert hat, der Sabbat sei um des Menschen willen, nicht aber der Mensch um des Sabbats willen da (vgl. Mk 2,27). Bei vordergründiger Betrachtung legt sich der Eindruck nahe, als habe Jesus nicht gewollt, daß der Sabbat unter dem drückenden Gewicht jener Vorschriften, die seine Heiligung sicherten, zu einer Belastung für den Menschen werde. Bei näherem Hinsehen stellen wir allerdings fest, daß auch hier Jesus wiederum jene Mechanismen bloßlegt, über die das *Bekenntnis zum* Sabbat zu einem grenzziehenden Prinzip wird, kraft dessen sich das Selbstbewußtsein der Frommen von den Frevlern absetzt. Darum lautet nämlich auch hier wieder die Antwort Jesu: „Wenn ihr begriffen hättet, was das heißt: Barmherzigkeit will ich, nicht Opfer, dann hättet ihr nicht Unschuldige verurteilt“ (Mt 12,7). So deckt Jesus auch hier jenen Funktionswandel religiöser Inhalte auf, in dem sich das *Bekenntnis zum* Gesetz und *zum* Sabbat in einen Ausdruck der Selbstbehauptung und Abgrenzung verwandeln. Insofern entscheidet sich das Schicksal Jesu unter anderem in seiner Einstellung zum Sabbat. Wie sehr nämlich das identitätsbildende Bekenntnis zum Sabbat den aufgezeigten Opfermechanismus perpetuiert, zeigt sich dort, wo Jesus ausgerechnet am Sabbat den Mann mit der verkrüppelten Hand in der Synagoge vorfindet. Dort lesen wir:

---

[169] Vgl. dazu ausführlicher *J.G. Williams*, Das Matthäusevangelium. Girards Hermeneutik in der praktischen Anwendung, in: J. Niewiadomski / W. Palaver (Hrsg.), Vom Fluch und Segen der Sündenböcke, 119-140.

„Sie fragten ihn: Ist es am Sabbat erlaubt zu heilen? Sie suchten nämlich einen Grund zur Anklage gegen ihn" (Mt 12,10; vgl. Mk 3,2). Da er sich jedoch von den Gewaltmechanismen nicht einschüchtern läßt, die zu überwinden seine Botschaft und sein Leben ausmachen, wird er zwangsläufig selbst das Opfer dieser Mechanismen: „Die Pharisäer aber gingen hinaus und faßten den Beschluß, Jesus umzubringen" (Mt 12,14). Mit dieser Formulierung hat das Matthäusevangelium sogar einen entscheidenden Zusatz weggelassen, den der ansonsten gleichlautende Satz im Markusevangelium enthält und der uns im Folgenden noch beschäftigen wird: „Da gingen die Pharisäer hinaus und faßten *zusammen mit den Anhängern des Herodes* den Beschluß, Jesus umzubringen" (Mk 3,6).

6.4. Von der Selbstlosigkeit des Auftretens Jesu zu seiner Hinrichtung

Der zuletzt zitierte Satz macht deutlich, wie sehr Jesus in der Überwindung des Opfermechanismus selbst zum Opfer wird. In seiner Verurteilung finden nämlich Gruppen und Personen zusammen, die bis dahin ihre Identität gerade in Abgrenzung voneinander gefunden haben. Denn Herodianer und Pharisäer waren ansonsten alles andere als Freunde gewesen. Genauso erfahren wir, daß Herodes und Pilatus über die Verurteilung Jesu zu Freunden wurden (vgl. Lk 23,12), während sie „vorher [...] Feinde gewesen" (ebd.) waren. Insofern begegnet uns hier jener Vorgang, den wir mit Girard den Umschlag von Aneignungsmimesis in Gegenspielermimesis genannt haben. Damit haben wir einstweilen jenen Vorgang bezeichnet, in dem die Neigung, das faktisch Gemeinsame zu vergleichgültigen und sich vor dessen Hintergrund über das Unterscheidende zu definieren, in ihr Gegenteil umschlägt. Wir müssen uns die strukturellen Voraussetzungen dieses Umschlags im vorliegenden Zusammenhang deshalb noch einmal vergegenwärtigen, weil es eine ganz spezifische Variante dieses Umschlags ist, die zur Exekution Jesu führt. Bis hierhin haben wir nämlich festgestellt: Der genannte Umschlag findet dort statt, wo das Gemeinsame seine Selbstverständlichkeit verliert, weil es durch ein wie auch immer geartetes Anderes kontrastiert wird oder sich sogar als bedroht erfährt. In dieser Hinsicht sind wir sogar dazu gelangt, theologische Ansätze zur Weltökumene als Ausdruck einer Gegenspielermimesis zu interpretieren, die nur deshalb den Blick für das allen Religionen Gemeinsame schärfen kann, weil es zuvor zur Wahrnehmung globaler Bedrohungen gekommen ist, die den ehedem selbstverständlichen und ungefährdeten Zustand, daß wir „alle in einem Boot sitzen", in einen spezifischen Gegenstand praktischer Sorge verwandelt hat. Wir waren aber gerade in diesem Zusammenhang auf einen Sonderfall aufmerksam geworden, den Küng eher mit anekdotischer Beiläufigkeit erwähnt, an dem aber in struktureller Hinsicht jene Form einer Gegenspielermimesis aufgezeigt werden kann, der das Leben Jesu im wahrsten Sinne des Wortes „zum Opfer fiel". Ich nenne diese Gestalt der Mimesis *Gegenspielermimesis in negativer Vermittlung* bzw. *negative Gegenspielermimesis*. Um sie noch einmal an dem Beispiel zu verdeutlichen, das bei Küng den besagten anekdotischen Rang gewonnen hat: Es gibt stets Menschen, die eine gemeinsame Bedrohung aus welchen Gründen auch immer gar nicht sehen können oder auch nicht sehen wollen und auf diese Weise in ihrem aneignungsmimetischen Interesse an Differenz verweilen. Wo nun in Wahrnehmung dieser Bedrohung eine gegenspielermimetische Besinnung auf das Gemeinsame eint, wird dieses Interesse an Einheit nun zur Bedrohung für diejenigen, die die besagte Gefahr nicht sehen und insofern in ihrem aneignungsmimetischen *Interesse an Differenz* verharren. In dieser Konkurrenz gegenspieler- und aneignungsmimetischer Verhaltensformen wird nun erstere zur Bedrohung von letzterer. Menschen, die sich bislang über die zwischen ihnen bestehenden Differenzen definiert haben, entwickeln nun über die gegenspielermimetische Bedrohung ihres Verhaltens ein *gemeinsames Interesse an ihren Differenzen*. So wird verständlich, daß angesichts weltökumenischer Einigungsbemühungen protestantische Fundamentalisten und katholische Lefebvre-Anhänger zu einer unvermuteten Gestalt der Ökumene finden, in der sie das gemeinsame Interesse an der Pflege ihrer Differenzen artikulieren.[170]

Nun bedroht Jesus mit seiner beschriebenen Botschaft wahrlich nicht jene Gemeinsamkeit, welche die verschiedenen Gruppierungen des Judentums über alle Differenzen hinweg verbindet. Ganz im Gegenteil verkündet er in seiner Person die Gegenwart jenes Gottes, um dessen grenzenüberwindende Liebe der jüdische Monotheismus durchaus schon vor ihm wußte. Damit nimmt nun im Auftreten Jesu die Botschaft von der Liebe des gemeinsamen göttlichen Vaters genau jene Gestalt an, die die verschiedenen Gruppen des Judentums auf das sie Verbindende hin orientiert. Von hier aus wird etwa jene Symbolhandlung verständlich, mit der er zwölf Apostel beruft und damit unter Anspielung auf Israel als ursprünglichen Zwölfstämmeverband den Anspruch erhebt, die vielen „Judentümer" seiner Zeit zu sammeln. Die Herausstellung des Gemeinsamen und Verbindenden geht sogar noch weiter, wenn er in Wort und Tat den göttlichen Vater als jemanden behauptet, dessen erbarmende Liebe vor der Grenzen zu den Feinden nicht halt macht und eben „die Sonne aufgehen läßt über Böse und Gute" (vgl. Mt 6,46).

[170] Vgl. oben S. 64 sowie PWE 104.

In der gegenwärtigen theologischen Diskussion begegnet die verbreitete Neigung, jeden christologischen Ansatz, der es noch wagt, ein aus dem damaligen Judentum nicht ableitbares Eigenprofil Jesu zu behaupten, eine wirkungsgeschichtliche Mitschuld an jenem Antisemitismus zu geben, der zum nationalsozialistischen Massenmord am jüdischen Volk geführt hat. Denn - so lautet die Argumentation - wer das ungebrochene Judesein Jesu verleugne, stricke weiter an der fatalen Legende von den Juden als den „Gottesmördern". Stattdessen sei das Verhältnis Jesu zum Judentum seiner Zeit nach Art eines „Mosaikmodells" zu denken: Alle Elemente seiner Botschaft seien im Judentum seiner Zeit schon vorformuliert gewesen. Seine originäre Leistung habe darin bestanden, diese im Judentum vorgefundenen Mosaiksteine nur zu einem neuen Bild zusammengesetzt zu haben. Darum sei seine Botschaft in keinem ihrer Elemente wirklich neu geschweige denn anstößig gewesen. Insofern habe die Möglichkeit eines tödlichen Konflikts zwischen Jesus und seiner jüdischen Umgebung auf der Ebene seiner Botschaft bereits im Ansatz nie bestanden. Das Kreuz Jesu wird auf diese Weise zum Produkt eines Justizirrtums erklärt oder ganz der römischen Besatzungsmacht angelastet. Der Konflikt zwischen Jesus und „den" Pharisäern, wie er in den Evangelien überliefert ist, gerät auf diese Weise zum Akt einer Rückprojektion, mit dem die Jesusbewegung nach der Trennung vom Judentum ihre eigenen Konflikte erzählerisch zu Konflikten Jesu mit seiner jüdischen Umgebung gestaltet.
Gerade wenn man die für dieses Mosaikmodell leitende Annahme bejaht, daß Jesus auf der elementenhaften Ebene nichts Neues gesagt hat, wird jedoch verständlich, was Vertreter dieses Modells bestreiten: daß Jesus sich innerhalb seiner jüdischen Umgebung in einen für ihn tödlichen Konflikt verwickelt. Dies soll im Folgenden gezeigt werden.

Indem Jesus nämlich in einer grenzenüberschreitenden Weise das für den jüdischen Glauben Wesentliche und damit das die jüdischen Gruppen Verbindende herausstellt, gerät sein Auftreten in dem aufgezeigten Sinne gerade nicht zu einer *Bedrohung des Gemeinsamen*, sondern zu einer *gemeinsamen Bedrohung* für diejenigen, die sich über ihre Differenzen zueinander definieren. Damit sägt Jesus an den Sockeln einer menschlichen Identitätsbildung, die im Vollzug der Absetzung und Abgrenzung sich immer wieder genötigt sieht, die jeweils anderen zu dämonisieren. Wer solcherart nun in seiner selbstgewählten Identität erschüttert wird, der gerät unweigerlich in die Versuchung, in Form einer Abwehrreaktion solche Erschütterungen einschließlich ihrer Ursache auszuschalten. Weil Jesus in diesem Sinne dem gemeinsamen Bedürfnis nach Unterscheidung den Boden entzieht, wird er eben nicht nur zum Opfer derer, die sich zum jüdischen Gesetz bekennen und sich damit von den „Sündern" absetzen. Er wird zum Opfer all derer, die erst angesichts seines Auftretens die Gemeinsamkeit ihres Interesses an Differenz entdecken. Durch diese negative Form der Gegenspielermimesis werden dann Herodianer und Pharisäer geeint in der Absicht, Jesus auszuschalten. Und in der Ausführung dieses Vorhabens werden mit Herodes und Pilatus diejenigen zu Freunden, die vorher Feinde gewesen waren. Oder um die Wirksamkeit dieser negativen Gegenspielermimesis mit einer Formulierung zu beschreiben, die sich an Girard und Schwager anlehnt: Indem Jesus diesen Opfermechanismus aufdeckt und durchbricht, zieht er ihn auf sich und wird selbst zum Opfer.[171]

Freilich ist die Selbstlosigkeit, in der Jesus sich von der Bewegung des grenzenlosen göttlichen Erbarmens erfüllt weiß, noch nicht dort an ihr Ziel gekommen, wo sie das besagte gemeinsame Interesse an Differenz auf sich zieht. Wohl sind wir aber in unserer Untersuchung der Botschaft Jesu zu einem entscheidenden Zwischenergebnis gelangt: Wenn nämlich Jesus nicht nur äußerlich sich *zur* Selbstbewegung des göttlichen Erbarmens bekennt und diese Bewegung darin eben nicht noch einmal von sich unterscheidet, sondern sich im genannten Sinne von ihr erfüllt weiß, dann haben wir zugleich ein Verständnis dessen gewonnen, in welchem Sinne er „der von Gott Gesalbte", der Messias, ist. Vor allem wird auf diese Weise deutlich, in welcher Hinsicht Jesus „vieles erleiden" und dadurch sterben muß (vgl. Mk 8,31) - eine Feststellung, mit der er nicht zufällig den idolisierenden Widerspruch des Petrus provoziert (vgl. Mk 8,32). Er *muß* leiden und *muß* sterben, weil das gemeinsame Interesse an Differenz nur über seine Exekution und in diesem Sinne nicht mit ihm, sondern nur ohne ihn zu realisieren ist. Dabei muß noch einmal deutlich gesehen werden: Es ist das gleiche identitätsbildende Interesse an Differenz, das von seiten bestehender politisch-religiöser Gruppen zur Exekution Jesu, von seiten seiner Nachfolgegemeinschaft jedoch zu seiner Idolisierung führt. Die Kirche lebt insofern in der Paradoxie des *Bekenntnisses zu* Jesus als dem menschgewordenen göttlichen Erbarmen und erfährt so gerade durch Jesus als den Christus die Zumutung jener Frage, die in unüberbietbar scheinender Weise Dostojewskij in der Parabel vom Großinquisitor gestaltet hat: ob sie nämlich in ihren eigenen - zeitweilig bis zur Inquisitorik gesteigerten - Grenzziehungsmechanismen womöglich auch Jesus als Störenfried genauso „in die Wüste schicken" oder gar exekutieren würde.[172]

Hätte nun Jesus sich gegen den bevorstehenden Tod gewehrt und - wie Petrus, der ihn mit dem Schwert zunächst in Schutz zu nehmen versucht - Gewalt mit Gewalt beantwortet, dann wäre seine Botschaft vom grenzenlosen Erbarmen Gottes noch durch einen Rest an Selbstbehauptung entstellt gewesen. Die Selbstlosigkeit, mit der er das göttliche Erbarmen zur Erscheinung bringt, offenbart sich vielmehr darin, daß er sich widerstandslos „als Opferlamm zur Schlachtbank" führen läßt (vgl. Jes 63,7; Joh 1,29) und sogar mit den Worten „Vater, vergib ihnen, denn sie wissen nicht, was sie tun" (Lk 23,34) das göttliche Erbarmen seinen Peinigern zuspricht. Insofern vollendet

---

[171] Neben den genannten Arbeiten von *R. Girard* vgl. dazu vor allem von *R. Schwager*: Brauchen wir einen Sündenbock. Gewalt und Erlösung in den biblischen Schriften, München 1978; Der wunderbare Tausch: Zur Geschichte und Deutung der Erlösungslehre, München 1986; Jesus im Heilsdrama. Entwurf einer biblischen Erlösungslehre, Innsbruck-Wien 1990.

[172] Vgl. *F.M. Dostojewskij*, Die Brüder Karamasow, dt. München [8]1987, 332-351.

sich das grenzenüberschreitende Erbarmen Gottes, von dem Jesus sich erfüllt weiß, nicht in der Überschreitung der Grenzen, die Menschen voreinander errichten, sondern indem es noch einmal diejenigen Grenzen überbrückt, die es durch seine Überschreitung in einem tödlichen Sinne auf sich zieht. Dazu befähigt ist Jesus freilich nur, weil er von der Bewegung eines Erbarmens erfüllt ist, das auch durch den Tod nicht begrenzt wird.

Damit können wir abschließend eine Antwort auf eine weitere Frage formulieren, auf die wir im ersten Kapitel gestoßen sind: Müssen wir Christen die Christologie „deabsolutieren", um einen Frieden stiftenden Beitrag zur Weltökumene zu leisten? Die Antwort, die wir bis hierhin gefunden haben, lautet: Eine Christologie, die ihren Ausgang in der Wahrnehmung jener grenzenüberschreitenden Liebe Gottes nimmt, von der Jesus sich erfüllt wußte, leistet einen unersetzbaren Dienst an der Idee einer friedlichen Weltökumene. Denn sie deckt erst jene Mechanismen auf, kraft derer die erklärtermaßen friedlichen Absichten, von denen etwa ein Projekt Weltethos geprägt ist, zum Anlaß neuer Konflikte werden müssen, indem sie ein Interesse an Differenz provozieren, über das differente Gruppen nun zu einer gemeinsamen Anti-Ökumene gelangen.

Sie klärt zweitens über die bewußtseinsbildenden Mechanismen auf, die wir als „Sarastro-Gebärde" kennengelernt haben, die durch die Hintertür jenen Gewaltmechanismen wieder Eingang verschafft, die sie durch die Vordertür mit ehrbaren sittlichen Absichten verabschiedet hat: „Wen solche Lehren nicht erfreun, verdienet nicht, ein Mensch zu sein." So gerät auch ein *Bekenntnis zum* Projekt Weltethos unweigerlich wieder zu einem grenzziehenden Akt, angesichts dessen erst das Ärgernis derer hervorzutreten droht, die aus welchen Gründen auch immer in dieses Bekenntnis nicht einzustimmen vermögen. Hier liegt auch der tiefere Grund für ein Phänomen, das wir im folgenden Abschnitt näher untersuchen werden: daß das Bekenntnis zu sittlichen Prinzipien in eine zutiefst unsittliche Gestalt des Terrors umschlagen kann.

Drittens klärt eine solcherart ansetzende Christologie nicht nur darüber auf, in welchem Sinne Jesus leiden und sterben „muß" (vgl. Mt 16,21). In der Aufdeckung und Überwindung derjenigen Mechanismen, die er darin zugleich in einer für ihn selbst tödlichen Weise auf sich zog, wird nämlich vor allem auch deutlich, in welchem Sinne sich das Christentum vom Judentum trennen mußte. Gerade wenn man die Messianität Jesu darin wahrnimmt, daß er sich zur Grenzenlosigkeit göttlicher Liebe nicht als einer von ihm unterschiedenen Wirklichkeit bekennt, sondern sich von ihr erfüllt weiß, errichtet das Bekenntnis zu Jesus als dem verheißenen Messias doch wieder Grenzen und wird Anlaß partikularer Identitätsbildung einschließlich der sie prägenden Selbstbehauptungsmechanismen. In diesem Sinne *mußte* das Bekenntnis zu Jesus als dem Christus trennend wirken. Es darf sich freilich nur so auf Jesus beziehen, daß zugleich deutlich wird, wie sehr die in ihm gegenwärtige Liebe Gottes auch diejenigen Grenzen überwindet, die es als Bekenntnis doch errichtet. In dieser Hinsicht entstammt die Forderung nach einer Deabsolutierung der Christologie keinem externen Bedürfnis nach sozialem Frieden. Eine richtig verstandene Christologie deabsolutiert sich in diesem Sinne selbst, indem sie ihre eigene Idolisierung demontiert.

Insofern gibt es ein spezifisch christliches - und insofern religionsinternes - Interesse an Aufklärung über latente Sekundärfunktionen, die das religiöse Bewußtsein in seinen Bekenntnisakten unweigerlich mitvollzieht. In diesem Sinne hat das Christentum in das Projekt Weltethos nicht nur jene sittlichen Maximen einzubringen, in denen es mit anderen Religionen de facto schon zu einem sittlichen Minimalkonsens gelangt ist, sondern das ganze Gewicht seiner „Lehre".

6.5. Ein christologisches Interesse an Aufklärung

Wir haben festgestellt, daß der Autonomieanspruch der Vernunft und das Bekenntnis zum biblischen Gott sich in einem gemeinsamen Interesse an Aufklärung berühren. Dieses Interesse gilt in religiöser Hinsicht der Aufdekkung illegitimer Sekundärfunktionen des Glaubens und hat uns auf eine prinzipielle Gefahr des Glaubens aufgemacht, die wir insbesondere an den Implikationen des monotheistischen Bekenntnisses zu Gott verdeutlicht haben: Sofern es sich auf einen Gott bezieht, dessen Liebe von sich aus keine Grenzen errichtet, impliziert es strukturell eine Sekundärfunktion, die so illegitim wie unabweislich ist: Es gerät in diejenigen identitätsbildenden Abgrenzungsmechanismen hinein, die Jesus in seiner gelebten Botschaft schließlich im Kreuzesschicksal überwunden hat. Insofern die in Jesus Christus offenbare Grenzenlosigkeit göttlicher Liebe diese Mechanismen nun überwindet, wird zunächst einmal verständlich, in welchem Sinne Jesus Christus „die Offenbarung erfüllt und abschließt", so daß „keine neue öffentliche Offenbarung mehr zu erwarten ist" (Dei verbum 4). Die zuletzt genannte Überzeugung artikuliert keinen exklusivistischen Besitzanspruch auf ein etwaiges „Offenbarungswissen", das der Christ anderen Religionen nicht zugesteht. Es bringt vielmehr den schlichten Sachverhalt zum Ausdruck, daß jedes menschliche Bekenntnis zur Unendlichkeit göttlicher Liebe diese Liebe nur so offenbart, daß es sie zugleich begrenzt und entstellt. Insofern kann die Grenzenlosigkeit dieser Liebe für das endliche Bewußtsein nur so offenbar werden, daß sie die Gestalt eines Menschen annimmt, der sie nicht wieder durch ein grenzziehendes Bekenntnis zu ... entstellt, sondern sie über die von Menschen errichteten Grenzen hinweg praktisch vergegenwärtigt. Und weil sie auf diese Weise die

Ambivalenz des Monotheismus dadurch überwindet, daß sie auch jene Grenzen überschreitet, die das monotheistische Bekenntnis zur Grenzenlosigkeit göttlichen Erbarmens wiederum errichtet, wird im Blick auf die hier aufgezeigte Entwicklung des biblischen Glaubens auch verständlich, in welchem Sinne die in Jesus Christus geschehene Offenbarung die biblische Offenbarungsgeschichte „abschließt". Denn auch hier muß wiederum hinzugefügt werden: Was wie ein triumphalistischer Superioritätsanspruch des Christentums gegenüber dem Judentum klingt, weist in Wahrheit solche Überlegenheitsansprüche zurück. Denn im Bekenntnis zu Jesus als dem Christus fällt das sich solcherart definierende Christentum wiederum hinter eine Wahrheit zurück, zu der sich zu bekennen immer auch bedeutet, sich vor ihr als versagend zu erfahren. Daß Jesus Christus in diesem Sinne die Wahrheit über uns gerade dort offenbart, wo wir uns in vermeintlicher Unschuld zu ihm zu bekennen meinen, ist der inhaltliche Grund für eine Feststellung, die wir bereits getroffen haben, die aber noch weithin formal geblieben war: Die in Jesus Christus gegenwärtige Liebe Gottes erweist sich als eine „veritas redarguens", die uns im Bekenntnis zu ihr zugleich als vor ihr versagend erweist.[173]

Zugleich können wir an dieser Stelle noch einmal auf eine weitere Feststellung präzisierend zurückgreifen, die wir an früherer Stelle bereits getroffen haben: Denn gegenüber der Unterscheidung von Wirklichkeit und Erscheinung, Noumenon und Phainomenon, wie sie von Vertretern einer pluralistischen Religionstheologie getroffen wird, haben wir im Blick auf Jesus Christus den Einwand formuliert, daß es auch *Erscheinungen einer Erscheinung* geben könne. Und wir haben bereits erläuternd hinzugefügt: Wenn wir unter „Erscheinung" die praktische Vergegenwärtigung einer Wirklichkeit verstehen, dann sagt dies noch nichts darüber aus, ob und auf welche Weise die solcherart gegebene Erscheinung bei einem Adressaten ankommt. Das von religionstheologischen Pluralisten angesprochene Problem der Perspektiven und „Linsen", mit denen jeder Akt der Erfahrung eine gegebene Wirklichkeit so wahrnehmbar macht, daß er sie darin auch entstellt, stellt sich insofern nur auf der beschriebenen Ebene der „Ankunft" beim jeweiligen Erfahrungssubjekt.[174] Die als Vergegenwärtigung verstandene Erscheinung ist aber ihrerseits zunächst einmal unabhängig von der Erfahrungsgestalt gegeben, in der sie beim Menschen „ankommt". Hier können wir nun konkretisierend

---

[173] Von hier aus ist *G. Gäde* beizupflichten, wenn er die „andere Absolutheit" (ebd., 360) des Christentums in der Befähigung zu einer Religionskritik erkennt, von der es selbst nicht ausgenommen ist: „Das Christentum verdankt sich einer Botschaft, die es nicht selbst hervorgebracht hat und die ihm gegenüber genauso religionskritisch ist wie gegenüber anderen Religionen" (361). Zugleich liegt mit der Aufdeckung des genannten Opfermechanismus, in dem das religiöse Bewußtsein befangen ist, eine Konkretisierung dessen vor, was Gäde als „konkupiszente Intentionalität in allen Religionen" (342) wirksam sieht.

[174] S.o. Anm. 146.

hinzufügen: Die Unbegrenztheit göttlicher Liebe kann *erscheinen* - im Sinne von „gegenwärtig werden" -, indem sie die Grenzen durchbricht, die Menschen in den Prozessen partikularer Identitätsbildung voreinander errichten. Diese Erscheinung der Liebe Gottes wird aber in dem Sinne, in dem die pluralistische Religionstheologie vom „phainomenon" spricht, nochmals zur Erscheinung, weil sie im Modus des Bekenntnisses nun wiederum entsprechend verdunkelt wird. Insofern ist nicht Jesus Christus, sondern die jeweilige Bekenntnisgestalt, die ihn als Christus zur Sprache bringt, einer solchen optischen Linse vergleichbar, die die Grenzenlosigkeit der göttlichen Wirklichkeit eingrenzt und entstellt.

Wenn Jesus Christus als Wahrheit über uns selbst nun offenbart, daß das Bekenntnis zu ihm die Grenzenlosigkeit göttlicher Liebe nur so bezeugt, daß es darin auch illegitime Sekundärfunktionen mitvollzieht, dann gibt es ein Interesse des religiösen Bewußtseins an Aufklärung über sich selbst, das im Bekenntnis zu Jesus Christus strukturell impliziert ist. Oder um den gleichen Sachverhalt noch einmal unter Anlehnung an die Terminologie Kants anzusprechen: Auch das religiöse Bewußtsein unterliegt über die Bekenntnisgestalt, zu der ich als „empirischer Charakter" gelange, bereits im Ansatz einer besonderen Gestalt „pathologischer Affizierung". Und genauso wie wir bei Kant festgestellt haben, daß der Prozeß der Aufklärung ein einstweilen unabschließbares Programm bedeutet, so gilt auch hier: Wir entsprechen dem Anspruch der in Jesus Christus offenbaren Liebe nur so, daß wir sie immer auch als Aufforderung lesen, unser eigenes Versagen vor ihr zu entdecken und zu bekennen.

Weiterhin wirft dieses christologische Interesse an Aufklärung des religiösen Bewußtseins auch ein kritisches Licht auf den geschichtlichen Prozeß der neuzeitlichen Aufklärung, den Küng angesichts seiner unbezweifelbaren Dialektik für gescheitert erklärt. Wir haben seiner Einschätzung widersprochen und festgestellt: Ein Vernunftgebrauch, der eine bestimmte Gestalt seiner pathologischen Affizierung abgeschüttelt hat, ist deswegen noch nicht autonom, sondern muß auf der Hut sein, daß nicht unbemerkt eine neue Form der Heteronomie an die Stelle der alten tritt. Insofern bedeutet der Hervorgang des menschlichen Bewußtseins aus einer bestimmten Gestalt der Unmündigkeit nicht automatisch Mündigkeit, sondern hat gewissermaßen ein Vakuum geschaffen, das dann von einer neuen Gestalt der pathologischen Affizierung unseres Vernunftgebrauchs besetzt wird. In diesem Sinne haben gerade Horkheimer und Adorno, auf deren These von der Dialektik der Aufklärung Küng sich bezieht, die besagte Dialektik als einen Prozeß bestimmt, der zur „instrumentellen Vernunft" geführt hat. Mit der Emanzipation aus der religiösen Bevormundung hat der Autonomieanspruch der Vernunft einstweilen also nur dazu geführt, daß der „Wille zur Macht" an die Stelle der früheren religiösen Bevormundung getreten ist.

In der Konvergenz eines christologisch begründeten Interesses an Aufklärung mit jenem Aufklärungsinteresse, das im Autonomieanspruch der Vernunft wurzelt, wirft ersteres zugleich ein kritisches Licht auf jenen Vernunftgebrauch, der sich dem Autonomieanspruch der Vernunft unterwirft. Dies zeigt sich insbesondere dann, wenn man den messianischen Anspruch Jesu, die Grenzenlosigkeit göttlichen Erbarmens in seiner eigenen Person zur Erscheinung zu bringen, mit dem nicht minder messianischen Anspruch des Robespierre vergleicht, die Inkarnation sittlicher Vernunft zu sein.

6.6. Jesus als der Christus und der „Blutmessias" Robespierre

6.6.1. Von der Aristokratie der Geburt zur Aristokratie der Tugend

Von Jesus als der Inkarnation *der Liebe Gottes* haben wir festgestellt, daß er grenzenbildende Opfermechanismen durchbricht. Wie sehr nun der nicht minder messianische Anspruch, die *Inkarnation sittlicher Vernunft* zu sein, jene tödlichen Grenzen wieder errichtet, die ein Messianismus des göttlichen Erbarmens durchbricht, läßt sich von der Figur des Robespierre her zeigen, wie sie uns in G. Büchners Revolutionsdrama „Dantons Tod" entgegentritt.[175] Hier begegnet in zeitlicher Verdichtung genau jene Schrittfolge einer nur scheinbaren Überwindung dieser Opfermechanismen, die wir in jener religionsgeschichtlichen Dramatik herausgearbeitet haben, die von der alttestamentlichen Monolatrie bis hin zum Opfertod Jesu führt. Denn Robespierre tritt uns hier in dem genannten Anspruch, in seiner Person die sittliche Vernunft zu verkörpern, bezeichnenderweise nicht einfach als eine andere Gestalt des Messias, sondern ausdrücklich als „Blutmessias" entgegen, der im Unterschied zu Jesus „opfert und nicht geopfert wird" (24).

Wie nun der ethische Monotheismus jene offenkundige Gewalt überwindet, die der Unterdrückung und Vernichtung anderer bedarf, um festzustellen, daß Gott „uns aber" erwählt und gerettet hat, genauso überwindet die von Robespierre realisierte Umsetzung sittlicher Vernunft in revolutionäre Praxis die offenkundige Gestalt eines Opfermechanismus: die *Aristokratie der Geburt*, die der Unterdrückung des Bürgertums zwecks politischer und sozialer Behauptung der eigenen Vorzugsstellung bedarf. Und genauso wie das Bekenntnis zu jener universalen Gerechtigkeit, die nun im Schöpfungsglauben ihren Ausgang nimmt, in die Verfluchung derer mündet, die in dieses Bekenntnis nicht einstimmen, so setzt Robespierre geradezu erbarmungslos

---

[175] Vgl. *G. Büchner*, Dantons Tod, in: ders., Werke und Briefe, München [7]1973, 7-63. Ich zitiere wiederum im Folgenden unter Angabe der Seitenzahl im laufenden Text.

das Werk der Guillotine gegen diejenigen in Gang, die vor dieser Gerechtigkeitsvision versagen. Die darin angelegte Idee des Menschen ist nämlich so hoch über der empirischen Wirklichkeit angesiedelt, daß genau das eintritt, was wir an früherer Stelle gegenüber dem sittlichen Bekenntnis zur Idee des „Humanum" kritisch angemerkt haben: Robespierre bleibt gar nichts anderes übrig, als im Namen des zur sittlichen Idee erhobenen Menschen geradezu *unbegrenzt* die realen Menschen zu verachten, so daß er zwangsläufig in tiefe Einsamkeit versinkt.[176] Damit begegnet bei ihm jene zur revolutionären Praxis gewordene Gebärde, die da droht: „Begreift es doch! Sonst zerreiße ich euch" (vgl. Ps 50,22).

Ihm tritt nun Danton als derjenige gegenüber, der an seinem Anspruch zweifelt, die Inkarnation der Sittlichkeit zu sein. Danton hat nämlich längst an einer Gerechtigkeitsidee zu zweifeln begonnen, die in der Praxis nur noch wachsende Leichenberge produziert. Und so versucht er Robespierre deutlich zu machen, daß er die tödlichen Mechanismen grenzenbildender Gewalt, die er subjektiv zu bekämpfen meint, in Wirklichkeit nur in eine andere Gestalt transformiert, so daß sich die *Aristokratie der Geburt* in Wirklichkeit nur in die *Aristokratie der Tugend* verwandelt hat. Wo Robespierre sich als der „Polizeisoldat des Himmels" (21) gebärdet, entlarvt nämlich Danton dieses nur scheinbar sittliche Selbstbewußtsein als das „elende Vergnügen, andre schlechter zu finden" als sich selbst (ebd.). Dabei macht er Robespierre deutlich, daß es nicht nur die Schuld dessen gibt, der vor den Prinzipien sittlicher Vernunft mit leeren Händen dasteht, sondern auch eine entsprechend transformierte Schuld dessen, der sich für sittlich rein hält: Wo nämlich die Idee der Gerechtigkeit das Selbstbewußtsein des Robespierre in einem ganz wörtlichen Sinne de-finiert, da benötigt dieses Selbstbewußtsein geradezu die Lasterhaftigkeit der anderen zwecks kontrastierender Absetzung. In diesem kontrastierenden Sinne gehört also das Laster zum Selbstverständnis des Gerechten dazu. Entsprechend lautet Dantons Einwand gegenüber der von Robespierre vorgenommenen „Proskription des Lasters": „Du darfst es nicht proskribieren, ums Himmels willen nicht; du bist ihm zu viel schuldig, durch den Kontrast nämlich" (ebd.).

Damit deckt Danton eine Paradoxie auf, innerhalb derer das Selbstbewußtsein des Robespierre sich aufhält: Einerseits gewinnt er seine Identität über die *Bekämpfung* des Lasters. Dies führt zur entsprechenden Vernichtung der Schuldiggewordenen. Andererseits macht die Bekämpfung des La-

[176] „Sie gehen alle von mir - es ist alles wüst und leer - ich bin allein" (24). Es ist nicht davon auszugehen, daß Büchner mit dem „wüst und leer" auf das „Tohuwabohu" (vgl. Gen 1,2) anspielt, in das der biblische Gott im Akt der Schöpfung Ordnung bringt. Im vorliegenden Zusammenhang macht diese Formulierung aber dennoch in einer über das subjektive Bewußtsein des Autors hinausgehenden Weise deutlich, wie sehr das geradezu erbarmungslose *Bekenntnis zur* Gerechtigkeit jenes Chaos perpetuiert, das durch die schöpferische Liebe Gottes gerade überwunden werden soll.

sters seine *Identität* aus, so daß um dieser Identität willen die zu Exekutierenden erst einmal dasein müssen. Aus dieser Paradoxie ergibt sich strukturell eine unendliche Wirksamkeit der Guillotine, weil das Selbstbewußtsein des Robespierre das Laster zuallererst finden muß, um es dann bekämpfen zu können. Die Aufdeckung dieser Paradoxie ist freilich für die Identitätsbildung des Gerechten geradezu tödlich, und dies weiß auch Danton: „Nicht wahr, Unbestechlicher, es ist grausam, dir die Absätze so von den Schuhen zu treten?“ (21). Damit gilt für das Schicksal des Danton nun das gleiche wie für das Schicksal Jesu: Die solcherart enthüllte Form der Identitätsbildung kann sich nur noch dadurch am Leben erhalten, daß sie nun denjenigen tötet, der ihre tödliche Struktur enthüllt hat. Und genauso wie an dieser Stelle die Botschaft Jesu den Beschluß provoziert, ihn umzubringen (vgl. Mt 12,14), lautet jetzt die lapidare Feststellung, mit der Robespierre die Auseinandersetzung mit Danton beschließt: „Er muß weg“ (ebd.).

So ergibt der Vergleich von Jesus und Robespierre einstweilen ein Zweifaches: Erstens tritt Robespierre mit dem Anspruch auf, eine Verkörperung der *Gerechtigkeit*, nicht eine Verkörperung des *Erbarmens* zu sein. Denn Gerechtigkeit errichtet Grenzen: entweder die eine Grenze zwischen Gerechten und Ungerechten oder aber - falls die Idee der Gerechtigkeit als ein von keinem Menschen realisierter Grenzwert verstanden wird[177] - verschiedene Grenzen in Form einer Hierarchisierung einzelner Annäherungsgrade an das Gerechtigkeitsideal. Das Erbarmen aber überwindet gerade jene Grenzen, die die Gerechtigkeit errichtet.

Zweitens ist der unter „erstens“ formulierte Satz hier mit einer nur veränderten Akzentsetzung zu wiederholen: Robespierre tritt mit dem *Anspruch* auf, die Verkörperung der Gerechtigkeit zu sein. Ein solcher Anspruch, die messianische Inkarnation wenn auch nicht der Gerechtigkeit, so doch des göttlichen Erbarmens zu sein, wird von Jesus von sich aus nirgendwo erhoben. Insofern ist die faktische Inkarnation, die die Evangelien von Jesus bezeugen, nirgendwo das Ergebnis eines von ihm verbal erhobenen Anspruchs, mit dem er sich gegenüber anderen definierte. Darin dokumentiert sich noch einmal die aufgezeigte Selbstlosigkeit des Auftretens Jesu. So wird von hier aus noch einmal verständlich, warum Jesus anders als der „Blutmessias“ Robespierre geopfert *wird*, aber selbst eben nicht opfert.

---

[177] Vgl. in diesem Sinne schon Röm 3,10: „Es gibt keinen, der gerecht ist, auch nicht einen.“

6.6.2. Von der Aristokratie der Tugend zur Aristokratie der Barmherzigkeit

Bis hierhin ist also das Schicksal des Danton mit dem Jesu vergleichbar: Er deckt auf, wie sehr die Identitätsbildung des Gerechten der Ächtung des Sünders - oder in der Sprache Dantons: des Lasters - als seiner konstitutiven Bedingung bedarf. Und insofern deckt er auf, wie sehr die sittliche Identität eines Robespierre von jenem Opfermechanismus lebt, den die Guillotine mit geradezu messerscharfer Präzision vollstreckt. In dieser Hinsicht tritt uns auch die Persönlichkeit eines Georg Büchner als diejenige entgegen, die Partei für Danton und gegen das sittliche Selbstbewußtsein eines Robespierre ergreift, von dem er mit Recht feststellt, daß in ihm das feudale Moment der Herabsetzung anderer Menschen nicht überwunden ist, sondern sich nur eine neue Gestalt verschafft hat. Auf diese Weise nimmt seine Zeichnung des Robespierre Nietzsches Kritik an der „Genealogie der Moral“ vorweg, die da aufzeigt, wie sehr in der *sittlichen* Abgrenzung von „gut“ und „böse“ schon die *soziale* Grenzbildung zwischen „gut“ und „schlecht“ vorgezeichnet ist, so daß die Moral die Logik von Herrschaft und Gewalt nicht überwindet, sondern nur in verfeinerter Gestalt perpetuiert.[178]

Entsprechend durchschaut Büchner den in der Idee der Gerechtigkeit angelegten Opfermechanismus, wenn er diejenigen kritisiert, „die, im Besitz einer lächerlichen Äußerlichkeit, die man Bildung, oder eines toten Krams, den man Gelehrsamkeit heißt, *die große Masse ihrer Brüder ihrem verachtenden Egoismus opfern*“.[179] Darum fordert er nun auf seine Weise „Barmherzigkeit statt Opfer“, wenn er sich zu einer *grenzenlosen* Barmherzigkeit bekennt, von der er ausdrücklich feststellt, daß sie *niemanden* verachtet: „Ich verachte niemanden, am wenigsten wegen seines Verstandes oder seiner Bildung, weil es in niemands Gewalt liegt, kein Dummkopf oder kein Verbrecher zu werden“.[180] Damit ist die von Büchner formulierte Botschaft freilich nur in jener ersten Hinsicht mit der Botschaft Jesu vergleichbar, insoweit wir sie gegen Ende des letzten Kapitels formuliert haben: Er durchschaut die grenzenbildenden Opfermechanismen, die im Bekenntnis zur *Gerechtigkeit* liegen; er erkennt aber nicht die neuen grenzenbildenden Opfermechanismen, die er dadurch produziert, daß er sich zur Barmherzigkeit *bekennt* und dieses Bekenntnis den Status einer Selbstdefinition gewinnt. Denn der zitierte Satz ist ausdrücklich ein Akt solcher Selbstdefinition: „*Ich* verachte niemanden ...“

---

[178] Vgl. dazu *F. Nietzsche*, Zur Genealogie der Moral, in: ders., Kritische Studienausgabe, hrsg. von G. Colli und M. Montinari, Bd. 5, 245-412. Von daher wäre die traditionelle christliche Kritik an „den Pharisäern“ als eine christliche Kritik an der „Genealogie der Moral“ neu zu entwickeln.

[179] *G. Büchner*, Brief an die Familie vom Februar 1834, in: Werke und Briefe, 164 f. Hervorhebung von mir.

[180] Ebd.

Somit wird die behauptete Grenzenlosigkeit („Ich verachte *niemanden*") des Erbarmens, zu dem er sich bekennt, durch die Hintertür wieder zu einem Akt der Grenzziehung („*Ich* verachte niemanden"). So verwundert es nicht, daß sich diejenige Verachtung und derjenige Haß, die er gerade überwinden will, unweigerlich in die neue Gestalt eines Hasses verwandeln, den er nun seinerseits „in vollstem Maße gegen die" hegt, die zu der von ihm geforderten Haltung der Barmherzigkeit nicht gefunden haben. Damit verwandelt sich die Aristokratie der Tugend nur in eine neue Aristokratie der Barmherzigkeit, und die entsprechende Passage des Briefes an die Familie, aus dem wir bislang nur die Ächtung der Tugendaristokratie zitiert haben, lautet in ihrer ganzen Länge:

„Ich habe freilich noch eine Art von Spott, es ist aber nicht der der Verachtung, sondern die des Hasses. Der Haß ist so gut erlaubt als die Liebe, *und ich hege ihn im vollstem Maße gegen die, welche verachten*. Es ist deren eine große Zahl, die, im Besitz einer lächerlichen Äußerlichkeit, die man Bildung, oder eines toten Krams, den man Gelehrsamkeit heißt, die große Masse ihrer Brüder ihrem verachtenden Egoismus opfern. Der Aristokratismus ist die schändlichste Verachtung des Heiligen Geistes im Menschen; gegen ihn kehre ich seine eigenen Waffen: Hochmut gegen Hochmut, Spott gegen Spott."[181]

Deutlicher läßt sich kaum zeigen, wie der aufgedeckte Opfermechanismus sich noch in seiner Aufdeckung fortsetzt. Insofern ist es immer der gleiche Vorgang, mit dem hier Menschen unter verschiedenerlei Gestalt „die große Masse ihrer Brüder ihrem verachtenden Egoismus opfern". Er setzt sich deshalb bei Büchner fort, weil er anders als Jesus sich nicht von jenem grenzenlosen Erbarmen erfüllt weiß, das ihn auch über die äußerste Grenze aller Grenzen, den Tod, hinausträgt. Deshalb ist für ihn die genannte Barmherzigkeit noch einmal ein Merkmal, über das er sein eigenes Ego definiert und über das auch er andere unbemerkt seinem eigenen Egoismus opfert

Und wir müssen fairerweise hinzufügen: Selbst indem wir in diesem Kapitel die ganze Zeit über die Grenzenlosigkeit jenes göttlichen Erbarmens, das in Jesus begegnet, mit der Tugendaristokratie des Robespierre bzw. mit der Barmherzigkeitsaristokratie eines Georg Büchner kontrastieren, perpetuieren wir selbst noch einmal *im Namen Jesu* die Mechanismen, die Jesus gerade durchbrochen hat und deren Opfer er im genannten Sinne geworden ist. Insofern verbleibt auch unser Bekenntnis zu Jesus als dem Christus in der Logik solcher opfernder Selbstdefinition. Damit sind wir freilich noch einmal bei einem Ergebnis angelangt, das wir an früherer Stelle bereits formuliert haben: Jesus, der sich von der Grenzenlosigkeit des göttlichen Erbarmens erfüllt weiß, kann diesen Opfermechanismus nur dadurch durchbrechen, daß er eben nicht opferte, sondern geopfert wurde und durch die Gewalt hin-

[181] Ebd., 165. Hervorhebung von mir.

durch, die er auf sich zog, noch seinen Peinigern vergab. Wir, die wir in der Logik des *Bekenntnisses zu* Jesus Christus verharren, können diesen Mechanismus nur dadurch durchbrechen, daß wir uns selbst immer neu als in ihm befangen erkennen. Darum können wir uns zu dem Gott, dessen grenzenloses Erbarmen in Jesus Christus offenbar wird, nur so bekennen, daß wir darin zugleich unsere eigene Schuldbefangenheit eingestehen.

6.7. „Gestorben für unsere Sünden"

Damit sind wir an einem Punkt angelangt, wo es uns möglich wird, Jesus Christus als „das Opferlamm" zu verstehen, das „für uns geschlachtet" wurde und insofern „für unsere Sünden gestorben ist".[182] Denn ganz im Sinne des von der Kirche später entwickelten Verständnisses der Sünde als eines Aktes selbstbezogener „superbia", der „bis zur Verachtung Gottes gesteigerten Selbstliebe"[183], haben unsere Analysen als die Logik der Sünde das „Selbstsein *auf Kosten von...* „ entdeckt. Insofern nämlich in Jesus das *grenzenlose* Erbarmen Gottes Gestalt angenommen hat, kann Paulus von Jesu als demjenigen sprechen, „der keine Sünde kannte" (2 Kor 6,21). Insofern er jedoch die Grenzmechanismen, die er seinerseits überwand, andererseits auf sich zog, wurde er „mit unserer Schuld beladen" - oder mit Paulus formuliert: Er wurde „zur Sünde gemacht" (ebd.). Im Galaterbrief konkretisiert Paulus diesen Gedanken anhand des grenzziehenden Mechanismus, den das jüdische Gesetz ausübt, und spricht in diesem Sinne vom „Fluch des Gesetzes": In dieser Hinsicht hat Jesus den „Fluch des Gesetzes" auf sich gezogen und ist „für uns zum Fluch geworden" (Gal 3,13).

Bis hierhin haben wir jedoch nur dargestellt, daß Jesus *durch* die Sünde, nicht aber *für* die Sünde, erst recht nicht für *unsere* Sünden gestorben ist. Er ist *für* die Sünde gestorben, weil er selbst in seinem Sterben noch seinen Pei-

---

[182] Vgl. dazu ausführlich die Arbeiten von *R. Schwager* (vgl. Anm. 171). Von hier aus ist dann auch gegenüber den Ansätzen zu einer pluralistischen Religionstheologie die Heilsbedeutung des Kreuzes herauszustellen. Entsprechend stellt *G. Gäde* insbesondere gegenüber J. Hick fest, daß er „über ein moralisches Verständnis des Todes Jesu" nicht hinausgelange (vgl. Viele Religionen – ein Wort Gottes, 273), wenn für ihn das Kreuz Jesu lediglich dessen Bereitschaft dokumentiere, um seiner Botschaft willen Unrecht zu erleiden (vgl. 228). Und er fügt hinzu: „Dieses unzureichende Verständnis von Erlösung dürfte seinen Grund letztlich in Hicks Auffassung von der Erbsünde haben. Seine Deutung der Erbsünde als moralische Unvollkommenheit und erfahrene Spannung zwischen Sein und Sollen holt in keiner Weise das ein, was der christliche Glaube als die Unheilssituation des Menschen ansieht, aus der dieser zu erlösen ist" (264).

[183] Vgl. *A. Augustinus*, De civitate Dei 14, 28.

nigern vergab und weil das von ihm im wahrsten Sinne *verkörperte* göttliche Erbarmen über alle Grenzen hinweg auch denjenigen auf ihren Wegen nachfolgt, die im Sog dieser Grenzmechanismen leben.

Doch ist bis hierhin nur gezeigt, daß er *für die Sünden derer* gestorben ist, die in einem konkreten historischen Umfeld seinen gewaltsamen Tod verursacht haben. Daß er auch für die Sünde derer, die ihm nie begegnet sind, und in diesem Sinne *für uns* gestorben ist, wird erst dann deutlich, wenn man sich vergegenwärtigt, daß in den Exekutionsmechanismen, denen Jesus zum Opfer fiel, ein Mechanismus *menschlicher Identitätsbildung überhaupt* wirksam wurde, von dem auch wir selbst bestimmt sind. Wenn Jesus freilich in diesem Sinne „für unsere Sünden" gestorben ist, bedeutet sein Kreuzestod für den Christen die Zumutung des Eingeständnisses, daß er in seinem Bekenntnis zu Jesus Christus die Mechanismen perpetuiert, denen Jesus zum Opfer fiel und in deren Durchbrechung noch einmal die erbarmende Liebe des Vaters offenbar wird.

7. Kein Weltfriede ohne Absolutheitsanspruch des Christentums

7.1. Zum gewonnenen Verständnis eines christlichen Absolutheitsanspruchs

Unter Rückgriff auf die eingangs formulierten Fragen können wir nun ein Fazit der hier vorgetragenen Überlegungen ziehen.

So stellt die an die Religionen gerichtete Forderung, sie sollten sich um des Weltfriedens willen im Umgang miteinander weniger von dem leiten lassen, was sie unterscheidet und trennt, als vielmehr von dem, was sie jetzt schon verbindet, vor eine zweifache Schwierigkeit: Sie wurzelt erstens in einem *externen* Interesse an den Religionen, das diese auf eine Funktion hin befragt, die aus *interner* Sicht eine Sekundärfunktion des religiösen Bewußtseins darstellt. Zweitens stellt sie vor das Problem, daß es eine näher zu bestimmende menschliche Neigung gibt, sich unter bestimmten Umständen nicht über das Gemeinsame, sondern über das Trennende zu definieren. Und wir mußten hinzufügen: Diese Neigung ist nicht das Ergebnis mangelnder Kenntnis des Gemeinsamen, sondern folgt in der Regel aus seiner allzu guten Kenntnis. Von hier aus sind wir aus einer Reihe von Gründen, die an dieser Stelle nicht mehr wiederholt werden sollen, zu dem Ergebnis gelangt, daß gerade der von Küng festgestellte ethische Konsens zwischen den Religionen den Boden von neuem Dissens und neuen Konflikten abzugeben droht. Dies gilt etwa für die teilweise unversöhnliche Auslegungsvielfalt, die uns den den untersuchten Maximen der Menschlichkeit begegnet ist, die demgegenüber - man denke nur an das Unzuchtsverbot - zu bloßen Worthülsen zu erstarren drohten. Es gilt aber auch für die an die Religionen ergehende Zumutung, im Umgang miteinander ihre konkurrierenden Wahrheitsansprüche zu relativieren. Daraus ergab sich eine gegenüber Küngs Projekt Weltethos veränderte Aufgabenstellung: Während Küng die Religionen darüber aufklären möchte, was sie jetzt schon faktisch verbindet, interessierte uns die Aufklärung derjenigen Bedingungen, von denen es abhängt, ob die Wahrnehmung verbindender Überzeugungen auch in praktischer Hinsicht verbindend wirkt.

Die Behandlung der zuerst genannten Schwierigkeit hat zumindest im Blick auf den biblischen Gottesgedanken eine spezifische Konvergenz des genannten externen Interesses mit einem internen Interesse des religiösen Bewußtseins ergeben. Dieses Interesse des religiösen Bewußtseins können wir in diesem zusammenfassenden Rückblick nun verkürzend als seine *Theodizeefähigkeit* bestimmen. Damit ist seine Fähigkeit gemeint, aufgrund geschichtlicher Erfahrungen den bislang angebeteten Gott in der Haltung der Klage und des Aufschreis als fehlend erfahren zu können. Denn gerade in der Verarbeitung solcher Erfahrung der Gottverlassenheit bekundet sich die Befähigung des biblischen Glaubens zu der unabschließbaren Aufgabe, den wahren Gott von denjenigen Projektionsgestalten zu unterscheiden, zu denen er als Ergebnis menschlicher Selbstdefinition unweigerlich gerät. Diese Aufgabe ist für das religiöse Bewußtsein unabschließbar, weil es solange die grenzenbildenden Opfermechanismen menschlicher Identitätsbildung perpetuiert, wie es sich zur Un-Endlichkeit göttlichen Erbarmens im Modus des *Bekenntnisses zu ...* verhält. Insofern ist dem biblischen Glauben in formaler wie auch in inhaltlicher Hinsicht ein Bewußtsein der „inadaequatio intellectus ad Deum" eigen. Darum muß von seiner biblischen Grundlegung her der Begriff eines religiösen Absolutheitsanspruchs bereits auf formaler Ebene im Sinne eines genitivus subiectivus gelesen werden: als Beanspruchung des gläubigen Bewußtseins durch ein Absolutum, das jede geschichtlich erreichte Glaubensgestalt unter ihr kritisches Maß stellt. Ein so verstandener Absolutheitsanspruch deabsolutiert darum jede Gestalt des religiösen Bewußtseins. So ist bereits von hier aus die interne Bedingung benannt, die den biblischen Glauben von innen her zu jener Deabsolutierung seines Wahrheitsanspruchs befähigt, die das Projekt Weltethos ihm aus einem externen Interesse abverlangt. Gleichzeitig wird von hier aus die Religionskritik als eine Aufgabe verständlich, die dem religiösen Bewußtsein in einem ganz wörtlichen Sinne *um Gottes willen* gestellt ist. Wenn also im Prozeß der Aufklärung das Christentum sich mit einer Religionskritik konfrontiert findet, die im Namen der Vernunft den Gottesglauben dem Projektionsverdacht unterwirft, dann erinnert diese Gestalt der Religionskritik den Glauben an eine Aufgabe, die ihm zuallererst von innen her gestellt ist.

Zugleich wird auch hier schon deutlich: Ungeachtet aller Kritik, die Küng an der Dialektik der Aufklärung anbringt, besteht zumindest eine Parallele zwischen jenem Interesse an Aufklärung, das dem Absolutheitsanspruch des biblischen Glaubens immanent ist, und demjenigen, das aus dem Autonomieanspruch der Vernunft selbst folgt. Beide konvergieren in der Absicht, das jeweilige Bewußtsein über seine „pathologischen Affizierungen" aufzuklären. Und in beiden Fällen ist das Bewußtsein dieser pathologischen Bestimmung in einer Weise unterworfen, kraft derer es diesen Anspruch von sich aus nie ganz einlöst.

Noch deutlicher wird dieses religiöse Interesse an Aufklärung, wenn man den Absolutheitsanspruch des biblischen Glaubens in seiner christologisch konkretisierten Gestalt aufsucht. Dann wird nämlich auch die genannte zweite Schwierigkeit auflösbar, vor die das Projekt Weltethos stellt und die wir einstweilen von ihrer oberflächenhaften Erscheinung her als einen „Narzißmus der Differenzen" bezeichnet haben. Schon der aufgezeigte Transformationsprozeß, in dem der Jahweglaube über die Verarbeitung der Theodizeefrage seine monolatrische Gestalt zugunsten der monotheistischen ablegt, hat eine religionskritische Dynamik erwiesen, die im Ergebnis über eine ganz spezifische Gestalt pathologischer Affizierung des Gottesglaubens aufklärt: über seine - in einem ganz wörtlichen Sinne zu verstehende - Per-version zur Funktion eines partikularen Selbstbehauptungswillens. Insofern nimmt die hier begegnende Gestalt einer religionsimmanenten Religionskritik auch einen ganz bestimmten Typ externer Religionskritik vorweg: die ideologiekritische Infragestellung des religiösen Bewußtseins als ideologischer Überbau bestimmter Herrschafts- und Gewaltmechanismen. Oder weniger von Marx her und mehr in Anlehnung an Nietzsche formuliert: Die monolatrische Gestalt des Gottesglaubens wird kritisierbar als ideologische Ausgeburt eines „Willens zur Macht". Anders als die skizzierten Ansätze der Neuzeit bleibt der biblische Gottesglaube dabei in einem ganz wörtlichen Sinne religions*kritisch*. Er sucht das unverstellte Antlitz Gottes hinter jenen Projektionsgestalten, mit denen das religiöse Bewußtsein die Erfahrung göttlicher Zuwendung unweigerlich immer auch entstellt, und leistet auf diese Weise „Kritik" im wörtlichen Sinne der Unterscheidung von Wahrheit und Unwahrheit. Denn er weiß: Gott ist für uns stets nur so offenbar, daß dieses Offenbarsein zugleich durch uns entstellt ist - und wir können inzwischen hinzufügen: entstellt durch den aufgezeigten Selbstbehauptungsmechanismus. Wenn wir also die Theologie in diesem Sinne als kritische Theorie des religiösen Bewußtseins bestimmt haben, dann stülpt die Formulierung einer solchen Aufgabe keineswegs dem Glauben an den biblischen Gott ein von außen kommendes Interesse über, das allein in der Tradition der Aufklärung wurzelte. Sie benennt vielmehr in einer sprachlichen Gestalt, die freilich der Tradition der Aufklärung entlehnt ist, eine Aufgabe, die der biblische Glaube sich selber stellt.

Nun haben wir festgestellt: Über das besagte religionskritische Interesse, in dem wir zugleich die Theodizeefähigkeit des biblischen Glaubens kennengelernt haben, legt der *Begriff* von Gott sukzessive jene Beschränkungen ab, die der aufgezeigte Projektionsmechanismus ihm auferlegt hat. In der Gestalt des Monotheismus wird Gott nun ansprechbar als das Subjekt einer universalen Gerechtigkeit und eines grenzenlosen Erbarmens, das die von Menschen errichteten Grenzen gerade überbrückt. Und doch bleibt auch hier die genannte Dynamik wirksam, kraft derer die Un-endlichkeit Gottes das endliche Bekenntnis zu ihm unter ihr Maß stellt. Denn insofern dieses Bekenntnis wiederum eine bestimmte Gestalt menschlicher Identität schafft, perpetuiert es im Bekenntnis zu Gott jene Selbstbehauptungsmechanismen, von denen es zugleich weiß, daß er sie überwinden will. Auch hier wird der biblische Gott - wenn auch auf einer höheren Ebene der Offenbarungsgeschichte - nur so offenbar, daß seine Gegenwart zugleich auch verdunkelt wird.

Wenn aber die Offenbarung der Grenzenlosigkeit göttlichen Erbarmens stets begrenzt und entstellt wird, solange sie im Modus des menschlichen *Bekenntnisses zu* ... zur Sprache gelangt, dann ist von hier aus *a priori* formulierbar, was die biblische Offenbarungsgeschichte *a posteriori* zeigt: Die Grenzenlosigkeit göttlicher Liebe kann nur dann eine solche Entstellung ihrer Gegenwart überwinden, wenn sie dabei jene Grenzen überwindet, die das menschliche Bekenntnis zu diesem Erbarmen zugleich errichtet. Denn unabhängig davon, ob dies im Akt des Bekennens selbst bewußt ist, bedeutet das *Bekenntnis zum* göttlichen Erbarmen eine implizite Unterscheidung der solcherart bekannten Wirklichkeit vom Akt des Bekennens selbst. Diese vom Menschen her notwendige und unüberwindbare Entstellung ist erst dann überwunden, wenn die Wirklichkeit dieses göttlichen Erbarmens selbst Menschengestalt annimmt und als solche erscheint. Von hier aus konnten wir dann verständlich machen, in welchem Sinne die in Jesus Christus offenbare Liebe Gottes die Offenbarungsgeschichte abschließt: Hier ergeht „Gottes letztes Wort"[184] in einer Weise, die nicht mehr durch einen wie auch immer gearteten Akt des „Bekennens zu ..." entstellt ist. Insofern offenbart Jesus Christus nicht nur die grenzenlose Liebe Gottes, sondern auch unsere Befangenheit in denjenigen Mechanismen, die er selbst durchbricht.

Von hier aus wird die Unüberbietbarkeit dessen, was in Jesus Christus offenbar geworden ist, noch in einer weiteren Hinsicht verständlich: Wir, die wir uns zu dieser Liebe nur *bekennen* können, bezeugen diese Liebe darum nur in einer Gestalt, die hinter sie zurückfällt. In dieser Hinsicht können wir im Ergebnis dann einem Satz Nietzsches zustimmen, der da lautet: „Das Wort schon ‚Christenthum' ist ein Missverständnis -, im Grunde gab es nur Einen Christen, und der starb am Kreuz."[185] Insofern kann alle Offenbarungsgeschichte nach Christus zwar in die Fülle jener Liebe hineinführen, die im genannten Sinne in Jesus Christus erschienen ist, nicht aber über sie hinaus.[186]

Damit sind wir auch in inhaltlicher Hinsicht zum Verständnis eines christlichen Absolutheitsanspruchs gelangt, der sich selbst deabsolutiert. Dieser Absolutheitsanspruch fordert nicht von einem externen Interesse am Dialog der Religionen, sondern von seinen inneren Voraussetzungen her zur Überprüfung dessen auf, inwieweit die Konkurrenz der Wahrheitsansprüche, mit denen Religionen einander begegnen, nicht in Wirklichkeit ein ideologischer

---

[184] Vgl. den entsprechenden Titel von *H. Verweyen*: Gottes letztes Wort. Grundriß der Fundamentaltheologie, Düsseldorf 1991.

[185] *F. Nietzsche*, Der Antichrist, in: Kritische Studienausgabe Bd. 4, 165-254, 211.

[186] In diesem Sinne kennt die dogmatische Konstitution „Dei verbum" einen „Fortschritt" (vgl. Dei verbum, Nr. 8) im Verständnis jener Offenbarung, von der sie zuvor festgestellt hat, daß sie in Jesus Christus zu ihrem Abschluß gelangt ist (vgl. ebd. 4), „denn die Kirche strebt im Gang der Jahrhunderte ständig der Fülle der göttlichen Wahrheit entgegen, bis an ihr sich Gottes Worte erfüllen" (ebd., 8).

Reflex der aufgezeigten Machtmechanismen ist. Von der Behandlung dieser Frage darf das Christentum vor allem sich selbst nicht ausschließen.

Auf diese Weise besteht der spezifische Dienst des Christentums an der Aufgabe des Weltfriedens nicht in der Ausklammerung, sondern in der Realisierung seines Absolutheitsanspruchs. Denn die ideologie- und religionskritischen Implikationen der Christologie verbieten die im Dialog der Religionen geforderte Relativierung der Wahrheitsfrage. Sie fordern vielmehr deren Radikalisierung, indem sie zuallererst die Freilegung der Wahrheitsfrage aus ihrer Entstellung durch die aufgezeigten Gewalt- und Machtmechanismen intendieren. Der Dienst dieses Absolutheitsanspruchs am Projekt Weltethos bestünde insbesondere in der Wahrnehmung von zweierlei Aufgaben.

- Erstens bedeutet die Realisierung dieses Absolutheitsanspruchs die Warnung davor, reale Konsensbildungen in ihrer Bedeutung zu überschätzen; sie fordert vielmehr flankierend zu solchen Prozessen der Konsensbildung dazu auf, den Blick für jene Bedingungen zu schärfen, angesichts derer Konsens unfreiwillig zum Boden von Dissens, Ablehnung und Gewalt wird. Wie sehr nämlich die von Küng herausgearbeiteten Maximen der Menschlichkeit in der Breite ihrer Konkretisierungsmöglichkeiten jenen Dissens zu produzieren vermögen, den zu überwinden sie eigentlich angetreten sind, haben unsere diesbezüglichen Analysen zu zeigen versucht.
- Zweitens macht die Realisierung dieses Absolutheitsanspruchs darauf aufmerksam, wie sehr die geforderte Koalition der Religionen selbst nun zum Anlaß neuer Polarisierungen und Frontenbildungen zu werden droht. Denn nicht nur in der Genese des biblischen Monotheismus, sondern auch im Prozeß der Aufklärung haben wir gesehen, daß gerade das sittliche Bekenntnis zu einem hohen Ziel in die pure Verachtung derer umzuschlagen droht, die aus welchen Gründen auch immer diesem Bekenntnis die gebotene Gefolgschaft verweigern. Gerade in der Untersuchung der von uns so genannten Sarastro-Gebärde haben wir festgestellt, daß ein Zusammenhang besteht zwischen einem sittlichen Menschlichkeitspathos und der Bereitschaft, denen das Menschsein abzusprechen, die dieses Pathos nicht teilen. Und so war es auch bei Robespierre nur ein kleiner Schritt von der Proklamation der Tugend bis zu ihrem Umschlag in Terror. Insofern steht auch ein Projekt, das sich einem so hohen Ziel wie dem Weltfrieden verschrieben hat, in der Gefahr, denjenigen gleich zum Gegner des Weltfriedens zu erklären, der an dieses Projekt seine kritischen Anfragen richtet.

Ein Christ darf sich der Idee eines Weltethos gewiß nicht verweigern. Indem er sich aber dem Projekt eines Weltethos stellt, hat er dabei sein spezifisches Bewußtsein darum einzubringen, daß jegliche Unterwerfung unter ein „Du sollst“ die Mechanismen dessen, was er Sünde nennt, nicht einfachhin überwindet, sondern nur unter anderem Namen fortzusetzen droht. In diesem Sinne bedeutet das Bewußtsein um eine den Menschen in den Wurzeln seiner sittlichen Freiheit prägenden Schuldverstrickung die warnende Frage, ob jene Herrschaftsmechanismen, die wir als „Dialektik der Aufklärung“ kennengelernt haben, womöglich als Dialektik einer Weltökumene drohen, die sich auf gemeinsame sittliche Imperative verständigt hat.

7.2. Die ideologiekritische Leistung der Bestimmung des Menschen als Sünder

An dieser Stelle konvergiert das christologisch begründete Interesse an Aufklärung des religiösen Bewußtseins über sich selbst mit jenem Vernunftinteresse, dem der menschliche Vernunftgebrauch im Prozeß der Aufklärung sich zu unterwerfen beginnt. Diese Konvergenz bedeutet sogar für den Prozeß der Aufklärung an genau derjenigen Stelle einen weiteren Anstoß, wo Küng diesen Prozeß für gescheitert erklärt. Denn aus Gründen, die wiederum an dieser Stelle nicht noch einmal wiederholt werden sollen, mußten wir Küng gegenüber feststellen: Das von ihm so genannte Scheitern der Aufklärung ist keine Folge realisierter Vernunftautonomie, sondern Ergebnis einer neuen Heteronomie, kraft derer ein irrationaler Wille zur Macht sich dieser Vernunft nun bedient. Angesichts dieser „Dialektik der Aufklärung“ mußten wir nun feststellen, daß der Prozeß der Aufklärung nicht etwa gescheitert, sondern allenfalls stehengeblieben ist, und wir konnten hinzufügen: Er ist stehengeblieben, weil der Vernunftgebrauch die neue Gestalt der Heteronomie, in die er sich mit der Abschüttelung ihrer vorausgegangenen Gestalt verfing, mit Autonomie verwechselt hat. Hier macht nun ein christologisch begründetes Interesse an Aufklärung auf jene Gefahr aufmerksam, die überall dort entsteht, wo das Bekenntnis zu universalen sittlichen Ideen eine partikulare Menschengruppe eint und in diesem Sinne identitätsbildend wirkt. Denn sobald das sittliche Bewußtsein zur partikularen Identitätsbestimmung erstarrt, gerät es in den Sog jenes Selbstbehauptungsmechanismus, der all diejenigen, die „uns nicht nachfolgen“ (vgl. Mk 9,38), zugleich als jene dämonisiert, die dem Sittengesetz die gebotene Gefolgschaft verweigern. Dies gilt unabhängig davon, ob eine einzelne Person oder ein einzelnes Kollektiv das Bewußtsein universaler sittlicher Verpflichtung partikularisiert und damit auch pervertiert. Insofern ist hier bereits eine „Genealogie der Moral“ vorgezeichnet, die Nietzsche als Ausgeburt von Herrschaft und Ressentiment kritisiert.

Vor diesem unkontrollierten Umschlag von Moral in Herrschaft und Gewalt schützt freilich das selbstkritische Bewußtsein, daß wir sowohl in religiösen als auch in sittlichen Bekenntnisakten, die sich auf einen universalen Anspruch beziehen, immer auch entstellen, wozu wir uns bekennen. Mit anderen Worten: Vor diesem Umschlag schützt allein das Bewußtsein einer für dieses Bekenntnis konstitutiven Schuldbefangenheit. Von hier aus bietet sich ein Zugang zum Verständnis einer das menschliche Leben bereits im Ansatz prägenden Sünde.[187] Freilich hat ein solcher Zugang diesen Begriff erst einmal von jenen Mißverständnissen zu befreien, mit denen er nicht zuletzt auch im Bereich der Pastoral und der Verkündigung aufgeladen worden ist. Hat doch das Sprechen von menschlicher Sünde, erst recht das Sprechen von einer Erbsünde, die mich als eine gleichsam zweite Natur prägt, gegenwärtig alles andere als Konjunktur. Zu offen liegt der Mißbrauch vor Augen, mit dem eine bestimmte Form des Sprechens von Sünde und Schuld Menschen am „aufrechten Gang" gehindert hat. Indessen schließt der offenkundige Mißbrauch eines Theorems nicht die Möglichkeit eines sinnvollen Gebrauchs aus. Ja, von Mißbrauch läßt sich nur sprechen, wenn zugleich die Möglichkeit eines nicht entstellten Gebrauchs besteht. Und so haben wir nicht zuletzt am Beispiel des Robespierre festgestellt: Wer den „aufrechten Gang" so sehr zu beherrschen meint, daß das eigene Sittlichkeitsbewußtsein nicht mehr seine Verflochtenheit in jene Schuldmechanismen wahrnimmt, die die sittliche Tat doch gerade überwinden will, der verfällt in eine - im Fall des Robespierre sogar ganz wörtlich zu verstehende - tödliche Verachtung anderer Menschen. Er wird auf diese Weise unfreiwillig zu einem Beispiel für die Wirksamkeit jener Sünde, von der er subjektiv gar nichts wissen will. Insofern ist das Bewußtsein, daß jeder Mensch Sünder ist, die Voraussetzung eines Sprechens von Schuld und Sünde, das nicht im Ansatz schon wieder zur Funktion von Herrschaft und Gewalt wird. Denn nur wenn ich weiß, daß in dem Versagen des anderen etwas zum Durchbruch gelangt, was bereits im

---

[187] Eine solche Theologie der Erbsünde, die ihren Ausgang in der Wahrnehmung jener Selbstaffirmation liegt, die stets auf Kosten anderer erfolgt, kann im Rahmen der vorliegenden Studie nicht entwickelt, sondern lediglich in ihrem Ansatz kenntlich gemacht werden. Denn der Begriff der Erbsünde spricht von einem angeborenen „Hang zum Bösen", der auf ein ursprüngliches menschliches Freiheitshandeln zurückgeht, dessen Folgen sich meinem empirischen Charakter eingeprägt haben (vgl. dazu die Überlegungen zum „radikal Bösen" in: *I. Kant*, Die Religion innerhalb der Grenzen der reinen Vernunft, in: Werke 7, 665-705, bes. 686 f). So läßt sich einerseits gerade von *E. Drewermanns* Untersuchungen über die biblische Sündenfallserzählung zeigen, wie in einer interpersonalen Freiheitssituation der andere im Sog der Angst für mich zur Bedrohung und zum Rivalen wird (vgl. *ders.*, Strukturen des Bösen. Bd.1: Paderborn [5]1984, Bd. 2: Paderborn [5]1985, Bd 3, [4]1983). Andererseits wäre aber deutlicher als bei Drewermann nachzuweisen, daß der Sündenfall geschichtliche Verhältnisse schafft, in deren Wirkungsfolge die Angst nicht allein das Antlitz des anderen zur Bedrohung verzerrt, sondern sie im einzelnen auf sehr reale Bedrohungen zu reagieren vermag, so daß die Angstbereitschaft um des geschichtlichen Überlebens willen zu einer menschlichen Erbinformation wird (zu letzterem vgl. *R. Schwager*, Erbsünde und Heilsdrama. Im Kontext von Evolution, Gentechnologie und Apokalyptik, Thaur 1997).

Ansatz auch mein eigenes Bekenntnis zum Sittengesetz entstellt, bin ich vor dem aufgezeigten Terror der Tugend geschützt. Insofern liegt im christlichen Verständnis der Erbsünde ein ideologiekritisches Potential, das nicht nur religiöse Wahrheitsansprüche, sondern auch das menschliche Bekenntnis zu sittlichen Idealen darauf hin befragt, inwieweit sie zur unfreiwilligen Ausdrucksgestalt eines partikularen Selbstbehauptungswillens geworden sind.

Wenn in diesem Sinne der Begriff der Sünde für ein „Groß-sein-Wollen" steht, das auf Kosten anderer erfolgt, weil es sich dem „elenden Vergnügen" verdankt, „andere schlechter zu finden als sich", dann ist von diesem Verständnis der Sünde ein Zugang gefunden, der frei ist von dem Verdacht repressiver Gewalt. Er ist von diesem Verdacht befreit, weil er die Wurzeln eben dieser Gewalt offenlegt.

7.3. Die Begründung religiöser Hoffnung in der Erfahrung sittlicher Verpflichtung

Indem von Jesus Christus her eine besondere Form pathologischer Affizierung aufgedeckt wird, von der das religiöse Bewußtsein genauso bestimmt ist wie das sittliche Bewußtsein, das sich dem Autonomieanspruch der Vernunft unterworfen hat, leistet die christliche Botschaft nicht nur einen Dienst am Prozeß der Aufklärung. Sie leistet insbesondere eine Weiterführung jener „Kritik der praktischen Vernunft", in deren Rahmen Kant bereits die antinomische Struktur des praktischen Vernunftgebrauchs herausgestellt hat. Denn wie wir gesehen haben, hat bereits Kant im Ansatz die Gefahr dessen aufgezeigt, was sehr viel später die Dialektik der Aufklärung heißt. Wo nämlich Küng im Rückgriff auf Horkheimer und Adorno *a posteriori* diesen dialektischen Umschlag als einen geschehenen vorstellt, da erkennt Kant *a priori* diese Dialektik in ihrer Möglichkeit als in der menschlichen Natur angelegt. In diesem Sinne ist uns Kants Feststellung von einer „natürlichen Dialektik" zwischen dem Sittengesetz und den affektiven Neigungen der menschlichen Natur begegnet. Diese Dialektik stellt sich dar in einem praktischen Vernunftgebrauch, der nicht allein vom kategorischen Imperativ, sondern stets auch durch partikulare Bedürfnisse des „empirischen Charakters" bestimmt ist. Kant nennt dies einen „Hang [...], wider jene strenge Gesetze der Pflicht zu vernünfteln [...] und sie, wo möglich, unseren Wünschen und Neigungen angemessener zu machen" (GMS 32).

Angesichts dieser Dialektik des praktischen Vernunftgebrauchs gelangt Kant nun zu einem postulatorischen Vernunftglauben, der in seiner logischen Struktur im Folgenden aufgezeigt werden soll. Dieser Gedankengang ist für uns vor allem deshalb von Interesse, weil er zu einer Gestalt der religiösen

Hoffnung führt, welche- anders als bei Küng - die mögliche Erfahrung einer sittlichen Verpflichtung nicht bestreitet, die zunächst einmal von religiösen Prämissen unabhängig ist und insofern den Status des Unbedingten hat.

Der „Vernunftglaube", zu dem er auf diese Weise gelangt, ist freilich vom „Offenbarungsglauben" bzw. vom „statutarischen Kirchenglauben" zu unterscheiden. Mit den zuletzt genannten Termini weist Kant nämlich eine Form des Glaubens zurück, die wiederum schon in Lessings „Nathan" begegnet: Dort spricht Sittah eine Gefahr an, die sich dann einstellt, wenn Menschen ihr Handeln nicht mehr am Sittengesetz orientieren, das wir als moralische Anlage in uns tragen, sondern der Willkür eines bestimmten Menschen unterwerfen. Dann läßt sich nämlich nur noch von Glück reden, wenn das Handeln des betreffenden Menschen, dem wir auf diese Weise nachfolgen, wenigstens seinerseits mit dem Sittengesetz konform geht.[188] In genau diesem Sinne nennt Kant einen Glauben „statutarisch", wenn er „auf Gesetzen beruht, die aus der Willkür eines andern ausfließen"[189] und in diesem Sinne „für uns zufällig" (SdF 316) sind. Und genau wie Lessings Figur der Sittah preist darum auch Kant die Christen „glücklich", deren Offenbarungsschrift zugleich von der Wirksamkeit des Sittengesetzes zeugt.[190] In diesem Sinne ist „der Geist Christi [...] mit der ursprünglichen moralischen Anlage schon in uns" gegeben (SdF 328).

Nun haben wir gesehen, daß diese „ursprüngliche moralische Anlage" in formaler Hinsicht die Gestalt eines Vernunftgesetzes hat, das uns gebietet, „nur nach derjenigen Maxime" zu handeln, „durch die du zugleich wollen kannst, daß sie ein allgemeines Gesetz werde" (GMS 51). Und so haben wir insbesondere von den strukturellen Implikationen der Lüge her mit Kant zeigen können, „daß ich zwar die Lüge, aber ein allgemeines Gesetz zu lügen gar nicht wollen könne" (GMS 30). So gelangt Kant zu der Feststellung, daß selbst „ein Volk von Teufeln" sich nur dann als Gemeinwesen behaupten kann, wenn es strukturell jene sittlichen Prinzipien bejaht, von deren Befolgung die teuflische Absicht des einzelnen sich dann dispensieren zu können glaubt.[191] Darum mußten wir auch von hier aus noch einmal Küngs Kritik am kategorischen Imperativ zurückweisen, die da meint, mit Hilfe autonomer

---

[188] Entsprechend lautet ihr an die Adresse der Christen gerichteter Vorwurf: „Ihr Stolz ist: Christen sein; nicht Menschen. Denn / Selbst das, was noch von ihrem Stifter her, / Mit Menschlichkeit den Aberglauben würzt, / Das lieben sie, nicht weil es menschlich ist: / Weil's Christus lehrt; weil's Christus hat getan. - / Wohl ihnen, daß er so ein guter Mensch / Noch war" (Nathan der Weise, VV 878-884)

[189] *I. Kant*, Der Streit der Fakultäten (= SdF), in: Werke 9, 261-293, 300.

[190] „Glücklich! wenn ein solches den Menschen zu Händen gekommenes Buch, neben seinen Statuten als Glaubensgesetzen, zugleich die reinste moralische Religionslehre mit Vollständigkeit enthält, die mit jenen (als Vehikeln ihrer Introduktion) in die beste Harmonie gebracht werden kann" (Rel 768).

[191] Vgl. *I. Kant*, Zum ewigen Frieden, in Werke 9, 191-251, 224.

Vernunft ließe sich im schlimmsten Sinne des Wortes „alles begründen". Vielmehr läßt sich gerade von Kant her zeigen, auf welche Weise die Befolgung jenes Sittengesetzes, dessen Geltung auf der Ebene autonomer Vernunft einsehbar ist, in eine bestimmte Gestalt religiöser Hoffnung mündet. Dies geschieht bei Kant in zwei Schritten.

7.3.1. Eine erste Begründung des Gottespostulats: Die pathologische Affizierung des praktischen Vernunftgebrauchs

Der erste Schritt nimmt seinen Ausgang in jener Feststellung, mit der Kant die drohende Dialektik der Aufklärung schon a priori in der menschlichen Natur grundgelegt sieht: Die Vernunft handelt nirgendwo als solche, denn sie ist nur im endlichen Menschen realisiert, der zugleich auch Glied der Erscheinungswelt ist und der darum auch auf mannigfache Weise durch die Sinnesaffektionen dieser Erscheinungswelt bestimmt wird. Diese bleibende Determination durch Triebe und Neigungen ist nun der Grund dafür, daß der Mensch in der Unterwerfung unter das Sittengesetz es niemals so weit bringen kann, daß sein praktischer Vernunftgebrauch den Anspruch des Sittengesetzes restlos zu erfüllen vermöchte.[192] Dieses „Ideal der Heiligkeit" ist darum „von keinem Geschöpfe erreichbar (KpV 206). Es ist vielmehr „ein Urbild", dem sich anzunähern einen „unendlichen Progressus" bedeutet (vgl. ebd.).

Von hier aus gelangt Kant dazu, „Heiligkeit" und „Tugend" zu unterscheiden. Während erstere den „vermeinten Besitz einer völligen Reinigkeit der Gesinnungen des Willens" unterstellt, meint letztere die „moralische Gesinnung im Kampfe" (vgl. KpV 207). Denn bereits die Erfahrung sittlicher Verpflichtung setzt ein gleichzeitiges „Anders-Wollen" meiner empirischen Natur voraus. Eine Verpflichtung, die mich restlos erfüllte, könnte gar nicht mehr als solche erfahren werden, denn sie hätte zur Folge, daß ich von meinen emotionalen Anlagen her immer schon genau das tue, was die Pflicht gebietet. Insofern ist „ein Gebot, daß man etwas gerne tun soll, in sich widersprechend" (KpV 205).

---

[192] „Könnte nämlich ein vernünftig Geschöpf jemals dahin kommen, alle moralische Gesetze völlig *gerne* zu tun, so würde das so viel bedeuten, als, es fände sich in ihm auch nicht einmal die Möglichkeit einer Begierde, die ihn zur Abweichung von ihnen reizte; denn die Überwindung einer solchen kostet dem Subjekt immer Aufopferung, bedarf also Selbstzwang, d.i. innere Nötigung zu dem, was man nicht ganz gerne tut. Zu dieser Stufe der moralischen Gesinnung aber kann es ein Geschöpf niemals bringen. Denn da es ein Geschöpf, mithin in Ansehung dessen, was er zur gänzlichen Zufriedenheit mit seinem Zustande fodert, immer abhängig ist, so kann es niemals von Begierden und Neigungen ganz frei sein, die, weil sie auf physischen Ursachen beruhen, mit dem moralischen Gesetze, das ganz andere Quellen hat, nicht von selbst stimmen" (KpV 206).

Damit hat Kant den Begriff der Tugend anders bestimmt als jener Robespierre, den uns Büchner in „Dantons Tod" präsentiert. Während die Tugend für Kant dem Sittengesetz immer etwas schuldig bleibt, ist der Anspruch des Robespierre, seinerseits das Sittengesetz zu verkörpern, hier nun als Anspruch auf das bestimmt, was Kant „Heiligkeit" nennt, und zwar mit dem entscheidenden Zusatz, daß es sich dabei um einen „vermeinten Besitz" handelt, der in Wirklichkeit als „moralische Schwärmerei" und „Steigerung des Eigendünkels" kritisiert werden muß (vgl. KpV 207). Wo Büchner also in der Figur des Danton *a posteriori* den Heiligkeitsanspruch des Robespierre als „das elende Vergnügen" demaskiert, „andere schlechter zu finden als sich", erkennt Kant wiederum *a priori* - die „Kritik der praktischen Vernunft" erschien 1788 - die Versuchung zu solcher Schwärmerei in der antinomischen Struktur des praktischen Vernunftgebrauchs. So haben wir hier noch einmal ein weiteres Beispiel dafür, daß die Analysen Kants im voraus die Möglichkeit jenes Umschlags angeblicher Vernunftautonomie in Terror aufzeigen, dessen nachträgliche Feststellung Küng dazu veranlaßt, den Prozeß der Aufklärung für endgültig gescheitert zu erklären.

Die religiöse Hoffnung, zu deren Formulierung Kant von hier aus gelangt, findet ihre Grundlegung nicht in bestimmten „Statuten" eines Offenbarungsglaubens, der eine blinde Unterwerfung der Vernunft fordert, sondern in einem „Vernunftinteresse". Freilich kann ein solcherart begründeter „Vernunftglaube"[193] im Ergebnis durchaus mit jenen „Statuten" übereinstimmen, den biblische Offenbarungszeugnisse hervorgebracht haben. Wenn nämlich das „Ideal der Heiligkeit von keinem Geschöpf erreichbar" ist und wir uns dem Sittengesetz nur so unterwerfen können, daß wir uns zugleich als von ihm Verurteilte entdecken, dann befähigt mich gerade meine Unterwerfung unter den Autonomieanspruch der Vernunft, etwa dem paulinischen Wort beizupflichten, da sei keiner gerecht, auch nicht einer" (Röm 3,1).[194]

Wenn aber das Sittengesetz meine Unterwerfung fordert und zugleich offenbart, wie sehr ich noch im Akt der Unterwerfung in meinem Handeln unentrinnbar in einem solchen Maße durch Sinnesaffektionen bestimmt bin, daß ich niemals erreichen *kann*, was ich gleichwohl erreichen *will*, dann stellt sich bereits hier eine Frage, auf die wir noch ein weiteres Mal stoßen werden, wenn wir uns dem angekündigten zweiten Schritt zuwenden, mit dem Kant

---

[193] Zum Begriff des Vernunftglaubens vgl. KpV 256 f. Hier weist Kant zunächst einmal die uns heute bei Küng begegnende „Annehmung des Daseins Gottes [..] als eines Grundes aller Verbindlichkeit" zurück (256), und dann das Postulat der Existenz Gottes aus einem Interesse der reinen praktischen Vernunft abzuleiten. Denn ein „reiner Vernunftglaube" ist das Ergebnis eines „Bedürfnisses in praktischer Absicht [...], weil bloß reine Vernunft [...] die Quelle ist, daraus er entspringt" (257). Es ist in diesem Sinne „moralisch notwendig, das Dasein Gottes anzunehmen" (256).

[194] Vgl. auch den entsprechenden Hinweis auf Röm 3,1 in: *I. Kant*, Die Religion innerhalb der Grenzen der bloßen Vernunft (= Rel), in: Werke 7, 645-879, 688.

zur postulatorischen Hoffnung eines reinen Vernunftglaubens gelangt. Sie lautet, ob „das moralische Gesetz, welches gebietet, dasselbe zu befördern, phantastisch und auf leere Zwecke gestellt, mithin an sich falsch sein“ kann (KpV 242 f). Damit nimmt Kant eine Überlegung vorweg, die sehr viel später bei Nietzsche weitaus spöttischer ausgesprochen wird. Dieser gelangt angesichts der gleichen Erfahrung zur Annahme eines sadistischen Weltschöpfers, der den Menschen als „seinen Affen“[195] erschaffen habe, um sein perverses Vergnügen daran zu finden, wie sein Geschöpf in der hochfliegenden Verfolgung der edelsten sittlichen Absichten umso schmerzlicher auf den Boden der Tatsachen herabstürzt. Insofern gelangt Nietzsche zu der durchaus begründeten Frage: „Wozu überhaupt Moral, wenn Leben, Natur, Geschichte ‚unmoralisch‘ sind?“[196]

Die Vernunft kann sich vor den selbstzerstörerischen Konsequenzen dieser Frage nur durch ganz bestimmte *Postulate* schützen. Unter einem Postulat versteht Kant „einen *theoretischen*, als solchen aber nicht erweislichen Satz [..], der einem a priori unbedingt geltenden *praktischen* Gesetze unzertrennlich anhängt“ (KpV 253). Ein erstes Postulat gilt darum der Unsterblichkeit der Seele. Denn wenn einerseits das „Ideal der Heiligkeit von keinem Geschöpfe erreichbar“, andererseits aber „das Urbild“ ist, „welchem wir [..] gleich werden sollen“ (KpV 206), dann bedeutet dies „einen unendlichen Progressus“ (ebd.; vgl. auch KpV 252), der „nur unter der Voraussetzung einer ins Unendliche fortdaurenden Existenz“ und damit „nur unter der Voraussetzung der Unsterblichkeit der Seele“ (vgl. KpV 252) möglich ist.

Zugleich muß der solcherart postulierte Gott nicht nur als gerecht, sondern auch als barmherzig gedacht werden: Denn als Inbegriff der Gerechtigkeit könnte er nur ein für den Menschen - und damit für die Vernunft - tödliches Verdammungsurteil sprechen. Er muß darum als eine Wirklichkeit gedacht werden, deren Gerechtigkeit durch einen „Urteilsspruch aus Gnade“ (Rel 731) sich einem menschlichen Leben zuwendet, das durch die Realität der Schuld entstellt ist.

7.3.2. Eine zweite Begründung des Gottespostulats: die Verflechtung der sittlichen Tat in die Kausalmechanismen der empirischen Welt

Der angedeutete zweite Schritt, mit dem Kant zu einem postulatorischen Vernunftglauben gelangt, nimmt ebenfalls einen Ausgang in der doppelten Natur des Menschen, der als Vernunftwesen sich einerseits dem Sittengesetz unterworfen weiß, in seiner physischen Natur aber der empirischen Erschei-

---

[195] „Hat ein Gott die Welt geschaffen, so schuf er den Menschen *zum Affen Gottes*, zum fortwährenden Anlass zur Erheiterung in seinen allzu langen Ewigkeiten“ (*F. Nietzsche*, Menschliches-Allzumenschliches, [= Studienausgabe Bd. 2], 548.)

[196] Die fröhliche Wissenschaft, in: Studienausgabe Bd. 3, 343-651, 576.

nungswelt angehört, die durch andere Gesetze als die sittlicher Vernunft bestimmt ist. Insofern ist das Verhältnis zwischen der unbedingten Forderung des Sittengesetzes und meiner nur bedingten Unterwerfungsgestalt nicht nur ein quantitatives Verhältnis zwischen unendlichem Anspruch und endlicher Entsprechung. Es ist vor allem auch ein qualitatives Verhältnis, weil meine Unterwerfung unter das Sittengesetz nicht einfach nur weniger, sondern anderes realisiert, als ich verwirklichen will. Denn unabhängig von der pathologischen Affizierung meines sittlichen Willens, die sich noch in meinem Inneren abspielt, muß sich mein Handeln zwangsläufig auch derjenigen Kausalmechanismen bedienen, die in der empirisch faßbaren äußeren Weltordnung herrschen. Es ist darum in Ursachenketten verflochten, die als solche „nicht in meiner Gewalt" sind:

„Da nun die vergangene Zeit nicht in meiner Gewalt ist, so muß jede Handlung, die ich ausübe, durch bestimmende Gründe, die nicht in meiner Gewalt sind, notwendig sein, d.i. ich bin in dem Zeitpunkte, darin ich handle, niemals frei" (KpV 219).

Dies wiederum hat für den sittlichen Willen zur Folge, daß er in seiner praktischen Verwirklichung stets Folgen nach sich zieht, in denen er seine Absichten nicht wiedererkennt. Denn nur in einer Welt, in der die „reine Vernunft [...] mit dem ihr angemessenen physischen Vermögen begleitet wäre" (KpV 157), wäre sie der alleinige Bestimmungsgrund ihrer Handlungen. Dann aber befände ich mich schon in jener sittlichen Weltordnung, die ich doch herbei führen will. Wenn mein praktischer Vernunftgebrauch jedoch in der Unterwerfung unter das Sittengesetz sich der Mechanismen jener empirischen Welt bedienen muß, die ich doch überwinden will, dann gelange ich damit zu jener Erfahrung, die schon Paulus hat sagen lassen: „Ich begreife mein Handeln nicht: Ich tue nicht das, was ich will, sondern das, was ich hasse" (Röm 7,14). Und im paulinischen Gebrauch des Personalpronomens „Ich" ist dabei schon die Kantische Unterscheidung von empirischem und intelligiblem Charakter vorweggenommen, wenn Paulus fortfährt: „Dann aber bin nicht mehr ich es, der so handelt, sondern die in mir wohnende Sünde" (Röm 7,17). Während das Subjekt des sittlich guten Willens hier als „Ich" erscheint, weigert sich dieses *wollende Ich*, im *handelnden Ich* noch sich selbst zu erkennen, kann aber diese Weigerung im weiteren Sprachgebrauch bezeichnenderweise nicht konsequent durchhalten: „Ich weiß, daß in *mir, das heißt in meinem Fleisch*, nichts Gutes wohnt; das Wollen ist bei mir vorhanden, aber ich vermag das Gute nicht zu verwirklichen" (Röm 7,18). So gelangt Paulus zu einem mit Kant gleichlautenden Ergebnis: „Ich sehe [..] ein anderes Gesetz in meinen Gliedern, das mit dem Gesetz meiner Vernunft im Streit liegt und mich gefangenhält im Gesetz der Sünde, von dem meine Glieder beherrscht werden" (Röm 7,23).

Wenn also die sittliche Tat niemals nur dem sittlich guten Willen gehorcht, sondern unweigerlich die Mechanismen der empirischen Welt perpetuiert, die sie doch gerade überwinden will, dann stellt sich angesichts dieser Antinomie von Wollen und Bewirken in einer nochmaligen Verschärfung die bereits von Kant und Nietzsche her entwickelte Frage, die in freier Formulierung lautet: Ist das Sittengesetz, das uns durch die Vernunft vor Augen gestellt wird, nicht ein trügerischer Schein, dessen Wirksamkeit sich darin erschöpft, den sittlich guten Willen angesichts seiner praktischen Wirkungen in eine selbstzerstörerische Verzweiflung zu treiben?

Auch aus der Wahrnehmung dieser für sie vernichtenden Antinomie kann sich die Vernunft nur durch ein Postulat retten. Dieses gilt einem Gott, der dem sittlich guten Willen im Fortgang der Geschichte auch dort noch zur Durchsetzung verhilft, wo wir in der Wirkungsfolge unserer guten Absichten letztere gar nicht mehr wiedererkennen können. Denn wo in diesem Sinne

„das eigene Tun zur Rechtfertigung des Menschen vor seinem eigenen (strenge richtenden) Gewissen nicht zulangt, da ist die Vernunft befugt, allenfalls eine übernatürliche Ergänzung seiner mangelhaften Gerechtigkeit [...] gläubig anzunehmen" (SdF 309).

Dieses Postulat denkt Gott wiederum nicht nur als gerecht, sondern auch als allmächtig - und zwar im Sinne einer „von der Natur unterschiedene[n] Ursache der gesamten Natur" (KpV 255). Wenn Gott nämlich nur das Sittengesetz gegeben hätte, nicht aber zugleich Schöpfer der empirischen Welt wäre, fanden die Absicht und die Wirkungsfolgen der sittlichen Tat niemals zusammen. Als „oberste Ursache der Natur" (KpV) darf Gott selbst also nicht den Mechanismen der sichtbaren Natur unterworfen sein. Denn nur wenn sich das *an sich* Mögliche nicht in der Gestalt erschöpft, in der die Natur *für uns* gegeben ist, darf ich durch alle Antinomieerfahrungen hindurch annehmen, daß diese oberste Ursache der Natur „eine der moralischen Gesinnung gemäße Kausalität" (KpV 256) hat.

Die postulatorische Auflösung der antinomischen Struktur sittlichen Handelns wird gerne als eine „Münchhauseniade" kritisiert, mit der sich die Vernunft am eigenen Schopf aus ihren Verstrickungen in die empirische Welt zu befreien meint.[197] Dieser Einwand soll an dieser Stelle nicht in all seinen Implikationen behandelt werden. Wohl aber muß angemerkt werden, daß dieser postulatorische Vernunftglaube sich auf einem Terrain bewegt, wo die Vernunft keineswegs unkritisch „angeborene Bedürfnisse" dogmatisiert, sondern diese Bedürfnisse nochmals einer kritischen Analyse unterzieht. Denn die „Kritik der reinen Vernunft" hatte ergeben, daß die Gestalt, in der die empirische Welt uns begegnet, eine durch die Produktivität der Verstandesbegriffe erzeugte „Erscheinung für uns" ist, von der ihre „Wirklichkeit an sich" unter-

---

[197] Vgl. *H. Albert*, Traktat über kritische Vernunft, Tübingen ^{5}1991, 13 ff.

schieden werden muß.[198] Zu dieser Unterscheidung ist die Vernunft befähigt, weil sie vor die Erfahrung gestellt ist, daß die uns vor Augen liegende empirische Wirklichkeit nicht schlechterdings *alles* sein kann. Dies ist zum einen dort der Fall, wo die Vernunft uns in praktischer Absicht eine Weltordnung vor Augen stellt, die nicht mit der empirischen Welt zusammenfällt, sondern sie unter ihr kritisches Maß stellt. Zu dieser Erfahrung gelangt sie aber auch, weil die empirische Welt auf der Ebene ihrer geschichtlichen Entwicklung vor die Tatsache stellt, daß nicht nur sittlich gute Absichten sittlich verwerfliche Folgen nach sich ziehen, sondern auch umgekehrt böse Absichten gute Folgen bewirken. Um dies an einem Beispiel zu erläutern, das Kant noch nicht vor Augen stand, aber genau jenes „Fortschreiten zum Besseren" verdeutlicht, in dem „das menschliche Geschlecht" durch alle Antinomieerfahrungen hindurch geschichtlich „immer gewesen ist" (SdF 362) und das dann in seiner Struktur für die Geschichtsphilosophie Hegels bestimmend wurde: Es gibt nicht nur jene Antinomie des praktischen Vernunftgebrauchs, kraft derer die Freiheitsideen der Französischen Revolution ein Blutbad auslösen, in dem auch bei noch so wohlwollender Betrachtung nicht mehr die Ideen von Freiheit, Gleichheit und Brüderlichkeit wiedererkannt werden können. Es gibt genauso auch die umgekehrte Erfahrung, daß nicht der tugendhafte Robespierre, sondern Napoleon in seinem ganz und gar nicht tugendhaften Eroberungswillen die sittlichen Ideen der Französischen Revolution über die Grenzen Frankreichs hinausgetragen hat.[199]

Aus diesem Grund darf der sittlich gute Wille ungeachtet seiner augenfälligen Machtlosigkeit „so verfahren, als ob alles auf ihn ankomme, und nur unter dieser Bedingung darf er hoffen, daß höhere Weisheit seiner wohlgemeinten Bemühung die Vollendung werde angedeihen lassen" (SdF 760).

7.4. Konsequenzen für die Konzeption des Projektes Weltethos

Wir haben die Überlegungen, mit denen Kant zum Begriff eines reinen Vernunftglaubens gelangt, deshalb so ausführlich dargestellt, weil die pauschale Ablehnung, die der Autonomieanspruch der Vernunft bei Küng findet, zu einer ganzen Reihe von Klarstellungen herausfordert, mit denen wir zwei für das Projekt Weltethos leitende Annahmen zurückweisen mußten. Diese An-

---

[198] Vgl. das Kapitel „Von dem Grunde der Unterscheidung aller Gegenstände in Phaenomena und Noumena", in: *I. Kant*, Kritik der reinen Vernunft, in: Werke 3-4, 267-285.

[199] Vgl. in diesem Sinne schon die entsprechende Selbstvorstellung des Mephistopheles in Goethes „Faust" als „Teil von jener Kraft, die stets das Böse will und stets das Gute schafft" (*J.W. Goethe*, Faust. Der Tragödie erster Teil, VV 1335/36, zit. nach Stuttgart 1986 [= Reclam UB 1], 39).

nahmen stellen zwei Seiten von ein- und derselben Überzeugung dar und lauten:
- auf der Ebene autonomer Vernunft lasse sich im schlimmsten Sinne des Wortes *alles* begründen;
- nur eine im religiösen Sinne *unbedingte*, d.h. göttliche Wirklichkeit, könne eine unbedingte Verpflichtung begründen.

Im Folgenden seien jene Klarstellungen, mit denen wir diese leitenden Annahmen zurückweisen müssen, noch einmal entwickelt. Ich wiederhole dabei teilweise noch einmal die Ergebnisse der in den vorangegangenen Kapiteln entwickelten Überlegungen und beziehe sie auf die Resultate, zu denen wir nun in der Auseinandersetzung mit Kants postulatorischem Vernunftglauben gelangt sind.

7.4.1. Dialektik der Aufklärung als Stillstand der Aufklärung

Die Feststellung von der „Dialektik der Aufklärung", mit der Küng den Autonomieanspruch sittlicher Vernunft zurückweist, kann nicht als ein Einwand gegen das Programm der Aufklärung gelten, sondern warnt davor, den geschichtlich erreichten Stand des Aufklärungsprozesses mit seiner Vollendung zu verwechseln. Die genannte Dialektik, deren Faktizität nicht bestritten werden kann, macht vielmehr deutlich, daß die frühere „Magd der Theologie" mit der Aufkündigung ihres traditionellen Dienstverhältnisses keineswegs frei geworden ist, sondern sich stattdessen nun einem irrationalen Willen zur Macht unterworfen hat, dem sie widerstandslos zu Diensten ist. Insofern bezeugt die genannte Dialektik der Aufklärung ihren Stillstand. Und dieser wiederum macht deutlich, daß das Programm der Aufklärung nach wie vor uneingelöst ist.

Indem Küng gegen Ende des 20. Jahrhunderts und damit 200 Jahre nach Kant auf diejenigen Katastrophenerfahrungen unseres Jahrhunderts verweist, die auf eine in sittlicher Hinsicht entfesselte technisch-instrumentelle Rationalität zurückgehen, kann er nur scheinbar Erfahrungen gegen Kant ausspielen, über die dieser noch nicht verfügt hat. Denn die von Kant geleistete Kritik des menschlichen Vernunftgebrauchs nimmt bereits strukturell die warnende Formulierung einer Gefahr vorweg, deren geschichtliches Eintreten Küng dann gegenüber Kant ausspielen zu können meint: die Verwechslung der Autonomie der Vernunft mit der Autonomie des Menschen. Er warnt nämlich nachdrücklich vor jener Schwärmerei, die dort eintritt, wo Menschen sich einbilden, den sittlichen Anspruch reiner Vernunft zu verkörpern, und dabei nicht bemerken, wie die behauptete Autonomie nur die Fassade darstellt, mit der ein in der affektiven Natur des Menschen liegendes Machtstreben sich der Vernunft nur instrumentell bedient. Insofern ist das, was Küng in sittlicher Hinsicht als Entfesselung des Vernunftgebrauchs kritisiert, zugleich eine neue Gestalt seiner Fesselung und somit seiner Heteronomie.

7.4.2. Zum Verhältnis von Autonomie und Theonomie sittlicher Verpflichtung

Der kategorische Imperativ, der die formale Struktur eines sittlichen Vernunftgebrauchs vorzeichnet, ist insofern nicht - wie Küng unterstellt - etwas evolutionsgeschichtlich „Angeborenes". Als solches gehörte er nämlich dem Bereich jener affektiven Neigungen an, die der Mensch mit seiner Triebnatur erworben hat und die Kant das „Pathologische" nennt. Vielmehr stellt der kategorische Imperativ eine im Autonomieanspruch der Vernunft implizierte Regel dar, die ihrerseits unsere angeborenen Affekte und Neigungen gerade auf ihre sittliche Qualität hin zu befragen erlaubt. Insofern lassen sich die von Küng so genannten elementaren Maximen der Menschlichkeit aus der formalen Struktur des praktischen Vernunftgebrauchs ableiten, wie wir etwa am Beispiel der Lüge gezeigt haben.

Die in diesem Sinne autonome Geltung des kategorischen Imperativs wirft dann ein kritisches Licht auf die von Küng vertretene Annahme, nur eine im religiösen Sinne unbedingte - nämlich göttliche - Wirklichkeit könne unbedingt verpflichten. Denn wer ohne weitere Differenzierung verlangt, daß der Mensch das Gute nicht um seiner selbst willen, sondern um Gottes willen tue, muß sich fragen lassen, ob er damit nicht Moralität in Legalität verwandle: in die Forderung nach einer äußerlich-fassadenhaften Anpassungsleistung, die sittlichen Forderungen nicht etwa um ihrer selbst willen gehorcht, sondern um am Ende aller Tage sich „zur Rechten Gottes" (vgl. Mt 25,33 ff) vorzufinden bzw. um dem „ewigen Feuer" zu entgehen, „das für den Teufel und seine Engel bestimmt ist" (vgl. Mt 25,41). Darum muß Küngs Forderung nach einer theonomen Begründung sittlicher Verpflichtung sich - zumindest in der vorliegenden Gestalt - hüten, unter dem Etikett des Weltethos einer religiös verbrämten Selbstliebe das Wort zu reden, die Kant als „Afterdienst" am „statutarischen Kirchenglauben" kritisiert hat (vgl. Rel 821).

Demgegenüber zeigen nämlich die vorgetragenen Analysen Kants, auf welche Weise die Erfahrung autonomer sittlicher Verpflichtung ihrerseits in eine bestimmte Gestalt religiöser Hoffnung mündet. Denn nicht der Glaube an Gott begründet die Erfahrung sittlicher Verpflichtung, sondern diese begründet umgekehrt den genannten Glauben. Der Anspruch des Sittengesetzes ist also auf der Ebene der Vernunft autonom. Weil aber mein Handeln in der Unterwerfung unter diesen Anspruch dem Schicksal des Sisyphos vergleichbar ist, der sich vor dem anvisierten Gipfel als scheiternd erlebt, mündet diese Unterwerfung in die postulatorische Hoffnung auf einen Gott, der vollendet, was ich nur in gebrochener Gestalt bewirke. In diesem Sinne sind „die Ideen von Gott und Unsterblichkeit [..] nicht Bedingungen *des moralischen Gesetzes*, sondern nur Bedingungen des *[...] bloß praktischen Gebrauchs* unserer reinen Vernunft" (KpV 108; Hervorhebung von mir).

Auf diese Weise wird nicht nur die Frage beantwortbar, die in Küngs

Überlegungen offenblieb: wie sich der Geltungsansprüche sittlicher Gebote begründen lasse gegenüber jemandem, der als Atheist oder Agnostiker zu keiner religiösen Deutung der Wirklichkeit gelangt ist. Vor allem wird so auch verständlich, daß der wie auch immer zu begründende Zweifel an der Existenz Gottes nicht unmittelbar auf die Erfahrung sittlicher Verpflichtung durchschlägt.

Schließlich wird von hier aus eine begründete Antwort auf eine Frage möglich, die Küng wie Kant stellen und die bei ersterem lautet: „Wie kann man das ausgerechnet von *mir* verlangen?" (PWE 66). Küng stellt diese Frage als Ausdruck eines religiösen Überlegenheitsgefühls gegenüber einer Philosophie, der er unterstellt, daß sie dort „mit dem ‚Appell an die Vernunft' rasch am Ende" sei, „wo ethische Selbstverpflichtung existentiell ‚weh' tut" (ebd.). Von Kant her ist das, was bei Küng vage als ein „Am-Ende-Sein" der Vernunft erscheint, als jene Antinomieerfahrung zu bestimmen, an dem die Vernunft ihrerseits einen postulatorischen Vernunftglauben begründet. Denn nur wenn der praktische Vernunftgebrauch diesen Glauben begründet, statt umgekehrt in diesem Glauben begründet zu sein, ist gewährleistet, daß Sittlichkeit nicht in den besagten äußerlichen Legalismus umschlägt. Nur so ist nämlich die Voraussetzung dafür gegeben, daß die religiöse Beantwortung der Frage „Warum gerade ich?" nicht den Heilsegoismus dessen stimuliert, der einst zur Rechten Gottes sitzen will, sondern den sittlich guten Willen auch dort ermutigt, wo er über die Ergebnisse seines Handelns nur verzweifeln kann. Unter der Voraussetzung einer solcherart begründeten Hoffnung kann dann der Mensch ungeachtet aller Antinomien, denen sein sittliches Handeln unterliegt, „so verfahren, als ob alles auf ihn ankomme, und nur unter dieser Bedingung darf er hoffen, daß höhere Weisheit seiner wohlgemeinten Bemühung die Vollendung werde angedeihen lassen" (Rel 760).

7.4.3. Postulat oder Projektion Gottes?

Daß es sich bei dem Glauben, dessen Begründungsstruktur wir bis hierhin entwickelt haben, um eine postulatorische Vernunftreligion, nicht aber um eine Offenbarungsreligion handelt, die der Vernunft in Form von willkürlich anmutenden Statuten entgegentritt, haben wir nun mehrfach klargestellt. Bis hierhin benennt der angesprochen Baron-Münchhausen-Vorwurf also nur, was Kant selbst zum logischen Status dieser Vernunftreligion sagt: Sie ist „eine Gesetzgebung der Vernunft, um der Moral durch die aus dieser selbst erzeugten Idee von Gott auf den menschlichen Willen zu Erfüllung aller seiner Pflichten Einfluß zu geben" (SdF 301). Damit will Kant keine wie auch immer zu überprüfende Existenzbehauptung aufstellen. Denn bei einem Postulat handelt es sich um einen „theoretischen, als solchen aber nicht erweislichen Satz" (KpV 253). Der Geltungsanspruch des Postulats besteht also nicht in seiner empirischen Überprüfbarkeit, sondern darin, daß die von ihm formulierten Annahmen im sittlichen Vernunftgebrauch angesichts seiner antinomischen Struktur impliziert sind. Insofern entstammen diese Annahmen einem „Bedürfnis", und darin liegt ihre Gemeinsamkeit mit dem, was Feuerbach als Projektion und Freud als Illusion kritisiert. Dieses Bedürfnis ist jedoch durch Aufklärung über die Bedingungen seiner Genese nicht zu beseitigen. Es geht vielmehr aus der Aufklärung über die Bedingungen menschlichen Vernunftgebrauchs hervor und läßt sich in diesem Sinne nicht als „falsches Bewußtsein" entlarven. In der rationalen Unvermeidlichkeit dieses Bedürfnisses liegt darum ihr Unterschied zur Projektion und zur Illusion. Insofern stellt Kant bereits klar, daß das Postulat als „theoretisch nicht erweislicher" Satz „einem a priori geltenden praktischen Gesetze unzertrennlich anhängt" (ebd.).

Kant erläutert weiter: „Das Postulat „gründet sich nicht etwa auf *Neigung*, die zum Behuf dessen, was wir aus bloß *subjektiven* Gründen wünschen, so fort die Mittel dazu als möglich, oder den Gegenstand wohl gar als wirklich, anzunehmen keineswegs berechtigt ist" (KpV 277). Vielmehr nennt das Postulat „ein Bedürfnis in schlechterdings notwendiger Absicht", so daß ich in der Unterwerfung unter das Sittengesetz sagen darf: „Ich will, daß ein Gott, daß mein Dasein in dieser Welt, auch außer der Naturverknüpfung, noch ein Dasein in einer reinen Verstandeswelt, endlich auch daß meine Dauer endlos sei, ich beharre darauf und lasse mir diesen Glauben nicht nehmen" (KpV 277 f).

7.4.4. Der Autonomieanspruch der Vernunft und seine religionskritische Leistung

Mit dem Nachweis, daß der Glaube an Gott ein Vernunftbedürfnis erfüllt, hat Kant nicht nur die Weichen für die Unterscheidung von Vernunftglaube und Offenbarungsglaube gestellt. Weil ersterer sich von letzterem dadurch unterscheidet, daß „bloß reine Vernunft [...] die Quelle ist, daraus er entspringt" (KpV 257), gewinnt er von hier aus die religionskritische Möglichkeit, Glaube und Aberglaube zu unterscheiden. Zwar kann die Vernunft in der Auseinandersetzung mit den Offenbarungsansprüchen der verschiedenen Religionen niemals sagen, daß hier wirklich Gott zu den Menschen spricht. Denn ob Gott wirklich existiert, ist gemäß der zitierten Definition des Gottespostulats „nicht erweislich". Die Vernunft kann aber unter bestimmten Bedingungen sich gegebenenfalls umgekehrt vergewissern, daß es sich bei der als „Gott" identifizierten Wirklichkeit gar nicht um Gott handeln kann. Dies ist dann der Fall, wenn angeblich geoffenbarte Weisungen mit dem Sittengesetz nicht vereinbar sind:

„Denn wenn Gott zum Menschen wirklich spräche, so kann dieser doch niemals *wissen*, daß es Gott sei, der zu ihm spricht. Es ist schlechterdings unmöglich, daß der Mensch durch seine Sinne den Unendlichen fassen, ihn von Sinneswesen unterscheiden, und ihn woran *kennen* solle. - Daß es aber *nicht* Gott sein könne, dessen Stimme er zu hören glaubt, davon kann er sich wohl in einigen Fällen überzeugen; denn, wenn das, was ihm durch sie geboten wird, dem moralischen Gesetz zuwider ist, so mag die Erscheinung ihm noch so majestätisch, und die ganze Natur überschreitend dünken: er muß sie doch für Täuschung halten" (SdF 333)

Die reine Vernunft verbietet also nicht nur, sich zuerst auf Gott zu berufen, um dann eine sittliche Maxime zur Geltung zu bringen. Sie untersagt vor allem, unter Berufung auf Gott zu Handlungen zu gelangen, die durch das Sittengesetz nicht gedeckt sind. Vor allem aber gibt die reine Vernunft auf diese Weise den Maßstab ab, der es erlaubt, zustimmungsfähige Gehalte der Offenbarungsreligionen positiv zu erkennen und sie gegebenenfalls auch von unmoralischen oder moralisch überflüssigen Aussagen zu unterscheiden. Der christliche Glaube kommt auf diese Weise in seinen Offenbarungszeugnissen nicht ganz ungeschoren, aber in zentralen Gehalten doch unbehelligt davon. Denn wie wir gesehen haben, nennt Kant es im Blick auf die biblische Botschaft von Jesus Christus „glücklich", „wenn ein solches den Menschen zu Händen gekommenes Buch, neben seinen Statuten als Glaubensgesetzen, zugleich die reinste moralische Religionslehre mit Vollständigkeit enthält" (Rel 768). Weil nämlich die christliche Religion als Offenbarung verkündet, worauf „man durch Vernunftgebrauch von selbst [...] hätte kommen können (Rel 824), kann Kant an anderer Stelle dann feststellen, daß der „Geist Christi [...] mit der ursprünglichen moralischen Anlage schon in uns liegt" (SdF 328). Jesus wird damit zum „Beispiel eines Gott wohlgefälligen Menschen", dessen „Urbild [...] doch nirgend anders als in unserer Vernunft zu suchen ist" (Rel 716). Umgekehrt werden diejenigen Gehalte des Offenbarungsglaubens bestenfalls bedeutungslos, die nicht von vorneherein mit den Gehalten eines postulatorischen Vernunftglaubens konvergieren. Dies gilt etwa vom Trinitätsglauben, von dem wir festgestellt haben, daß er das Bekenntnis zu Jesus vor einer christomonistischen Idolisierung schützen sollte, von dem Kant jedoch lediglich anmerkt, daß sich aus ihm „nichts fürs Praktische machen lasse" (vgl. SdF 303).

So kennt Kants Verständnis des Aufklärungsprozesses einen Punkt, wo der menschliche Vernunftgebrauch von sich aus zu jenen religiösen Ideen gelangt, für die der unmündige Mensch *noch* Offenbarung braucht. Die Berufung auf Offenbarung wird so zu einem pädagogischen Instrument, um diejenigen auf den Weg zu einer moralischen Gesinnung zu bringen, die einstweilen noch nicht zum Licht der reinen Vernunftreligion gefunden haben.[200] Dieser Offenbarungsglaube ist darum eine Popularisierung des reinen

[200] Dies gilt freilich nur unter der Voraussetzung, daß sich die Inhalte des Offenbarungsglaubens mit den Gehalten einer Vernunftreligion - Kant nennt sie auch „natürliche Religion" - decken: „Es kann demnach eine Religion die *natürliche*, gleichwohl aber auch ge-

Vernunftglaubens für das unmündige Volk, „weil *dem Volk* keine Lehre zu einer unveränderlichen Norm tauglich zu sein scheint, die auf bloße Vernunft gegründet ist, und es göttliche Offenbarung, mithin auch eine historische Beglaubigung ihres Ansehens durch die Deduktion ihres Ursprungs fordert" (Rel 774)

Dieses Verhältnis von sittlicher Vernunft und ihrer pädagogischen Vermittlung durch Offenbarungsreligionen ist im Blick auf unsere Thematik deshalb bemerkenswert, weil Küng in seiner Verurteilung des Aufklärungsprozesses auf eine von ihm nicht reflektierte Weise zu genau jener Pädagogisierung von Religion gelangt, die Kant für den Menschen im Stand der Unmündigkeit fordert. Denn ungeachtet seiner Überzeugung, daß nur eine im religiösen Sinne des Wortes *unbedingte* Wirklichkeit - nämlich Gott - unbedingt verpflichten könne, haben wir festgestellt, daß Küng sich entgegen seiner Auffassung durchaus auf der Ebene einer von religiösen Prämissen unabhängigen Erfahrung sittlicher Verpflichtung bewegt, wenn er globale Bedrohungen zunächst einmal als sittliche Herausforderungen wahrnimmt, um dann daraus die schon sittlich qualifizierte Forderung nach einem vom Konsens der Religionen getragenen Weltethos abzuleiten. Die pädagogische Instrumentalisierung, die den Religionen im Dienst eines uneingestandenen Autonomieanspruchs des sittlichen Bewußtseins zuteil wird, wird vollends deutlich, wenn Küng ausdrücklich die *mobilisierenden* Fähigkeiten der Religionen anspricht: „Wer aber wäre heute besser geeignet als die Weltreligionen, Millionen Menschen für ein Weltethos zu mobilisieren?" (PWE 87).

7.4.5. Der Autonomieanspruch der Vernunft und seine religionstheologische Leistung

Schließlich ergibt sich vom Ansatz einer Vernunftreligion eine auffallende Parallele zu den gegenwärtigen Ansätzen zu einer pluralistischen Theologie der Religionen. Denn wenn das mit der reinen Vernunft gegebene Sittengesetz dem Menschen erlaubt, aus der Vielfalt religiöser Offenbarungsansprüche diejenigen zurückzuweisen, bei denen es „nicht Gott sein" kann, „dessen Stimme er zu hören glaubt" (SdF 333), dann leitet sich daraus die Möglichkeit ab, einen wahren „Kern" der Religionen von ihren offenbarungstheologischen „Schalen" zu unterscheiden. Dies führt Kant zu der weiteren Unterscheidung von „Religion" und „Glaube", mit der er die heutige religionstheologische Differenzierung von „faith" und „belief" vorwegnimmt[201]: „Es ist nur eine (wahre) *Religion*; aber es kann vielerlei Arten des *Glaubens* ge-

---

offenbart sein, wenn sie so beschaffen ist, daß die Menschen durch den bloßen Gebrauch ihrer Vernunft auf sie von selbst *hätten kommen können*" (Rel 824).

[201] Vgl. dazu auch *Schmidt-Leukel*, Theologie der Religionen, 238. Zu der auf *W.C. Smith* zurückgehenden Unterscheidung von „faith" und „belief" vgl. *ebd*, 276-290, 316-321.

ben" (Rel 768). Während die wahre Religion im Menschen kraft seiner moralischen Vernunft „innerlich verborgen" ist (Rel 769), versteht Kant unter dem „Glauben" die jeweilige explizite Gestalt, in der sich eine religiöse Gesinnung in Form von religiösen Bekenntnisgemeinschaften öffentlich artikuliert. Darum nennt er es „schicklicher [...], zu sagen: dieser Mensch ist von diesem oder jenem (jüdischen, mohammedanischen, christlichen, katholischen, lutherischen) *Glauben*, als: er ist von dieser oder jener Religion" (Rel 768). Von hier aus gelangt er zu einer Feststellung, die den Ansatz einer heutigen „pluralistischen Hypothese", aber auch ihre Problematik vorwegnehmend formuliert: „Man kann hinzusetzen, daß in den mancherlei sich, der Verschiedenheit ihrer Glaubensarten wegen, voneinander absondernden Kirchen dennoch eine und dieselbe wahre Religion anzutreffen sein kann"(Rel 768). Und es klingt wie eine vorweggenommene Aufklärung über den Funktionswandel, den das jeweilige Glaubensbekenntnis dort erfährt, wo es sich von anderen Bekenntnisgestalten identitätsbildend absetzt, wenn Kant dann feststellt, daß es in den sogenannten Religionskriegen gar nicht um Religion, sondern um Glauben gehe:

„Man tut den meisten [Menschen; G.N.] zu viel Ehre an, von ihnen zu sagen: sie bekennen sich zu dieser oder jener Religion; denn sie kennen und verlangen keine; der statutarische Kirchenglaube ist alles, was sie unter diesem Worte verstehen. Auch sind die sogenannten Religionsstreitigkeiten, welche die Welt so oft erschüttert und mit Blut bespritzt haben, nie etwas anders, als Zänkereien um den Kirchenglauben gewesen, und der Unterdrückte klagte nicht eigentlich darüber, daß man ihn hinderte, seiner Religion anzuhängen [...], sondern daß man ihm seinen Kirchenglauben zu befolgen nicht erlaubte" (Rel 769).

7.5. Vernunftkritische Implikationen des christlichen Glaubens

Nun gibt es nicht nur ein Vernunftinteresse an Aufklärung, welches seinerseits das religiöse Bewußtsein - Kant würde sagen: das *gläubige* Bewußtsein - aus jener Heteronomie befreien will, in die es kraft seiner Affizierung durch emotionale Neigungen, aber auch durch den Unterwerfungsanspruch des statutarischen Kirchenglaubens geraten ist. Uns ist in der biblischen Offenbarungsgeschichte vielmehr auch ein religiös begründetes Interesse an Aufklärung des religiösen Bewußtseins über jene pathologischen Mechanismen begegnet, von denen es stets mitbestimmt ist, bevor es sie an sich selbst bemerkt. Insofern ist Kant entgegenzuhalten: Der biblische Offenbarungsglaube ist nicht nur *das Objekt* rationaler Aufklärung, sondern konvergiert aus spezifisch religiösen Wurzeln mit dem genannten Vernunftinteresse an Aufklärung. Gerade wegen der aufgezeigten Dramatik, mit der der biblische Glaube immer wieder wieder seine Gestalt wandelt, ist der von Kant formulierte Eindruck zurückzuweisen, das geschichtlichen Hören auf Gottes „Wort" sei der Inbegriff statutarischer Erstarrung, in der das sittliche Bewußtsein zu einem äußerlichen Legalismus gefroren sei, aus dem es durch eine Kritik der „reinen Vernunft" erst einmal aufgetaut werden müsse. Insbesondere ist darum der von Kant im Namen der Vernunft erzeugte Eindruck zurückzuweisen, daß „der jüdische Glaube [...]. seiner ursprünglichen Einrichtung nach, ein Inbegriff bloß statutarischer Gesetze" sei (Rel 789), demgegenüber der „Ursprung des Christentums" in einer „völlige[n] Verlassung des Judentums" bestehe (vgl. Rel 792). Wie sehr selbst Kant in der Absicht, sich dem Autonomieanspruch reiner Vernunft zu unterwerfen, sich zugleich unbemerkt in den Grenzen aufhält, die sein „empirischer Charakter" ihm setzt, zeigt eine im Rückblick makabre Formulierung, mit der er seinerzeit das gutgemeinte Vorhaben ausdrückt, die im Judentum verborgenen sittlichen Gehalte aus ihrer statutarischen Erstarrung freizulegen: Damit dies geschehen könne, fordert er nämlich die „Euthanasie des Judentums".[202]

Eine solche Formulierung zeigt auf drastische Weise, wie sehr wir in der noch so gutgemeinten Unterwerfung unter den Autonomieanspruch der reinen Vernunft immer auch empirischen Wirkungsmechanismen unterworfen sind, die wir nicht durchschauen und oftmals auch gar nicht durchschauen können. Weder weiß Kant noch kann er überhaupt wissen, was er *in Wirklichkeit* - und zwar im hegelschen Sinne von „wirken" und „bewirken" - sagt, wenn er in diesem Sinne von „Euthanasie des Judentums" spricht. So wird er selbst zu einem Beispiel für die Notwendigkeit der von ihm getroffenen Unterscheidung von „reiner Vernunft" und der „pathologischen Affizierung" ihres menschlichen Gebrauchs. Denn er selbst ist es, der feststellt, daß *die* Vernunft als solche in keinem Menschen realisiert ist, sondern stets nur in ihrer durch die Mechanismen der Sinnenwelt lädierten Gestalt im empirischen Individuum erscheint.

Darum gibt es kein Zurück hinter seine Feststellung, daß wir uns dem Autonomieanspruch der reinen Vernunft zwar unterwerfen, ihn aber nicht verkörpern können: „Die Kritik der praktischen Vernunft überhaupt hat also die Obliegenheit, die empirisch bedingte Vernunft von der Anmaßung abzuhalten, ausschließungsweise den Bestimmungsgrund des Willens allein abgeben zu wollen" (KpV 120 f). Wenn er von hier aus zu der bereits aufgezeigten Unterscheidung von „Tugend" und „Heiligkeit" gelangt und letztere als „moralische Schwärmerei" und „Steigerung des Eigendünkels" kritisiert, dann entlarvt er auf seine Weise die angemaßte Heiligkeit als das, was bei Büchner „das elende Vergnügen" heißt, „andere schlechter zu finden als sich". Indem Kant nun aus gutem Grunde vor dieser Schwärmerei warnt und

[202] „Die Euthanasie des Judentums ist die reine moralische Religion, mit Verlassung aller alten Satzungslehren" (SdF 321).

sie als ideologische Gestalt der Selbstanbetung dechiffriert, gelangt er jedoch offensichtlich zu der Auffassung, ich sei dem genannten „Eigendünkel“ entronnen, wenn ich mich dem Anspruch reiner Vernunft als einem von mir unterschiedenen Ideal unterwerfe. An dieser Stelle führt nun der offenbarungsgeschichtliche Aufklärungsprozeß, den wir in der biblischen Tradition festgestellt haben, über den postulatorischen Vernunftglauben hinaus, zu dem Kant gelangt ist. Macht doch gerade die in der Person Jesu Christi realisierte Botschaft von der grenzenlosen Barmherzigkeit Gottes deutlich, daß jegliches „Bekenntnis zu ...“ und jegliche „Unterwerfung unter ...“ eine Idolisierung vollziehen, die ihrerseits wieder den Mechanismen partikularer Selbstbehauptung bei entsprechender Abgrenzung von „den anderen“ unterliegt. Wenn unter diesen Voraussetzungen der Vernunftglaube sich so artikuliert, daß ein davon unterschiedener Offenbarungsglaube nicht mehr als kritischer Dialogpartner im Prozeß der Aufklärung wahrgenommen wird, sondern zum Inbegriff statutarischer Erstarrung gerät, dann zeugt dies von den grenzziehenden Menchanismen einer - im wörtlichen Sinne zu verstehenden - „Exkommunikation“ des Offenbarungsglaubens, während gerade das in den Evangelien bezeugte Offenbarungsgeschehen die Gewaltsamkeit solcher Exkommunikationsmechanismen doch aufdeckt. Darum gibt es nicht nur jenen „Eigendünkel“, der sich den Anschein der Heiligkeit gibt und sich so gebärdet, als sei er die Inkarnation reiner Vernunft. Es gibt auch den versteckten und raffinierten Eigendünkel dessen, der sich demütig vor dem Ideal reiner Vernunft zu verneigen glaubt, in der Abwehr des statutarischen Kirchenglaubens aber im Namen der Vernunft sich so gebärdet, als sei seine Stimme die der Vernunft. Hier verhält sich Kants Option für den Vernunftglauben gegenüber dem konkurrierenden Modell eines Offenbarungsglaubens genauso wie die Jünger Jesu gegenüber dem fremden Wundertäter: Die Abwehr des konkurrierenden Gegenübers mündet in eine Form der Selbstbehauptung, in der sich das empirische Ich unbemerkt an die Stelle jenes Ideals setzt, dem es sich in vermeintlicher Demut unterworfen hat. Darum ist nicht nur die von Kant so genannte Heiligkeit, sondern auch die davon unterschiedene Tugend trotz aller anderslautenden Beteuerungen nicht der Gefahr des „Eigendünkels“ und der „moralischen Schwärmerei“ entronnen. Insofern haben wir in der Untersuchung von Büchners Auseinandersetzung mit Robespierre festgestellt: Es gibt nicht nur den Terror des vermeintlich Gerechten gegenüber denjenigen, die vor dieser Gerechtigkeitsforderung versagen. Denn diesem Terror versuchte Büchner bereits zu wehren, indem er auf seine Weise auf die pathologischen Verstrickungen verwies, die jeden Menschen als Opfer zu sehen lehre und die ihn - Büchner - nun veranlaßten, die Gerechtigkeitsforderung durch die Forderung nach Barmherzigkeit zu ersetzen. Doch mußten wir feststellen, daß auf diese Weise lediglich der Terror der Gerechtigkeitsforderung in den Terror der Barmherzigkeitsforderung umschlug, wenn

Büchner dann „in vollstem Maße" denen seine Verachtung entgegenschleudert, die dieser Forderung die gebotene Einsicht versagen.

Darum muß noch differenzierter die Verflechtung des sittlich guten Willens in die Kausalmechanismen der empirischen Welt bedacht werden, als dies bei Kant geschieht. Denn dieser denkt den „Ausgang vom Bösen" nach der Analogie eines Menschen, der schwimmend das rettende Ziel eines gegenüberliegenden Ufers anvisiert, aber auf Grund der nicht zu bändigenden Strömungsverhältnisse ganz woanders auskommt. Die Zielorientierung bleibt in diesem Beispiel ganz und gar unschuldig, während die Schuld allein in „den Verhältnissen" liegt, denen ich unentrinnbar ausgesetzt bin. Der Beitrag, den die biblische Offenbarungsgeschichte hier zur Aufklärung über die Bedingungen praktischen Vernunftgebrauchs leistet, lautet: Auch die Zielorientierung selbst ist nicht unschuldig, weil sie die Mechanismen des Bekennens zu... fortsetzt. Schon dadurch daß das „moralische Gesetz" Menschen „verbindet"[203], die sich dann in der Unterwerfung unter das Sittengesetz vom „gemeinen Volk" absondern, das noch Offenbarung braucht, setzt auch die Unterwerfung unter das Sittengesetz noch einmal jene Opfermechanismen fort, die Jesus in seinem Leben aufdeckt und überwindet.

Von hier aus ist nicht nur die Unterwerfung unter das moralische Gesetz als pathologisch bedingt zu bestimmen, sondern auch der aus dieser Unterwerfung entspringende Gottesgedanke muß als entsprechend entstellt gelten. Insofern nämlich der trinitarische Glaube die Idolisierung Jesu überwindet, läßt sich entgegen der anderslautenden Auffassung Kants aus ihm durchaus „etwas fürs Praktische machen". Denn ein religiöser Glaube, der bei einer christozentrischen Idolisierung stehenbliebe, perpetuierte genau jene Gewaltmechanismen, die Jesus Christus überwunden hat. So enthält gerade der recht verstandene trinitarische Glaube ein Aufklärungspotential, dessen die praktische Vernunft bedarf, wenn sie nicht unbemerkt den genannten Gewaltmechanismen verfallen soll, die in jeder Idolisierung - sei es einer Person oder einer Idee - strukturell angelegt sind.

Damit ist der biblische Offenbarungsglaube keineswegs nur als das seinerseits blinde Objekt einer Aufklärung bestimmbar, die im Namen [!] der Vernunft den Anspruch des Offenbarungsglaubens auf das Maß eines a priori entworfenen Vernunftglaubens reduziert. Zumindest von der Geschichte des biblischen Offenbarungsglaubens gilt nämlich auch umgekehrt: Das in ihm wirksame religiös motivierte Interesse an Aufklärung des Gottesglaubens über diejenigen Projektionsmechanismen, die die Gottheit Gottes verdunkeln und entstellen, konvergiert mit dem Vernunftinteresse an Aufklärung an genau derjenigen Stelle, an dem die im Namen der Vernunft betriebene Aufklä-

---

[203] „Das moralische Gesetz [...] verbindet uns für sich allein; aber es bestimmt uns doch auch, und zwar a priori, einem Endzweck, welchem nachzustreben es uns verbindlich macht" (*I. Kant*, Kritik der Urteilskraft, in: Werke 8, 233-620, 576).

rung in das Konstrukt einer Vernunftreligion mündet. An diesem Punkt vermag die Botschaft von dem grenzenüberschreitenden Erbarmen Gottes, die der christliche Offenbarungsglaube in Jesus Christus erkennt, den Prozeß rationaler Aufklärung über den Punkt hinauszutreiben, an dem er stehenbleiben muß, solange er in der Begegnung mit dem Offenbarungsglauben all diejenigen Gehalte als „statutarisch" zurückweist, die er nicht als Vernunftgesetz zu deduzieren vermag.

Auf diese Weise vermögen der Absolutheitsanspruch, dem sich der christliche Glaube unterwirft, und der Autonomieanspruch reiner Vernunft, der mein sittliches Handeln einfordert, einander wechselseitig herauszufordern. In der Wahrnehmung solcher Herausforderung wird nicht nur deutlich, was im Projekt Weltethos unklar bleibt: auf welche Weise der Gottesglaube die autonome Erfahrung sittlicher Verpflichtung radikalisiert. Vor allem zeigt sich dabei, daß der Beitrag des Christentums zum weltumspannenden Projekt eines Weltethos nicht primär in der Besinnung auf das ethisch Gemeinsame gegeben sein darf, sondern in der radikalen Besinnung auf seinen Absolutheitsanspruch liegt, von dem wir hier gezeigt haben, daß er sich in der Deabsolutierung einer etwaigen Christozentrik vollendet. Nur die Besinnung auf diesen Absolutheitsanspruch vermag die Gefahr zu kontrollieren, daß das sittlich legitime und notwendige Projekt Weltethos gerade in seinem Anspruch auf universalen Konsens nur zum Anlaß neuer Frontenbildungen wird.

8. Literaturverzeichnis

Adorno, Th.W., Negative Dialektik, Frankfurt 1975 (= stw 113).

Albert, H., Das Elend der Theologie. Kritische Auseinandersetzung mit Hans Küng, Hamburg 1979.

Albert, H., Traktat über kritische Vernunft, Tübingen ^{5}1991.

Augustinus, A., Confessiones, eingeleitet, übersetzt und erläutert von J. Bernhart, München ^{2}1960.

Augustinus, A., De baptismo contra Donatistas, in: PL 43, 107-244.

Augustinus, A., Der Gottesstaat, in: Bibliothek der Kirchenväter 41, Kempten / München 1911.

Augustinus, A., Retractationes, hrsg. und übers. von J. Perl, Paderborn 1976.

Augustinus, A., Sermones, in: PL 39.

Balthasar, H.U. von, Casta meretrix, in: ders., Sponsa Verbi. Skizzen zur Theologie II, Einsiedeln 1961, 203-305.

Berger, P. (Hrsg.), Die Grenzen der Gemeinschaft. Konflikt und Vermittlung in pluralistischen Gesellschaften, Gütersloh 1997.

Bernhardt, R., Deabsolutierung der Christologie, in: M. von Brück / J. Werbick, Der einzige Weg zum Heil?, 144-200.

Bernhardt, R., Der Absolutheitsanspruch des Christentums. Von der Aufklärung bis zur Pluralistischen Religionstheologie, Gütersloh ^{2}1993.

Bernhardt, R. (Hrsg.), Horizontüberschreitungen. Die pluralistische Theologie der Religionen, Gütersloh 1991.

Böckenförde, E.W., Die Entstehung des Staates als Vorgang der Säkularisation, in: H.H. Schrey (Hrsg.), Säkularisierung, 67-89.

Bohrer, K.H. / H. Scheel (Hrsg.), Moral und Macht (= Merkur 50, Heft 9 / 10), München 1996.

Brecht, B., Mutter Courage und ihre Kinder, Frankfurt/M. ^{8}1967 (= edition suhrkamp 49).

Broer, I. / R. Schlüter (Hrsg.), Christentum und Toleranz, Darmstadt 1996.

von Brück, M. / J. Werbick (Hrsg.), Der einzige Weg zum Heil? Die Herausforderung des christlichen Absolutheitsanspruchs durch pluralistische Religionstheologien, Freiburg-Basel-Wien 1993.

Büchner, G., Werke und Briefe, München ^{7}1973.

Cohen, H., Religion der Vernunft aus den Quellen des Judentums, Köln ^{2}1959.

Denzinger, J.H., Enchiridion symbolorum, definitionum et declarationum de rebus fidei et morum, lat.-dt., übers. und hrsg. von P. Hünermann, Freiburg-Basel-Wien ^{38}1999.

DOSTOJEWSKIJ, F.M., Die Brüder Karamasow, München [8]1987.
DREWERMANN, E., Strukturen des Bösen. Bd.1, Paderborn [5]1984; Bd. 2, Paderborn [5]1985; Bd 3, [4]1983.
EL-GHAZALI, M., Streben nach einem höheren Weltethos, in: H. Küng, Ja zum Weltethos, 240-247.
ERIKSON, E., Identität und Lebenszyklus, Frankfurt/M. 1973.
FABRY, H.J., Toleranz im Alten Testament, in: I. Broer / R. Schlüter (Hrsg.), Christentum und Toleranz, Darmstadt 1996, 9-34.
FAHRENBACH, H., Die Notwendigkeit des Projekts Weltethos - aber ohne „theonome Begründung". Beiträge einer Philosophie kommunikativer Vernunft - atheistisch, sozialistisch und diskursethisch akzentuiert, in: H. Küng / K.J. Kuschel (Hrsg.), Wissenschaft und Weltethos, 383-414.
Fragebogen: Lilo WANDERS, in: FAZ-Magazin Nr. 807 vom 18.7.97, 34.
FRIED, E., Die Freiheit den Mund aufzumachen, Berlin 1972.
FUCHS, G. (Hrsg.), Angesichts des Leids an Gott glauben? Zur Theologie der Klage, Frankfurt 1996, 17-52.
GÄDE, G., Viele Religionen – ein Wort Gottes. Einspruch gegen John Hicks pluralistische Religionstheologie, Gütersloh 1998.
GEERLINGS, W. / M. SECKLER (Hrsg.), Kirche sein. Nachkonziliare Theologie im Dienst der Kirchenreform (= FS H.J. Pottmeyer), Freiburg-Basel-Wien 1994.
GIRARD, R., Das Ende der Gewalt. Analyse des Menschheitsverhängnisses, Freiburg/Br. 1983.
GIRARD, R., Der Sündenbock, Zürich 1988.
GOETHE, J.W., Faust. Der Tragödie erster Teil, Stuttgart 1986 (= Reclam UB 1).
GOLDBERG, D.J. Hitlers willige Vollstrecker. Ganz gewöhnliche Deutsche und der Holocaust, 1996 (ohne Ortsangabe).
GREINER, S., Funktionale Religionstheorie und christlicher Glaube, in: Münchener Theologische Zeitschrift 43 (1992), 183-195.
GRESHAKE, G., Der dreieine Gott, Freiburg-Basel-Wien 1997.
GROTIUS, H., De iuri belli ac pacis. Prolegomena 11, ed. P.C. Molhuysen, Lugduni Batavorum 1919.
HAAG, E. (Hrsg.), Gott, der einzige. Zur Entstehung des Monotheismus in Israel, Freiburg-Basel-Wien 1985.
HABERMAS, J., Faktizität und Geltung. Beiträge zur Diskurstheorie des Rechts und des demokratischen Rechtsstaats, Frankfurt/M. 1992.
HEITMEYER, W. / R. DOLLASE (Hrsg.), Die bedrängte Toleranz, Frankfurt/M. 1996.
HENTIG, H. von, Polis und Kosmopolis. „Weltethos" aus der Sicht eines Pädagogen, in: H. Küng / K. J. Kuschel (Hrsg.), Wissenschaft und Weltethos, 262-294

HERVIEU-LÉGER, D., Die Vergangenheit in der Gegenwart: Die Neudefinition des „laizistischen Paktes“ im multikulturellen Frankreich, in: P. Berger (Hrsg.), Die Grenzen der Gemeinschaft, 85-153.

HICK, J., God and the Universe of Faiths. Essays in the Philosophy of Religion, London-Basingstoke 1975.

HICK, J., Religion. Die menschlichen Antworten auf die Frage nach Leben und Tod, München 1996.

HILPERT, K., Die Menschenrechte. Geschichte - Theologie - Aktualität, Düsseldorf 1991.

HÖFFE, O., Individuum und Gemeinsinn - Thesen zu einer Sozialethik des 21. Jahrhunderts, in: E. Teufel (Hrsg.), Was hält die moderne Gesellschaft zusammen?, 15-37.

HÖFFE, O., Transzendentale Interessen: Zur Anthropologie der Menschenrechte, in: W. Kerber (Hrsg.), Menschenrechte und kulturelle Identität, 15-36.

HÖHN, H.J., Einleitung, in: ders. (Hrsg.), Krise der Immanenz, 7-28.

HÖHN, H.J., GegenMythen. Religionsproduktive Tendenzen der Gegenwart, Freiburg-Basel-Wien 1994.

HÖHN, H.J. (Hrsg.), Krise der Immanenz. Religion an den Grenzen der Moderne, Frankfurt/M. 1996.

HOLLERBACH, A. u.a., Das Kreuz im Widerspruch. Der Kruzifixbeschluß des Bundesverfassungsgerichts in der Kontroverse, Freiburg-Basel-Wien 1996.

HORKHEIMER, M., Kritische Theorie, Frankfurt/M. 1977 (= Studienausgabe).

HORKHEIMER, M., Traditionelle und kritische Theorie, in: ders., Kritische Theorie, 521-575.

HORKHEIMER, M., Zur Kritik der instrumentellen Vernunft, Frankfurt/M. 1971.

HORKHEIMER, M. / Th.W. ADORNO, Dialektik der Aufklärung, Amsterdam 1947, Neuauflage Frankfurt/M. 1971.

HUBER, W., Ohne Konflikte kein Heil, in: Publik-Forum 22 (1993), Nr. 5, 18-20.

HUBER, W., Schnelle Einheit nicht möglich, in: Publik-Forum 22 (1993), Nr. 9, 22-23.

HUNTINGTON, S.P., Kampf der Kulturen. Die Neugestaltung der Weltpolitik im 21. Jahrhundert, München-Wien 1996.

HUNTINGTON, S.P., The Clash of Civilizations?, in: Foreign Affairs 72 (1993), Nr. 3, 22-49.

JÜRGENMEYER, C., Koexistenz und Konflikt zwischen indischen Religionsgemeinschaften. Das Beispiel Ayodhya, in: W. Kerber (Hrsg.), Religion: Grundlage oder Hindernis des Friedens?, 79-164.

KANT, I., Beantwortung der Frage „Was ist Aufklärung?“, in: ders., Werke in zehn Bänden, hrsg. von W. Weischedel, Sonderausgabe Darmstadt 1983, Bd. 9, 51-61.
KANT, I., Der Streit der Fakultäten, in: Werke 9, 261-393.
KANT, I., Die Religion innerhalb der Grenzen der bloßen Vernunft, in: Werke 7, 645-879.
KANT, I., Grundlegung zur Metaphysik der Sitten, in: Werke 6, 7-102.
KANT, I., Kritik der praktischen Vernunft, in: Werke 6, 105-302.
KANT, I., Kritik der reinen Vernunft, in: Werke 3-4, 267-285.
KANT, I., Kritik der Urteilskraft, in: Werke 8, 233-620.
KANT, I., Zum ewigen Frieden, in: Werke 9, 191-251.
KATECHISMUS der katholischen Kirche, München u.a. 1993.
KEHL, M., Die Kirche. Eine katholische Ekklesiologie, Würzburg [3]1994.
KEPEL, G., Islam in Europa. Zwischen Gemeinschaft und Gesellschaft, in: W. Heitmeyer / R. Dollase (Hrsg.), Die bedrängte Toleranz, 200-208.
KERBER, W. (Hrsg.), Menschenrechte und kulturelle Identität, München 1991.
KERBER, W. (Hrsg.), Die Wahrheit der Religionen, München 1994.
KERBER, W. (Hrsg.), Religion: Grundlage oder Hindernis des Friedens?, München 1995, 79-164.
KERN, W. / H.J. POTTMEYER / M. SECKLER (Hrsg.), Handbuch der Fundamentaltheologie 1: Traktat Religion, Freiburg-Basel-Wien 1985.
KERN, W. / H.J. POTTMEYER / M. SECKLER (Hrsg.), Handbuch der Fundamentaltheologie 4: Traktat Theologische Erkenntnislehre, Freiburg-Basel-Wien 1988.
KESSLER, H., Ökologisches Weltethos im Dialog der Kulturen und Religionen, Darmstadt 1996.
KESSLER, H., Partikularität und Universalität Jesu Christi. Zur Hermeneutik und Kriteriologie kontextueller Christologie, in: R. Schwager (Hrsg.), Relativierung der Wahrheit?, 106-155.
KESSLER, H., Pluralistische Religionstheologie und Christologie. Thesen und Fragen, in: R. Schwager (Hrsg.), Christus allein?, 158-173.
KNITTER, P.F., Ein Gott - viele Religionen. Gegen den Absolutheitsanspruch des Christentums, München 1988.
KNITTER, P.F., Religion und Befreiung. Soteriozentrismus als Antwort an die Kritiker, in: R. Bernhardt (Hrsg.), Horizontüberschreitungen, 203-219.
KOESTER, W. / J. SCHMID, Art. „Messias, III. im NT”, in: LThK 7, Freiburg [2]1962, 340-342.
KONDYLIS, P., Globale Mobilmachung. Konflikt der Kulturen oder Konflikte ohne Kultur?, in: FAZ vom 14.7.1996, 27.
KONDYLIS, P., Planetarische Politik nach dem Kalten Krieg, Berlin 1992.

KOSLOWSKI, P. (Hrsg.), Die religiöse Dimension der Gesellschaft, Tübingen 1985.

KREINER, A., Ende der Wahrheit? Zum Wahrheitsverständnis in Philosophie und Theologie, Freiburg-Basel-Wien 1992.

KÜNG, H., Das Christentum. Wesen und Geschichte, München 1994.

KÜNG, H., Die Verantwortung der Religionen und der Kirchen, in: E. Teufel (Hrsg.), Was hält die moderne Gesellschaft zusammen?, 286-293.

KÜNG, H., Ewiges Leben?, München-Zürich 1982.

KÜNG, H. (Hrsg.), Ja zum Weltethos. Perspektiven für die Suche nach Orientierung, Tübingen 1995.

KÜNG, H., Projekt Weltethos, München-Zürich 1990.

KÜNG, H., Weltethos für Weltpolitik und Weltwirtschaft, München-Zürich 1997.

KÜNG, H. / K.J. KUSCHEL (Hrsg.), Erklärung zum Weltethos. Die Deklaration des Parlamentes der Weltreligionen, München 1993.

KÜNG, H. / K.J. KUSCHEL (Hrsg.), Weltfrieden durch Religionsfrieden. Antworten aus den Weltreligionen, München-Zürich 1993.

KÜNG, H. / K.J. KUSCHEL (Hrsg.), Wissenschaft und Weltethos, München 1998.

KUSCHEL, K.J., Die große Chance der Religionen, in: Publik-Forum 22, Nr. 8, 20-22.

KUSCHEL, K.J., Keine falschen Fronten bilden, in: Publik-Forum 22, Nr.10, 19-20.

KUSCHEL, K.J., Vom Streit zum Wettstreit der Religionen. Lessing und die Herausforderung des Islam, Düsseldorf 1998.

LESSING, G.E., Nathan der Weise, Stuttgart 1987 (= Reclam UB 3).

LOHFINK, N., Zur Geschichte der Diskussion über den Monotheismus im Alten Israel, in: E. Haag (Hrsg.), Gott, der einzige, 9-25.

LÜBBE, H., Religion nach der Aufklärung, Graz-Wien-Köln 1986.

LÜTTERFELDS, W. / Th. MOORS (Hrsg.), Eine Welt - eine Moral? Eine kontroverse Debatte, Darmstadt 1997.

LÜTTERFELDS, W., Viele religiöse Wahrheiten und ein Weltethos. Zur begrifflichen Struktur eines Konfliktes und seiner Auflösung, in: Küng / Kuschel (Hrsg.), Wissenschaft und Weltethos, 415-437.

MANN, Th., Betrachtungen eines Unpolitischen, Frankfurt 1988.

MARQUARD, O., Kleines Lob des Polytheismus [Erstveröffentlichung 1979], in: H.J. Höhn (Hrsg.), Krise der Immanenz, 154-173.

MENKE, K.H., Die Einzigkeit Jesu Christi im Horizont der Sinnfrage, Einsiedeln-Freiburg/Br. 1995.

METZ, J.B., Theologie als Theodizee?, in: W. Oelmüller (Hrsg.), Theodizee - Gott vor Gericht?, 103-119.

MEYER, Th., Fundamentalismus und Universalismus in Moral und Politik, in: W. Kerber (Hrsg.), Religion: Grundlage oder Hindernis des Friedens?, 165-215.

MIETH, D., Interkulturelle Ethik. Auf der Suche nach einer ethischen Ökumene, in: H. Küng / K.J. Kuschel (Hrsg.), Wissenschaft und Weltethos, 359-382.

MÜLLER, G.L., Katholische Dogmatik. Für Studium und Praxis der Theologie, Freiburg-Basel-Wien 1995.

MOZART, W.A., Die Zauberflöte (Text von E. Schikaneder), Stuttgart 1965 (= Reclam UB 2620).

NEUHAUS, G., Atheismus oder anonymes Christentum? Ein Versuch transzendentaler Hermeneutik des Gottesglaubens in Auseinandersetzung mit Feuerbach, Marx, Horkheimer und Benjamin, Annweiler 1985.

NEUHAUS, G., Menschliche Identität angesichts des Leidens. Wonach fragt die Theodizeefrage?, in: G. Fuchs (Hrsg.), Angesichts des Leids an Gott glauben?, 17-52.

NEUHAUS, G., Theodizee - Abbruch oder Anstoß des Glaubens, Freiburg-Basel-Wien [2]1994.

NEUHAUS, G., Transzendentale Erfahrung als Geschichtsverlust? Der Vorwurf der Subjektlosigkeit an Rahners Begriff geschichtlicher Existenz und eine weiterführende Perspektive transzendentaler Theologie, Düsseldorf 1982.

NEUHAUS, G., Urvertrauen - eine notwendige Lebenslüge?, in: Katechetische Blätter 118 (1993), 8-13.

NEUHAUS, G., Zwischen Relativismus und Absolutheitsanspruch. Überlegungen zu einer nachkonziliaren Theologie der Religionen, in: W. Geerlings / M. Seckler (Hrsg.), Kirche sein, 273-293.

NIETZSCHE, F., Der Antichrist, in: ders., Kritische Studienausgabe, hrsg. von G. Colli und M. Montinari, München 1988, Bd. 4, 165-254.

NIETZSCHE, F., Die fröhliche Wissenschaft, in: Studienausgabe 3, 343-651.

NIETZSCHE, F., Menschlich-Allzumenschliches, in: Studienausgabe 2.

NIETZSCHE, F., Zur Genealogie der Moral, in: Studienausgabe 5, 245-412.

NIEWIADOMSKI, J., Begegnung der Religionen im weltzivilisatorischen Kontext, in: R. Schwager (Hrsg.), Christus allein?, 83-95.

NIEWIADOMSKI, J. / W. PALAVER (Hrsg.), Vom Fluch und Segen der Sündenböcke, Thaur 1995.

NORDHOFEN, E., Die Farbe Bunt. Europa wünschen wir uns vielfältig und tolerant. Seine christliche Tradition macht es möglich. Denn hier unten ist nichts so wichtig und nichts so großartig wie Gott, in: Die Zeit 29/1997.

OELMÜLLER, W., Die unbefriedigte Aufklärung. Beiträge zu einer Theorie der Moderne von Lessing, Kant und Hegel. Mit einer neuen Einleitung, Frankfurt/M. 1979.

OELMÜLLER, W., Philosophische Aufklärung. Ein Orientierungsversuch, München 1994.

OELMÜLLER, W., Theodizee - Gott vor Gericht?, München 1991.

PANNENBERG, W., Grundfragen systematischer Theologie, Göttingen [3]1979.

PANNENBERG, W., Grundfragen systematischer Theologie 2, Göttingen 1980.

PANNENBERG, W., Systematische Theologie I, Göttingen 1988.

PANNENBERG, W., Wahrheit, Gewißheit und Glaube, in: ders., Grundfragen systematischer Theologie 2, 226-264.

PANNENBERG, W., Was ist Wahrheit?, in: ders., Grundfragen systematischer Theologie, 146-159.

PESCH, R., Das Markusevangelium II. Teil, Freiburg 1977.

RAHNER, K., Der Pluralismus in der Theologie und die Einheit des Bekenntnisses in der Kirche, in: ders., Schriften zur Theologie 9, Einsiedeln [2]1972, 11-33.

RAHNER, K., Die Theologie im interdisziplinären Gespräch der Wissenschaften, in: ders., Schriften zur Theologie 10, Einsiedeln 1972, 89-105.

RAHNER, K., Grundkurs des Glaubens. Einführung in den Begriff des Christentums, Freiburg-Basel-Wien 1976.

RAHNER, K. / H. VORGRIMLER (Hrsg.), Kleines Konzilskompendium. Sämtliche Texte des Zweiten Vatikanums, Freiburg-Basel-Wien [9]1974.

RANKE, L., Französische Geschichte Bd. 1, Wiesbaden 1957.

REHM, J. (Hrsg.), Verantwortlich leben in der Weltgemeinschaft. Zur Auseinandersetzung um das „Projekt Weltethos“, Gütersloh 1994.

RÜSEN, J., Kollektive Identität und ethnischer Konflikt im Prozeß der Modernisierung, in: W. Heitmeyer / R. Dollase (Hrsg.), Die bedrängte Toleranz, 142-151.

SCHAEFFLER, R., Auf dem Weg zu einem philosophischen Begriff der Religion, in: W. Kern / H.J. Pottmeyer / M. Seckler (Hrsg.), Handbuch der Fundamentaltheologie 1, 57-72.

SCHAEFFLER, R., Die Religionskritik sucht ihren Partner, Freiburg-Basel-Wien 1974.

SCHAEFFLER, R., Die Vielfalt der Weisen religiöser Wahrheit und ihres sprachlichen Ausdrucks, in: W. Kerber (Hrsg.), Die Wahrheit der Religionen, 73-109.

SCHAEFFLER, R., Ent-Europäisierung des Christentums, in: Theologie und Glaube 86 (1996), 121-131.

SCHAEFFLER, R., Erfahrung als Dialog mit der Wirklichkeit. Eine Untersuchung zur Logik der Erfahrung, Freiburg-München 1995.
SCHAEFFLER, R., Fähigkeit zur Erfahrung. Zur transzendentalen Hermeneutik des Sprechens von Gott, Freiburg-Basel-Wien 1982.
SCHAEFFLER, R., Religionsphilosophie, Freiburg-München ^{2}1997.
SCHAEFFLER, R., Religion und kritisches Bewußtsein, Freiburg-München 1973.
SCHIEDER, R., Über Zivilreligion, politische Religionskompetenz und die Zivilisierung der Religion, in: H.J. Höhn, Krise der Immanenz, 72-90.
SCHMIDT-LEUKEL, P. (Hrsg.), Berechtigte Hoffnung. Über die Möglichkeit, vernünftig und zugleich Christ zu sein, Paderborn 1995.
SCHMIDT-LEUKEL, P., Ist das Christentum notwendig intolerant?, in: ders. (Hrsg.), Berechtigte Hoffnung, 249-273.
SCHMIDT-LEUKEL, P., Religiöse Vielfalt als theologisches Problem. Optionen und Chancen der pluralistischen Religionstheologie John Hicks, in: R. Schwager (Hrsg.), Christus allein?, 11-49,
SCHMIDT-LEUKEL, P., Theologie der Religionen. Probleme, Optionen, Argumente, Neuried 1997.
SCHMIDT-LEUKEL, P., Zur Klassifikation religionstheologischer Modelle, in: Catholica 47 (1993), 163-183.
SCHOCKENHOFF, E., Brauchen wir ein neues Weltethos? Universale Ethik in einer geschichtlichen Welt, in: Stimmen der Zeit 70 (1991), 224-244.
SCHREY, H.H. (Hrsg.), Säkularisierung, Darmstadt 1981.
SCHWAGER, R., Brauchen wir einen Sündenbock. Gewalt und Erlösung in den biblischen Schriften, München 1978.
SCHWAGER, R. (Hrsg.), Christus allein? Der Streit um die pluralistische Religionstheologie, Freiburg-Basel-Wien 1996.
SCHWAGER, R., Der wunderbare Tausch. Zur Geschichte und Deutung der Erlösungslehre, München 1986.
SCHWAGER, R., Erbsünde und Heilsdrama. Im Kontext von Evolution, Gentechnologie und Apokalyptik, Thaur 1997.
SCHWAGER, R., Jesus im Heilsdrama. Entwurf einer biblischen Erlösungslehre, Innsbruck-Wien 1990.
SCHWAGER, R., Offenbarung als dramatische Konfrontation, in: ders., Christus allein?, 95-106.
SCHWAGER, R. (Hrsg.), Relativierung der Wahrheit? Kontextuelle Christologie auf dem Prüfstand, Freiburg-Basel-Wien 1998.
SPAEMANN, R., Funktionale Religionsbegründung und Religion, in: P. Koslowski (Hrsg.), Die religiöse Dimension der Gesellschaft, 9-25.
SPAEMANN, R., Weltethos als „Projekt“, in: Merkur 50 (Sept./Okt. 1996), Sonderheft „Moral und Macht“, München 1996, 893-904.
STREMINGER, G., Gottes Güte und die Übel der Welt, Tübingen 1992.

SUNDERMEYER, Th., Evangelisation und die „Wahrheit der Religionen", in: R. Bernhardt (Hrsg.), Horizontüberschreitungen, 175-190.
TEUFEL, E. (Hrsg), Was hält die moderne Gesellschaft zusammen?, Frankfurt/M. 1996.
THEIßEN, G., Urchristliche Wundergeschichten, Gütersloh 1974.
TIBI, B., Verschleierte Frauen, in: rhs 41 (1998) 362-367.
ULRICH, P., Weltethos und Weltwirtschaft, in: H. Küng / K.J. Kuschel (Hrsg.), Wissenschaft und Weltethos, 40-60.
VELLANICKAL, M., Die Kirche im Dialog mit den religiösen und kulturellen Traditionen im Umfeld des Johannesevangeliums, in: G.M. Soares Prabhu (Hrsg.), Wir werden bei ihm wohnen. Das Johannesevangelium in indischer Deutung, Freiburg/Br. 1984, 48-70.
VERWEYEN, H., Pluralismus als Fundamentalismusverstärker?, in: R. Schwager, Christus allein?, 132-139.
WEHRMANN. E., „Friede den Hütten!" Wie der Bischof von Breda eine Diskussion über die Armut in den Niederlanden erzwingt, in: Die Zeit 44/96, 12.
WELSCH, W., Transkulturalität. Zur veränderten Verfassung heutiger Kulturen, in: Das Magazin. Wissenschaftszentrum Nordrhein-Westfalen 5 (1994), Heft 3.
WERBICK, J., Der Pluralismus der pluralistischen Religionstheologie. Eine Anfrage, in: R. Schwager (Hrsg.), Christus allein, 140-157.
WERBICK, J., Heil durch Jesus Christus allein? Die „Pluralistische Theologie" und ihr Plädoyer für einen Pluralismus der Heilswege, in: M. von Brück / J. Werbick (Hrsg.), Der einzige Weg zum Heil, 11-61.
WERBICK, J., Kirche. Ein ekklesiologischer Entwurf für Studium und Praxis, Freiburg-Basel-Wien 1994.
WERBICK, J. (Hrsg.), Offenbarungsanspruch und fundamentalistische Versuchung, Freiburg-Basel-Wien 1991.
WIEDENHOFER, S., Das katholische Kirchenverständnis. Ein Lehrbuch der Ekklesiologie, Graz-Wien-Köln 1992.
WILLIAMS, J.G., Das Matthäusevangelium. Girards Hermeneutik in der praktischen Anwendung, in: J. Niewiadomski / W. Palaver (Hrsg.), Vom Fluch und Segen der Sündenböcke, 119-140.
ZIRKER, H., Geschichtliche Offenbarung und Endgültigkeitsansprüche. Voraussetzungen des Fundamentalismus in Christentum und Islam, in: J. Werbick (Hrsg.), Offenbarungsanspruch und fundamentalistische Versuchung, 161-186.
ZIRKER, H., Zur „pluralistischen Religionstheologie" im Blick auf den Islam, in: R. Schwager (Hrsg.), Christus allein?, 189-202.

QUAESTIONES DISPUTATAE

132 **Gemeinsame Liturgie in getrennten Kirchen?**
A. Hänggi, S. Kraft, Th. Müller, K. Schlemmer (Hg.), u. a.
136 Seiten. ISBN 3-451-02132-3
133 **Wie geschieht Tradition?** Überlieferung im Lebensprozeß der Kirche
D. Wiederkehr (Hg.) 192 Seiten. ISBN 3-451-02133-1
134 **Othmar Keel / Christoph Uhlinger, Göttinnen, Götter und Gottessymbole**
Neue Erkenntnisse zur Religionsgeschichte Kanaans und Israels aufgrund bisher unerschlossener ikonographischer Quellen 528 Seiten. ISBN 3-451-02134-X
135 **Der eine Gott und die Göttin**
Alttestamentliche Gottesvorstellungen im Horizont feministischer Theologie
M.-T. Wakker und E. Zenger (Hgg.) 192 Seiten. ISBN 3-451-02135-8
136 **Soziales Denken in einer zerrissenen Welt**
Anstöße der katholischen Soziallehre in Europa
W. Kerber und J. Müller (Hgg.) 240 Seiten. ISBN 3-451-02136-6
137 **Christoph Dohmen / Manfred Oeming, Biblischer Kanon – warum und wozu?**
144 Seiten. ISBN 3-451-02137-4
138 **Monotheismus und Christologie**
Die Gottesfrage im hellenistischen Judentum und Urchristentum
H.-J. Klauck (Hg.) 232 Seiten. ISBN 3-451-02138-2
139 **Edmund Arens, Christopraxis.** Grundzüge theologischer Handlungstheorie
176 Seiten. ISBN 3-451-02139-0
140 **Neue Formen der Schriftauslegung?**
Ch. Dohmen, Ch. Jacobs, Th. Söding, Th. Sternberg (Hg.)
168 Seiten. ISBN 3-451-02140-4
141 **Karl Gabriel, Christentum zwischen Tradition und Postmoderne**
224 Seiten. ISBN 3-451-02141-2
142 **Ingolf U. Dalferth, Jenseits von Mythos und Logos**
Die christologische Transformation der Theologie 318 Seiten. ISBN 3-451-02142-0
143 **Der einzige Weg zum Heil?** Die Herausforderung des christlichen Absolutheitsanspruchs durch pluralistische Religionstheologien.
M. von Brück und J. Werbick (Hgg.) 208 Seiten. ISBN 3-451-02143-9
144 **Das neue Europa.** Herausforderung für die Kirche und Theologie
P. Hünermann (Hg.) 128 Seiten. ISBN 3-451-02144-7
145 **Hans-Joachim Schulz, Die apostolische Herkunft der Evangelien**
416 Seiten. ISBN 3-451-02145-5
146 **Der neue Bund im Alten.** Zur Bundestheologie der beiden Testamente
E. Zenger (Hg.) 216 Seiten. ISBN 3-451-02146-3
147 **Den Glauben denken.** Neue Weg der Fundamentaltheologie
Heinrich Döring, Armin Kreiner, Perry Schmidt-Leukel
224 Seiten. ISBN 3-451-02147-1
148 **Paul Josef Cordes, Communio, Utopie oder Programm?**
184 Seiten. ISBN 3-451-02148-X
149 **Philipp Schmitz, Wohin treibt die Politik?** Über die Notwendigkeit von Ethik
280 Seiten. ISBN 3-451-02149-8
150 **Weltgericht und Weltvollendung.** Zukunftsbilder im Neuen Testament
H.-J. Klauck (Hg.) 268 Seiten. ISBN 3-451-02150-1
151 **Der Glaubenssinn des Gottesvolkes – Konkurrent oder Partner des Lehramts?**
Dietrich Wiederkehr (Hg.) 216 Seiten. ISBN 3-451-02151-X
153 **Moraltheologie im Abseits? Antwort auf die Enzyklika »Veritatis splendor«**
Dietmar Mieth (Hg.) 320 Seiten. ISBN 3-451-02153-6
154 **Hans-Joachim Höhn, Gegen-Mythen**
Religionsproduktive Tendenzen der Gegenwart 152 Seiten. ISBN 3-451-02154-4

155 **Osterglaube ohne Auferstehung?** Diskussion mit Gerd Lüdemann
Hansjürgen Verweyen (Hg.) 144 Seiten. ISBN 3-451-02155-2

156 **Anerkennung der Anderen.**
Eine theologische Grunddimension interkultureller Kommunikation
Edmund Arens (Hg.) 208 Seiten. ISBN 3-451-02156-0

157 **Geschieden – Wiederverheiratet – Abgewiesen?** Antworten der Theologie
Theodor Schneider (Hg.) 448 Seiten. ISBN 3-451-02157-9

158 **Bertram Stubenrauch, Dialogisches Dogma.** Der christliche Auftrag zur interreligiösen Begegnung 264 Seiten. ISBN 3-451-02158-7

159 **Christologie der Liturgie**
Der Gottesdienst der Kirche – Christusbekenntnis und Sinaibund
K. Richter und B. Kranemann (Hgg.) 304 Seiten. ISBN 3-451-02159-5

160 **Christus allein?** Der Streit um die pluralistische Religionstheologie
R. Schwager (Hg.) 208 Seiten. ISBN 3-451-02160-9

161 **Sünde und Erlösung im Neuen Testament**
H. Frankemölle (Hg.) 224 Seiten. ISBN 3-451-02161-7

162 **Das Kreuz im Widerspruch.** Der Kruzifix-Beschluß des Bundesverfassungsgerichts in der Kontroverse 160 Seiten. ISBN 3-451-02162-5

163 **Hans-Joachim Schulz, Bekenntnis statt Dogma.** Kriterien der Verbindlichkeit kirchlicher Lehre 424 Seiten. ISBN 3-451-02163-3

164 **Philipp Schmitz, Forschritt ohne Grenzen**
Christliche Ethik und technische Allmacht 256 Seiten. ISBN 3-451-02164-1

165 **Gott – ein Fremder in unserem Haus?** Die Zukunft des Glaubens in Europa
P. Hünermann (Hg.) 224 Seiten. ISBN 3-451-02165-X

166 **Dialog als Selbstvollzug der Kirche?**
G. Fürst (Hg.) 344 Seiten. ISBN 3-451-02166-8

167 **Gott – mehr als Ethik?** Der Streit um LER und Religionsunterricht
A. Biesinger und J. Hänle (Hgg.) 188 Seiten. ISBN 3-451-021167-6

168 **Armin Kreiner, Gott im Leid**
Zur Stichhaltigkeit der Theodizee-Argumente 432 Seiten. ISBN 3-451-0268-4

169 **Mit Gott streiten.** Neue Zugänge zum Theodizee-Problem
H. Wagner (Hg.) 160 Seiten. ISBN 3-451-02169-2

170 **Relativierung der Wahrheit?** Kontextuelle Christologie auf dem Prüfstand
R. Schwager (Hg.) 248 Seiten. ISBN 3-451-02170-6

171 **Wie weit trägt das gemeinsame Priestertum?** Liturgischer Leitungsdienst zwischen Ordination und Beauftragung
M. Klöckener und K. Richter (Hgg.) 288 Seiten. ISBN 3-451-02171-4

172 **Der ungekündigte Bund.** Antworten des neuen Testaments
H. Frankemölle (Hg.) 224 Seiten. ISBN 3-451-02172-2

173 **Bindung an die Kirche oder Autonomie?** Theologie im gesellschaftlichen Diskurs.
A. Franz (Hg.) 272 Seiten. ISBN 3-451-02173-0

174 **Wenn Gott verloren geht.** Die Zukunft des Glaubens in der säkularisierten Gesellschaft
Th. Faulhaber und B. Stillfried (Hgg.) 320 Seiten. ISBN 3-451-02174-9

176 **Communio – Ideal oder Zerrbild von Kommunikation?**
B. J. Hilberath (Hg.) 304 Seiten. ISBN 3-451-02175-7

HERDER FREIBURG · BASEL · WIEN